本书为国家社科基金课题研究成果
（结项证书号：20203935）

本书受贵州省哲学社会科学创新工程资助出版

贵州省社会科学院甲秀文库

MOBILE CHINA

BASIC PUBLIC SERVICES OF
INTER PROVINCIAL FLOATING POPULATION

流动中国

跨省流动人口
基本公共服务

王兴骥　著

社会科学文献出版社
SOCIAL SCIENCES ACADEMIC PRESS (CHINA)

贵州省社会科学院甲秀文库
出版说明

近年来，贵州省社会科学院坚持"出学术精品、创知名智库"的高质量发展理念，资助出版了一批高质量的学术著作，在院内外产生了良好反响，提高了贵州省社会科学院的知名度和美誉度。经过几年的探索，现着力打造"甲秀文库"和"博士/博士后文库"两大品牌。

甲秀文库，得名于贵州省社会科学院坐落于甲秀楼旁。该文库主要收录院内科研工作者和战略合作单位的高质量成果，以及院举办的高端会议论文集等。每年根据成果质量数量和经费情况，全额资助若干种著作出版。

在中国共产党成立 100 周年之际，我们定下这样的目标：再用 10 年左右的功夫，将甲秀文库打造为在省内外、在全国社科院系统具有较大知名度的学术品牌。

贵州省社会科学院
2021 年 1 月

目 录
CONTENTS

第八章　226

回流促发展：流动人口返乡创业就业

第九章　248

居者有其屋：流动人口住有所居问题和对策

第十章　293

平等与协作：建立跨省流动人口基本公共服务协调机制

序言：流动是当今中国社会的重要特征

李培林*

纵观中外，在社会学发展的历史长河中，对社会流动的研究始终是社会学的旨趣之一，也是社会学研究的一个核心问题。中国流动人口的规模之大、区域之广、影响之深，世所罕见。2021 年，我国的流动人口高达 3.84 亿人，这就意味着我国 1/4 以上的人口处于流动的状态，其中跨省流动人口达到 1.25 亿人左右。

长期以来，社会流动也倍受中国社会学同仁们的关注，并成为一个很好的切入点，去科学检视中国经济社会发展的活力与水平。在这特定的国情境况下，解决好巨大的流动人口问题，始终是中国社会学界的一种责任。

国际经验表明，农村人口向城市转移，农业劳动力向非农产业转移，是一个国家工业化、现代化进程中的必然趋势和基本规律。然而，在我国，自改革开放以来，城市接纳流动人口却经历了一个曲折的过程，体现在城市政府决策者对农民工进城的政策理念与施政取向上，并经历了从单纯依靠劳动力市场促进经济发展到分配正义的转变。

当今中国，已打破"乡土社会"的传统格局，迈入一个开放、包容、交融的"大流动时代"，而"流动中国"成为这个时代的"代名词"。数十年来，中国流动人口历经坎坷，凭借巨大的付出与勇气，努力改变着自身和家庭的命运。而重塑命运、迁流不息、向往美好，不仅成为反映中国 3.84 亿流动人口奋力寻求生计发展的"真实写照"，也成为折射流动人口实现自我增权、自我赋能、自我融入的一幅"生动画卷"。时至今日，我

---

* 李培林，博士，研究员，全国人民代表大会社会建设委员会副主任委员，中国社会科学院原副院长、学部委员，俄罗斯科学院外籍院士。

国流动人口已实现了从离土不离乡到离土又离乡、从第一代到新生代、从暂住到常住、从个体到举家迁移的巨大转变。

值得指出的是，改革开放 40 多年的中国经历了一个巨大变迁，呈现出经济体制变革转轨和社会结构转型的双重过程。在这一过程中，中国流动人口始终扮演着不可或缺的重要角色。在中国，从某种意义上说，流动人口不仅成为撬动中国经济快速发展的"杠杆"，更成为推动中国城乡社会结构优化的"引擎"。曾几何时，在我国 832 个脱贫县中，其民工经济给当地带去的人口红利（汇款收入）是相当可观的，这笔外出务工收入甚至在不少贫困县中远远超过当地县级财政收入，成为农民人均收入的重要来源。更值得一提的是，在已取得的全国脱贫攻坚的伟大胜利成果中，流动人口的劳动力输出则成为基层政府引导贫困家庭实现脱贫致富奔小康的重要渠道。

长期以来，流动人口以其独特的存在形式而受到学界关注，并成为学术关切的热点、焦点议题。自中国社会学恢复重建以来，广大社会学同仁借助社会学理论及研究方法，科学解读了流动人口的行动逻辑与动力机制，深度揭示了流动人口增权与城市融入能力提升之间的内在逻辑，等等。毋庸置疑，所有这些探究及学术成果的取得，都具有极其特殊的时代意义与价值：既有利于拓展社会流动研究的理论视野，又有利于积极回应人们对农业转移人口市民化的现实关切。

从未来看，中国式现代化的建设离不开社会流动，离不开人口流动对东部发达地区劳动力的补充，流动人口将继续成为中国社会发展中的一种重要特征。在中国，有序的社会流动，仍将是今后扎实推进共同富裕和中国式现代化不可或缺的重要条件。

我国全面建设社会主义现代化国家、实现第二个百年奋斗目标伟大征程的开启，不仅为我国流动人口高质量发展带来新的历史契机，也为流动人口实现对城市美好生活的向往注入强大动力。因此，事关中国流动人口尤其是农民工问题的研究也远未终结，而涉及流动人口市民化的研究更是任重而道远。

与 2010 年相比，2021 年我国流动人口规模增长了 1.62 亿人，乡城流动人口依然是流动人口的主要驱动力。如何为规模如此庞大的流动人口提供义务教育、住房、卫生健康、社会保障等基本公共服务，实现户籍人口与流动人口的基本公共服务均等化，是流动人口能否在流入城市顺利融入的关键，它关系着我国能否实现以人为核心的新型城镇化。

呈现在读者面前的这本专著——《流动中国：跨省流动人口基本公共服务》，是贵州省社会科学院王兴骥研究员在其国家社科基金项目结项成果基础上，率领团队精心打磨、充实完善而形成的学术著作。它从跨省流动人口特征的分析入手，较为深入地研究了人口流出对流出地经济社会发展的影响、"三留守问题"、流动人口返乡创业问题、流动人口的住房问题等，进而提出要建立流动人口基本公共服务区域协调机制，以解决流动人口的基本公共服务均等化问题。该书是作者多年从事流动人口研究的学术积累和总结提升，体现了作者长期致力于流动人口研究的人文情怀和学术追求。

是为序。

2022 年 1 月 23 日于北京

第一章

关注或漠视：为流动人口提供怎样的基本公共服务

流动是社会发展的常态，是保持一个社会活力的最基本特征。所谓"树挪死，人挪活""流水不腐，户枢不蠹"，就是对人口流动对社会发展所作贡献的最好说明。我国是世界第一人口大国，也是世界上流动人口最多的国家。截至 2019 年底，我国流动人口为 2.39 亿人，占全国人口的17.1%[①]。也就是说，在我国，每 6 个人中，就有 1 个人处于流动状态，属于流动人口，从这个意义上说，我国是"流动的中国"。

政府为数量庞大的流动人口提供与城市人一样的基本公共服务，让他们享有与当地人一样的待遇，是政府为公民应该做的事。这个世界上最大的流动人口群体顺利融入城市，真正成为城市人，是我国新型城镇化持续、健康发展，避免出现中等收入陷阱、贫民窟等城市病的关键，也是我国向社会主义现代化强国迈进的关键。

第一节　对流动人口我们应该关注什么

2020 年 5 月 28 日，李克强总理记者招待会上的一句话"中国还有6 亿人月收入在 1000 元左右"引起巨大的社会反响，这说明政府在中国人民"富起来"的同时，开始关注我们国家庞大的社会弱势群体，关注大量的低收入群体，他们才是政府应该重点关注的对象，是政府提供基本公共服务应该重点关注的对象。

改革开放 40 多年来，我国实现了经济的腾飞，进入中国特色社会主义

[①] 见国家统计局《中国流动人口发展报告（2020）》。

新时代，也进入改革的深水区和攻坚期。而改革开放进入深水区最大的问题就是改革措施、政策的不配套。各部门、行业之间施行的改革措施是从各自角度来考虑的，没有从更高层面去考虑，这就造成各种改革措施之间不配套，甚至有相互之间"打架"的情况。并且我国的基本公共服务的供给制度是在户籍制度的基础上建立的，是受户籍制度限制的。也就是说，各地政府在配备基本公共服务资源时，考虑的是其所在地的户籍人口，而不包括流动人口（近年来国家出台了很多政策来推动流动人口与户籍人口享受同等的基本公共服务，也就是近年来所说的基本公共服务的均等化）。这种传统的思维模式使流动人口在流入地不能享受到与当地人（户籍人口）同样的基本公共服务，造成"当地人""外来人口""流动人口"等区别性的称谓。

从流动人口政策上看，我国虽然出台了若干政策措施，有全国层面户籍政策改革、新型城镇化发展规划；有卫生健康部门、发展改革委员会、人力资源社会保障部门、公安部门、民政部门出台的很多有利于人口流动，有利于人口融入城市，实现户籍人口城镇化，有利于流动人口与当地人一样享受基本公共服务，实施基本公共服务均等化的政策。但这些政策与流动人口的实际需求有距离，加之很多部门的政策措施是从各自的部门来考虑的，存在各自为政、互相扯皮甚至相互矛盾的情况，使政策措施落实的程度不是太理想。

我们的政策设计也好，规章制度也罢，我们的工作重点应该是关注流动人口中的大多数（如农民工），关注那些从农村进入城市生活的人，关注那些向往城市文明、向往城市现代化生活、从农村进入城市默默奋斗、"虽九死而不悔"的可爱农民工，关注那些在城市打工、为城市付出自己青春的流动人口（如农民工）。我们关注的重点应该是那些生活在城中村、每天挤公交车上班的农民工。正如张鹏在《城市里的陌生人：中国流动人口的空间、权力与社会网络的重构》一书中所说，"对于富人来说城市的归属感不再完全由户籍所决定，相反，他们通过灵活的消费实践重新定义了社会地位并改造了在城市的身份。真正需要关注的是那些生活在温饱线和尚未达到温饱线的低收入的流动人口，是那些弱势群体。所以从这个意义上也可以说，政府应更多关照弱势群体，为弱势群体服务"。①

---

① 张鹏：《城市里的陌生人：中国流动人口的空间、权力与社会网络的重构》，江苏人民出版社，2014。

　　然而，我们对于流动人口的政策设计却存在很多不如人意的地方，我们的流动人口政策存在"精英人才的偏好"，更多的是关注流动人口中的精英，是那些为城市能做出更多贡献的年轻人。城镇化发展规划、重点任务对流动人口的户籍制度引导是从小城镇、中小城市、300万人口以下的城市到300万~500万人的城市，而对北上广深等一线城市的户籍是严格的控制，而现实是我们的政策是流动人口的大城市偏好和政府的中小城市政策设置，这就导致我们的政策导向与现实发展脱节。

　　城市的人才引进政策偏好精英人才。城市是个庞杂的社会综合体，城市居民需求的多样化决定了它需要的是各种层次、各种类型的人。

　　政府提倡人口的有序流动。但何为有序？何为无序？没有一个具体的可供衡量的指标。"从流动方式看，（流动人口）以自发的非正式迁移为主，正式迁移为辅。非正式的人口迁移是城乡人口迁移的主流。"① 也就是说，流动人口的流动方式是以无序为主的。要说有序，就是人口向着那些经济发达、就业机会多、能挣钱的地方流动，这就是流动人口的"序"，自发的、非正式的看似"无序"的流动，其实包含着"有序"，那就是人口的流入地就是经济发展的中心。那政府希望的人口有序流动如何实现？只有政府政策符合经济发展和人口流动的现实，才能实现人口的有序流动。

　　要真正关注流动人口，关注农民工，关注那些为城市发展做出贡献的人，他们也是城市的主人，政府政策设计也应该如此。可是理想很丰满，现实很骨感，有些政策就像是挂在天上的月亮，可望而不可及，即使可及也只是"引子"，只是"点缀"。如宁波市白仑区有30万以上的流动人口，为了表彰流动人口对白仑区的贡献，当地政府2018年起对流动人口实施租房补贴，可当年的指标只有区区12户（且还有1户不符合规定而被取消资格），2019年也只有200户，对于30万流动人口来说只是杯水车薪。

　　对流动人口要实施更加积极和包容的政策，在理念和政策上有必要继续鼓励人口在更大范围自由流动，更大程度上消除阻碍劳动力流动的制度壁垒；深入推进农业转移人口市民化和基本公共服务均等化，尤其是要加大城市对流动人口公共教育投入，释放流动人口消费潜力和对城市经济增长的原动力；加快落实人口落户政策和农村土地政策，促进流动人口融入城市。正如电视剧《在远方》22集里主人翁姚远所说："我们来这个城市

---

① 田明：《农业转移人口的流动与融入——新型城镇化的核心问题》，科学出版社，2015。

是追逐梦想的，谁都有权利追逐梦想，谁都没有权利阻止别人追逐梦想。从这个意义上说，（对流动人口）管他们不如去帮他们！"流动人口从农村进入城市，能凭他们的辛苦、勤劳就能挣钱，多好啊！他们凭他们的劳动，合法挣钱，送快递的，打扫卫生的，做搬运的，没有他们城市变得不再方便、不再干净，所以说，对流动人口，主要是帮他们，关心他们，为他们提供应该享受的基本公共服务。我们就要为流动人口在城市发展提供空间、提供条件，让他们与城市人一样，真正成为城市的主人，成为城市生活、城市幸福的创造者和享有者！

我们的政策要真正关注流动人口，真正关注流动人口的大多数！让流动人口真正能享受与流入地居民同等的基本公共服务，这就是本课题研究的最根本的目的所在。

第二节　研究流动人口基本公共服务协调机制的必要性

流动人口有助于流入地的经济发展，也给流出地的剩余劳动力找到了出路，增加了流出地流出家庭的经济收入。流动人口在获得发展权的同时，开阔了眼界，开阔了视野，为其更好的发展打下了基础。进入新时代后，中国社会的主要矛盾发生变化，不平衡、不充分成为流动人口基本公共服务供给的主要特征，由于我国地区发展的差异性，加之我国区域之间资源禀赋、发展阶段的不同导致的区域发展不平衡，使流动人口在不同区域获得基本公共服务是"不平衡"的。进入新时代后，流动人口对基本公共服务的需求也呈现多样化，政府提供的基本公共服务与流动人口的实际需求还有差距，政府提供的基本公共服务"不充分"情况也日趋严重。这使流动人口的基本公共服务供给侧与需求侧存在一定的问题，这就导致流动人口在流出地与流入地享受的基本公共服务不一致。这就要求我们必须研究人口流出地与流入地在基本公共服务供给上的协调机制，才能实现流动人口基本公共服务的均等化。

1. 建立流动人口基本公共服务协调机制是新发展理念的客观要求

党的十八届五中全会提出，要"实现'十三五'时期发展目标，破解发展难题，厚植发展优势，必须牢固树立并切实贯彻创新、协调、绿色、开放、共享的发展理念"①。习近平总书记指出，"发展理念是发展行动的先导，是管全局、管根本、管方向、管长远的东西，是发展思路、发展方向、发展着力点的集中体现。发展理念搞对了，目标任务就好定了，政策举措也就跟着好定了"②。要实现流动人口基本公共服务均等化，就必须坚持这五大发展理念。我国基本公共服务的不平衡、不充分的现实就决定了我们必须坚持"创新"这一发展的根本动力，建立区域间（人口流出地与流入地）基本公共服务的协调机制，"理顺（基本公共服务）各方面、各环节、各因素的关系，补齐（流动人口基本公共服务）短板，缩小（区域间流动人口享受基本公共服务）差距"③，从而保障社会主义公平性的实现，要让人民群众共享经济社会发展的成果，让流动人口真正享受政府提供的基本公共服务，实现流动人口基本公共服务的均等化。

2. 建立流动人口基本公共服务协调机制是区域协调发展的客观要求

改革开放 40 多年来，在经济发展取得重大成绩的同时，我国出现了大规模的跨省流动人口（据第七次人口普查数据，跨省流动人口数量达 1.2 亿以上）。区域间经济发展速度的不一致，地区之间、城乡之间经济发展程度的差异，使经济欠发达省份的人口大规模流向经济发达省份。"我国区域发展差距依然较大，区域分化现象逐渐显现，无序开发与恶性竞争仍然存在，区域发展不平衡不充分问题依然比较突出，区域发展机制还不完善，难以适应新时代实施区域协调发展战略需要。"④ 而经济发展的不均衡性决定了我国各地提供的基本公共服务，也是有差异的。为了实现不同区域间流动人口享有的基本公共服务均等化的目标，就要求各地创新流动人口基本公共服务提供机制，这就使区域间建立流动人口基本公共服务协调机制成为可能。

2018 年 11 月 18 日，中共中央、国务院发布的《关于建立更加有效的区域协调发展新机制的意见》提出，要"坚持新发展理念，紧扣我国社会

---

① 党的十八届五中全会通过的《中共中央关于制定国民经济和社会发展第十三个五年规划的建议》。
② 《习近平新时代中国特色社会主义思想学习纲要》。
③ 刘玉瑛：《领导干部要正确理解"五大发展理念"》，《党建文汇》2019 年 6 月 21 日。
④ 中共中央、国务院：《关于建立更加有效的区域协调发展新机制的意见》，2018 年 11 月 18 日。

主要矛盾变化，按照高质量发展要求，紧紧围绕统筹推进'五位一体'总体布局和协调推进'四个全面'战略布局，立足发挥各地区比较优势和缩小区域发展差距，围绕努力实现基本公共服务均等化、基础设施通达程度比较均衡、人民基本生活保障水平大体相当的目标，深化改革开放，坚决破除地区之间利益藩篱和政策壁垒，加快形成统筹有力、竞争有序、绿色协调、共享共赢的区域协调发展新机制，促进区域协调发展"①。具体到基本公共服务，要建立基本公共服务均等化机制，提升基本公共服务保障能力和统筹层次，要"推动城乡区域间基本公共服务衔接。加快建立医疗卫生、劳动就业等基本公共服务跨城乡跨区域流转衔接制度，研究制定跨省转移接续具体办法和配套措施，强化跨区域基本公共服务统筹合作"②。这就为流动人口基本公共服务协调机制的建立提供了制度和政策保障。

3. 建立流动人口基本公共服务协调机制是流动人口的客观需求

基本公共服务是我国全体公民生存和发展的根本需要，享有基本公共服务是公民的基本权利。那么，政府就应该保障全体公民人人享有政府提供的基本公共服务，这是政府的重要职责。然而目前流动人口在城市公共服务方面的需求尚得不到完全的满足，某些方面的服务供给甚至存在较大的差距，如居住权、子女的教育权、劳动就业权益、社会救助还没有充分考虑到流动人口。政府在流动人口服务管理、为流动人口提供基本公共服务方面存在缺位。流入地政府为流入人口提供的基本公共服务是缩水的公共服务，是打了折扣的基本公共服务，像住房保障这样的基本公共服务，外来人口就享受不到，即使可以享受，流入地也制定了很多条件，流动人口很难真正享受到。

随着我国经济的发展，流动人口规模的扩大，经济发展阶段性特征的显现，人口不再是累赘，不再作为消费品，而是作为创造财富的宝贵资源，各地开始出台吸引人才（劳动力）的政策，开始考虑为外来人口提供与当地人同样的基本公共服务。我国的《"十三五"推进基本公共服务均等化规划》（以下简称《规划》）规定："基本公共服务是由政府主导、保障全体公民生存和发展基本需要、与经济社会发展水平相适应的公共服

---

① 中共中央、国务院：《关于建立更加有效的区域协调发展新机制的意见》，2018 年 11 月 18 日。
② 中共中央、国务院：《关于建立更加有效的区域协调发展新机制的意见》，2018 年 11 月 18 日。

务。享有基本公共服务是公民的基本权利，保障人人享有基本公共服务是政府的重要职责。"①《规划》还规定：国家为全体公民提供的基本公共服务包括基本公共教育、基本劳动创业就业、基本社会保险、基本医疗卫生、基本社会服务、基本住房保障、基本公共文化体育、残疾人基本公共服务这八大类，也就是说，政府要为全体公民做到"学有所教、劳有所得、老有所养、病有所医、困有所帮、住有所居、文体有获、残有所助"。②

然而正如《规划》所指出的，"我国基本公共服务还存在规模不足、质量不高、发展不平衡等短板，突出表现在：城乡区域间资源配置不均衡，硬件软件不协调，服务水平差异较大；基层设施不足和利用不够并存，人才短缺严重；一些服务项目存在覆盖盲区，尚未有效惠及全部流动人口和困难群体；体制机制创新滞后，社会力量参与不足"③。也就是说，我国政府为全体公民提供的基本公共服务还存在区域不平衡；区域之间基本公共服务水平差异较大，各区域间经济发展的巨大差距导致各地为其居民提供的基本公共服务的水平参差不齐，差异较大；政府为公民提供的基本公共服务与公民对基本公共服务的需求差距较大，政府为公民提供的基本公共服务还不充分，尤其是进入新时代，这种基本公共服务的区域"不平衡"和提供的基本公共服务"不充分"的现象更为突出。更让我们担忧的是，政府提供的基本公共服务"尚未有效惠及全部流动人口和困难群体"！这就是流动人口享有的基本公共服务的现实。这就需要我们从区域协调方面，从流入地政府和流出地政府提供的基本公共服务方面进行协调机制的研究，以期建立起流动人口基本公共服务区域协调的相应机制，为流动人口提供更好的基本公共服务。如何加强对流动人口的服务管理，为流动人口提供与流入地居民同样的基本公共服务，不断创新社会治理体制，充分利用社会力量，形成政府、社会组织、流动人口自组织的多主体共治格局，从而达到善治的理想状态，这是本研究希望能解决的问题。

随着流动人口的增多，流动人口血缘或地缘关系的聚集特征逐渐显现，跨省流动人口在流入地形成了"湖南村""贵州村""安徽村""新疆村"等聚居地。跨省流动人口的省际流动促使形成人口流动较为集中的区域，如贵州的流动人口主要在经济发达的浙江、广东等省，湖南人口的流

---

① 《"十三五"推进基本公共服务均等化规划》。
② 《"十三五"推进基本公共服务均等化规划》。
③ 《"十三五"推进基本公共服务均等化规划》。

入地主要是经济发达和地缘较近的广东省，安徽人口的流入地主要是经济发达、地缘较近的长三角地区的上海市、江苏省和浙江省。因地缘血缘关系来到流入地的流动人口，为了自身的发展和生存的需要，抱团的氛围较为浓厚。流动人口在给流入地经济发展带来效益、为流入地社会发展带来活力的同时，也给流入地的社会治理带来了难题。

随着国家政策的变化和流动人口需求的增加，流动人口的居留意愿的增强和稳定性增强，以及人口流动由个体劳动力向家庭成员共同迁移转变，流动人口的基本公共服务需求增加过快，而且日益多元化，由以单纯的劳动就业及相关维权服务为主发展为服务维权和教育、社保、卫生、住房等服务并重，这就造成基本公共服务供给的软约束。这就需要对流动人口的基本公共服务进行"以群众需求为核心，推动公共服务的'供给侧改革'，实现服务内容的精细化、服务方式的制度化，把公共服务能力转化为具体的服务举措，转化出便民的实际成果"[①]。"不断提高城乡、区域、人群之间基本公共服务均等化程度"[②]，建立起为流动人口提供基本公共服务的协调机制。在改革措施配套不完备的当下，区域政府之间或政府部门之间建立必要的协作机制是可行的，是对流动人口提供基本公共服务不足的一个很好的补充形式。

政府对于流动人口的服务管理不应当局限于政府内部、各部门之间的相互协作，还需要区域政府之间互相配合，在省与省之间搭建交流平台。由于流动人口基本公共服务管理内容涉及面十分广泛，不仅需要政府部门、社会组织的相互配合，还需要对原有的管理体制、管理方式进行改革和创新，而且需要衔接流入地与流出地的政府职能，加强区域间的信息交流合作，协同不同区域的管理机构等。流出地应当根据省际流出人口分布特征，扩大与流入地的交流合作范围，双方摒弃地方利益，树立全局观念，建立广泛的双向管理、区域协作体系。流动人口的社会保障需要省际流转、协调。区域之间针对流动人口的服务管理加强协调合作，流入地与流出地如何加强交流合作，建立合作交流机制，是当前流动人口服务管理中的一个重要课题。

---

① 肖帅：《公共服务也需"供给侧改革"》，宣讲家网，2017年3月9日。
② 肖帅：《公共服务也需"供给侧改革"》，宣讲家网，2017年3月9日。

第三节　有关本书研究内容的说明

　　流动人口的基本公共服务是本课题研究的主要内容，由于我们课题原来研究的是计划生育的区域协调机制，加之后来人口计划生育委员会与卫生部合并，成为卫生计划生育委员会，到后来成立卫生健康委员会，故我们的研究是以计划生育和卫生领域为流动人口提供的基本公共服务内容为重点，并以此来研究流动人口享有的基本公共服务状况，因此，本研究采用的数据主要是原国家卫生健康事业的流动人口数据平台有关流动人口的卫生计划生育方面的基本公共服务全国性调研问卷等资料。

　　本书从流动人口返乡创业、流动人口的住房保障、社会组织对流动人口的服务等方面进行研究，以期对流动人口的基本公共服务享有状况有一个全面的呈现。

第二章
学者的视角：流动人口基本公共服务均等化研究

第一节　研究背景及价值

一　改善流动人口计生卫生服务是基本公共服务均等化的题中应有之义

推进基本公共服务均等化，让全体人民共享改革发展成果，是政府的基本职责。在我国，基本公共服务均等化的顶层设计经历了从提出原则到不断具体深入的过程。2005年党的十六届五中全会首次提出了公共服务均等化的原则；此后两年，党的十六届六中全会和十七大进一步提出要建立惠及全体人民的基本公共服务体系，并从完善公共财政体系等方面对推进本公共服务均等化进行了部署安排。2011年"十二五"规划纲要提出要把基本公共服务制度作为公共产品向全民提供，并且在"十二五"规划文本中开辟了一个专栏具体部署"十二五"时期的基本公共服务体系建设的重点任务。党的十八大进一步指出，要加快形成政府主导、覆盖城乡可持续的基本公共服务体系，并提出到2020年基本实现公共服务均等化的目标。十八届三中全会又从推进城乡基本公共服务均等化、促进城乡基本公共服务常住人口全覆盖等方面明确了基本公共服务均等化的改革目标。随着思路逐渐清晰、政策的不断具体，基本公共服务均等化逐渐从宏观的顶层设计转化为实实在在的民生福利。

流动人口计生卫生公共服务均等化作为基本公共服务均等化的重要组成部分，一直受到国家的高度重视。国家卫计委发布的《流动人口卫生和计划生育基本公共服务均等化试点工作方案》指出，推进流动人口计生卫生基本公共服务均等化，有三个层面的重大意义：一是利于农业转移人口市民化、进而推动城乡融合发展；二是利于转变政府职能，推进社会治理体制创新；三是利于提高流动人口的健康水平[①]。2010 年 10 月，原国家人口计生委联合中央综治办、财政部、人力资源和社会保障部在全国 49 个城市开展创新流动人口服务管理体制、推进流动人口计划生育基本公共服务均等化试点工作。经过两年的试点，相关部委联合制定颁布了《关于创新流动人口服务管理体制推进流动人口计划生育基本公共服务均等化试点工作指导意见》，并建立领导小组，为进一步推动流动人口计划生育基本公共服务均等化的试点工作提供了政策支撑。2013 年，国家计生卫生委组建后，决定进一步拓展试点内涵，增加流动人口卫生基本公共服务的内容，并在全国选择流动人口集中的 40 个城市（区）启动新一阶段试点工作。通过试点，相关部门针对流动人口卫生计生基本公共服务均等化的重点内容、实现路径等积累了经验，明确了方向。

二　庞大的流动人群需要计生卫生基本公共服务均等化

我国庞大的流动人口现象是城乡二元户籍制度、城乡及区域经济发展失衡等造成的。随着城市经济的不断发展，大量人口从农村迁移到城市、从经济相对落后的地区迁移到相对发达的地区。据公安部门统计，1978 年底我国流动人口总量不超过 1500 万人，到 1985 年达到 5000 万人，1990 年突破 7000 万人[②]。1990～2014 年，流动人口进入快速增长期。到 2014 年，我国流动人口已从 1990 年的 7000 万人增加到 2014 年的 2.53 亿人，20 多年间，流动人口数量增加了 2 亿多人，平均每年增加近 1000 万人。到 2014 年，流动人口占全国总人口的比重达到 18.5%。自 2015 年以来，受进城落户人口增加、人口年龄结构变化等因素的影响，流动人口逐年略有减少，但总数仍保持在 2.4 亿人以上，相当于每 6 个人中就有 1 个流动人口[③]。从流向来看，在 2.4 亿多的流动人口中，80% 的是从农村流入城镇[④]。从流动人口的年龄结构来看，据国家卫计委发布的《中国流动人口

---

① 国家卫生计生委办公厅：《流动人口卫生和计划生育基本公共服务均等化试点工作方案》，2013。

② 中央社会治安综合治理委员会：《社会治安综合治理实务全书》，法律出版社，1999，第895 页。

③ 国家统计局人口司：《人口总量平稳增长 人口素质显著提升——新中国成立 70 周年经济社会发展成就系列报告之二十》，2019 年 8 月 22 日，http://www.stats.gov.cn/tjsj/zxfb/201908/t20190822_1692898.html。

④ 《关于做好流动人口基本公共计生卫生服务的指导意见》（国卫流管发〔2014〕82 号）。

发展报告 2017》，2016 年我国新生代流动人口的比重已达 64.7%，成为流动人口中的主力军。"80 后"流动人口占劳动年龄流动人口（16～59 岁）的比重由 2011 年的不足 50% 增加到 2016 年的 56.5%；"90 后"流动人口占劳动年龄流动人口（16～59 岁）的比重由 2013 年的 14.5% 升至 2016 年的 18.7%[①]。由于青壮年流动人口处于生育旺盛期和抚育子女成长期，他们对妇女儿童保健、计划免疫、健康教育、计划生育、传染病防治等公共卫生服务需求较高。而流动群体大部分则居住在计生卫生服务状况比较差的城乡接合部，他们的计生卫生服务需求并不能得到有效满足。另外，流动人群还具有健康观念薄弱、流动性大等特征，导致流动人口的计生卫生基本公共服务可及性较差。因此，研究如何更好地推动流动人口计生卫生服务均等化，对提高流动人口健康水平、增强流动儿童发展能力、促进国家基本公共服务均等化具有重大意义。

三 跨省流动人口需要推进计生卫生基本公共服务协调机制建设

从全国流动人口的情况看，流动人口以省内流动为主，但跨省流动的比例总体上在不断上升。2000 年的人口普查资料显示，在全国 12107 万人的流动人口中，省内流动的有 7865 万人，占 65%，跨省流动的有 4242 万人，占 35%[②]。在随后的几年中，跨省流动的农民工比例有所增加。2010 年全国跨省流动人口数量为 8587 万人，约占总人口的 38.8%[③]。更进一步看，流动人口主要是从欠发达地区流向发达地区，从农村流向城市。据国家卫生计生委的数据测算，人口主要从中部和西南地区流出，湖南、河南、安徽、四川、贵州和江西六省占全国跨省流出人口的 71.07%[④]。本课题组曾对遵义市汇川区劳动力流动状况进行统计，该区 2006 年跨省转移劳动力 2.44 万人，占已转移就业人数的 60.2%，其中转移到东部沿海地区的上海、江苏、浙江、广东、福建等省（市）就业的有 2.08 万人，占跨省转移就业人数的 85.2%；转移到其他地区就业的有 0.36 万人，占跨省

---

① 转引自潘子璇《〈中国流动人口发展报告 2017〉：我国流动人口规模为 2.45 亿人 总量连续两年下降》，《新民晚报》2017 年 11 月 14 日。

② 国家统计局人口社科司：《全国跨省流动人口超过 4000 万》，中国统计信息网，2002 年 9 月 9 日。

③ 中青：《全国 1 亿人口跨省流动 养老压力失衡》，《劳动保障世界》2015 年第 31 期，第 47 页。

④ 邱玥、瞿思杰：《人口流动：揭示城镇化新趋势》，《光明日报》2015 年 5 月 21 日。

转移就业人数的 14.8%。

在我国，由于实行的是城乡二元的户籍制度，公共服务与户籍高度挂钩。人口流出后，与计生卫生服务相关的一系列福利政策仍需要在户籍地才能享受，而流入地能够提供的服务则比较零碎，一定程度上造成"户籍地看不到管不住、现居地看得见管不着"等问题。流动人口计生卫生服务是一个综合性的问题，要实现均等化，必须建立流出地与流入地之间的区域协调机制、流动人口与政府相关服务机构之间的供需协调机制、各职能部门之间的联动协调机制。

第二节　研究综述

一　国外研究状况

由于进城务工和计划生育都是中国独特的社会现象，而计划生育政策也是我国基于特殊国情设置的人口管理政策，国外实施计划生育干预政策的国家较少，因此，关于计划生育及与之相关的公共服务的研究文献也就不多，对于流动人口计生卫生服务均等化或基本公共服务协调机制的研究文献就更少了。在一些针对外来移民人口生育问题的研究文献中，通过研究外来人口迁移目的、迁移过程中的影响因素等，发现外来移民妇女与本地妇女之间的生育率是有差别的。

国外虽然少有针对流动人口这一特殊人群、计生卫生服务这一特殊领域的研究文献，但关于公共服务均等化的思想却较丰富。庇古在《福利经济学》一书中最早提出有关公共服务均等化的概念，他认为，国民收入总量越大，分配越均等，越有利于实现全社会福利的最大化[1]；布坎南认为，国家所实施的财政政策应当使每一个在社会中处于平等地位的公民都得到平等的分配权；托宾认为，必须严格合理地平均分配公共服务；科斯从产权制度的角度论证了公共服务如何通过解决投入和管理问题而实现均等化。进入 20 世纪 70 年代，当西方发达国家在福利制度的研究和政策制定

---

[1] A. C. 庇古：《福利经济学》（下卷），商务印书馆，朱泱、张胜纪、吴良健译，2006，第 735 ~ 764 页。

上陷入困境时，以琼·罗宾逊为代表的新剑桥学派以凯恩斯的经济理论为基础，提出"政府应当解决收入分配不均的现象，可以通过采取包括福利政策在内的社会政策，发展公共服务，提高公众福利，使各阶层民众之间的收入趋于均等化"的理论①。约翰·罗尔斯的公平正义理论促进了经济和社会发展领域的公共服务均等化②。萨瓦斯认为，可以通过支出公平、投入公平、效果公平和需求满意程度公平原则来衡量一项公共服务分配是否公平。斯蒂格利茨指出，公共财政是对经济正义公平原则的重要检验工具③。科尔奈提出国家政府有义务让每个公民享有获得基本卫生医疗和接受教育的权利，有义务保证穷人能够得到最基本的生存权利。

国外关于公共服务均等化的研究为推进建设流动人口计生卫生基本公共服务均等化协调机制提供了重要的思想和理论基础。

二　国内研究状况

1. 关于服务模式的研究

自国家相关部委开展流动人口计生卫生基本公共服务均等化试点工作以来，各试点地根据国家政策，结合区域实际进行积极探索，创造出如下几种服务模式。

一是信息化 + 精准服务模式。如重庆市渝北区构建起从有效管理到高效服务的工作体系，瞄准流动人口的职业和住所，以网格化管理模式，摸清流动人口的基本信息，并建立起与公安、民政、教委、人力社保等部门之间的信息交流机制，全方位、全时段掌握流动人口的婚姻、生育、入园入学、社保等信息。该区还根据流动人口的信息对其提供精准的计生卫生服务，如在儿童流动频繁的集镇、城乡接合部和城市社区开设常年计划免疫接种门诊；根据流动人口的季节性、阶段性特殊需求，有针对性地提供个性化服务，促进公共计生卫生服务均等化④。

湖北省鄂州市搭建人口健康信息平台，启用流动人口基本公共服务管

---

① 中国财政学会"公共服务均等化问题研究"课题组：《公共服务均等化问题研究》，《经济研究参考》2007年第58期，第2~36页。

② 约翰·罗尔斯：《正义论》，何怀宏译，中国社会科学出版社，1988，第56~88页。

③ 约瑟夫·斯蒂格利茨：《公共财政》，纪沫等译，中国金融出版社，2009，第85页。

④ 汪应钦、袁礼文、郑菲：《心安之处是故乡——重庆市流动人口计生卫生服务均等化试点观察》，《人口与计划生育》2014年第11期，第32~34页。

理系统，积极推进流动人口基础信息多源共享、社会治理分线承接，公共服务集中供给，取得了明显成效①。

二是资源整合工作模式。近年来，湖北省鄂州市坚持以资源融合为突破、以服务创优为根本、以机制创新为保障，打造"三六三"工作模式，推进流动人口计生卫生基本公共服务均等化。即坚持"三个融入"（信息融入、工作融入、服务融入）整合部门资源，推进"六化"（阵地服务便利化、上门服务动态化、签约服务规范化、团队服务全程化、自助服务个性化、现场服务集约化）确保服务均等，完善三项制度（目标人群自动识别制度、规范化服务制度、绩效考评制度）建立长效机制②。石家庄市奕城区充分发挥卫生、计生局长一人兼的优势，整合资源，将健康教育、妇幼保健、疾病防控、计划生育等内容统一安排，各种活动统一组织，积极推进计生卫生基本公共服务进企业、进农村、进学校"三进"活动，实现了计生卫生宣传教育和服务均等化全覆盖。

三是"四化"服务模式。广西桂林市秀峰区通过开展"四化"服务，使辖区内流动人口均等化工作实施更具体化、人性化，增强了流动人口归属感，提高了社会融合度。"四化"分别指健康宣传教育活动常态化、团队服务到家到点到人特色化、重点人群信息管理精细化、"双向转诊"无缝对接人性化③。

四是"六个一"模式。自2018年初以来，浙江省嘉善县魏塘街道计生协启动了"把健康带回家"流动人口计生卫生关怀关爱专项行动，联合多部门组织开展以"六个一"为主要内容的流动人口计生卫生宣传服务活动。开展一次集中宣传活动，举办一场健康知识讲座，开展一次免费生殖健康检查，慰问一批困难新居民，开展一次便民维权服务，开展一次流动人口信息核查④。

五是"四助"服务模式。近年来，株洲市计生卫生委坚持问题导向，瞄

① 李志胜：《以信息化助推均等化着力推进流动人口计生卫生基本公共服务》，《人口与计划生育》2015年第5期，第38~39页。
② 吕焱：《打造"三六三"工作模式 推进流动人口计生卫生基本公共服务均等化》，《人口与计划生育》2015年第7期，第39~40页。
③ 欧云建、杨云：《广西桂林秀峰区"四化"服务推进流动人口计生卫生基本公共服务均等化工作》，《人口与计划生育》2015年第11期，第8页。
④ 傅婷婷：《"六个一"行动助力流动人口计生卫生宣传服务》，《人口与计划生育》2018年第4期，第83页。

准凸显矛盾，积极探索实践，特别创立了"四助"服务模式，大力推进流动人口均等化工作。"四助"即专家助力、重点助力（围绕需求重点进行助力）、特色助力（开展特色均等化服务）、持续助力。进而实现医务人员接了"地气"，流动人口享了"福气"，服务管理添了"朝气"三个成效。

六是"五措并举"服务模式。天津市滨海新区以连续实施两轮国家流动人口基本公共服务均等化试点为契机，充分发挥滨海新区在计卫融合管理体制方面先行先试、资源共享的优势，"五措并举"推进流动人口计生卫生基本公共服务均等化。加强协作，推进均等化工作、强化基础，推进均等化工作、加强宣传，推进均等化工作、做好服务，推进均等化工作、创新机制，推进均等化工作[①]。成都市建立流入地管理、市民等同化服务，聚合多职能部门的均等化服务机制，形成了流动人口计生卫生公共服务的"成都模式"[②]。各地的成功实践对推进全国流动人口计划生育基本公共服务均等化具有参考意义。

从各地的成功实践可以看出，流动人口计划生育管理，主要是依托以社区为阵地的属地管理和责任网格的体系[③]，建立流动人口计划生育社区化管理的模式[④]。只有对流动人口计划生育工作进行网格化管理和组团式服务[⑤]，构建大网格化管理服务平台[⑥]，充分发挥基层力量，实现齐抓共管的局面[⑦]，做到流动人口信息共享，要将社区资源利用最大化，实现居民自治从而实现自我管理、教育、服务的到位[⑧]，才能推动流动人口计生卫

---

① 贺承志：《"五措并举"推进流动人口基本公共卫生计生服务均等化》，《人口与计划生育》2016年第9期，第45~46页。
② 李欣耘：《推动流动人口计划生育基本公共服务均等化对策研究》，西南交通大学硕士学位论文，2013。
③ 苏福梅：《创新流动人口计划生育服务与管理机制》，《山西煤炭管理干部学院学报》2013年第1期，第100~105页。
④ 江立华：《城市流动人口计划生育的管理模式：问题与对策》，《华中师范大学学报》（人文社会科学版）2004年第3期。王春云：《对城市流动人口计划生育管理的几点看法》，《中国计划生育学杂志》2005年第9期，第566~577页。
⑤ 刘凯芬：《海南地区流动人口计划生育"网格化管理、组团式服务"服务模式探讨》，《中国计划生育学杂志》2012年第8期，第566~568页。
⑥ 李海云：《广东省佛山市南海区流动人口计划生育网格化管理服务研究》，吉林大学硕士学位论文，2014。
⑦ 李念慈：《基层人口计生实现网格化管理》，《人口与计划生育》2013年第7期，第51~52页。
⑧ 赵蕾：《流动人口的计划生育服务管理对策研究——以宣武区为例》，中国地质大学硕士学位论文，2010。

生公共服务相关政策落地见效。

2. 关于存在问题的研究

流动人口为流入地经济社会发展做出重要贡献，但同时也给各级政府社会管理和公共服务带来巨大挑战。流动人口育龄妇女经常流离在户籍地和流入地的监管真空地带，他们流动性的特点经常会造成管理和服务的动态性，同时我国流动人口基数庞大，国内也缺乏一个互联互通的共享型信息管理平台，所以，流动人口育龄妇女管理和服务一直以来是个老大难的问题[①]。当前流动人口计划生育基本公共卫生服务供给远远不能满足人们的需求，需要大力改善[②]。从《北京市海淀区医院分娩的外来人口孕产妇死亡情况分析》统计数据可以看出，流入城市的农村人口的初级卫生保健和基本公共卫生没有得到保障，他们的健康问题被忽略，他们处于城市的边缘位置。流动人口享有的基本公共卫生服务水平远远低于常住人口，比如，孕产妇死亡率和围产儿死亡率偏高；儿童计划免疫率偏低；肺结核、性病等传染病的问题在流动人口中也日益加重[③]。通过对杭州市拱墅区的调查，发现流动人口卫计服务存在流动儿童接种率低于常住儿童接种率，流动人口孕产妇仅在怀孕时建立"孕产妇保健手册"并按时检查而对健康知识的知晓率较低等问题。[④] 对山东、北京、上海等地的调研也印证了流动人口卫计服务存在不少问题，主要表现为健康档案建档率偏低[⑤]，产后访视率不高，流动人口"孕产妇保健手册"建册率低于常住人口等问题[⑥]。总结以上问题，本书认为主要有以下一些原因。

一是制度性问题。主要表现为没有建立信息采集与共享机制，造成信息不对称和信息重复建设问题；基层单位人少事多，缺乏能充分掌握全科

---

① 尤彬彬：《"二孩"政策下流动人口计生工作研究——基于温州市仙岩街道的调查》，福建农林大学硕士学位论文，2017，第1页。

② 王海燕：《人口和计划生育技术服务实现基本公共卫生服务均等化研究分析》，《神州》2012年第1期，第21～24页。

③ 冯美：《促进流动人口基本公共卫生服务均等化的政府行为研究——以泉州市为例》，华侨大学硕士学位论文，2016。

④ 祝排飞：《拱墅区外来流动人口公共卫生服务与需求研究》，浙江大学医学院硕士学位论文，2009。

⑤ 杨素雯、崔树义：《流动人口基本公共计生卫生服务发展模式探析——以山东省为例》，《中国人口报》2017年3月3日。

⑥ 王晖等：《北京、上海和广东流动人口计生卫生基本公共服务状况》，《中国妇幼保健》2015年第10期，第2026～2027页。

专业知识的一线服务人员，疲于应付检查，导致针对流动人口计生卫生服务的政策没能得到有效落实；基层医疗机构收支缺口较大，财政投入有限，导致基层设备设施陈旧落后，服务能力较低；等等①。

二是协调性不足。传统以户籍为依托的社会管理体制难以适应新形势的需要，流动人口计划生育服务管理经费投入不到位，工作人员不足，国家规定的流动人口免费计划生育技术服务未能完全落实，流动人口难以享受到与户籍人口同等的计划生育基本公共服务②。流动人口管理具有多头管理、职责不清、界限不明特征，而且由于流动人口流动性的特点，给流入地和流出地管理带来难度，造成管理部门配合不足，协调不顺，信息分享不够，这就极易造成管理的滞后性和缺位性，有些管理交叉重叠，有些服务又会真空漏管，都会给流动人口计划生育工作带来难度③。

问题主要体现在以下几个方面。

一是区域间的协调性不足。由于流动人口流动性大，流入地很难实现动态管理；对于户籍地而言，因为流动人口长期在外，也很难管理服务到位。而流出地与流入地之间的协作机制远未建立，如流动人口医疗费用异地报销渠道不够通畅，流动人口基本公共计生卫生与医疗服务仍存在盲区④。

二是部门间的协调性不足。流动人口计划生育服务多部门协作的综合治理格局尚未形成。主要靠卫计部门推动，很难形成合力，导致很多公共服务只停留在口头上、文件中，流于形式。

三是精准度不够。表现为没有针对流动人口的职业特点、家庭特点等制定有针对性的服务措施，往往是流动人口需要的如职业病救治、流动子女预防保健等供给不足，而有些供给又是流动人口需求不大的，造成供给过剩。如流动人口对流入地社区的育儿保健服务的需求相应增加，但目前社区服务尚不能满足这一群体的特殊需求⑤。

① 周沁：《晋江市流动人口计划生育服务管理问题研究》，福建师范大学硕士学位论文，2018。
② 王军平：《人口计生基本公共服务均等化研究》，《人口学刊》2012年第1期。
③ 尤彬彬：《"二孩"政策下流动人口计生工作研究——基于温州市仙岩街道的调查》，福建农林大学硕士学位论文，2017，第3页。
④ 麦丞志等：《2014年广西流动人口基本公共计生卫生服务享有情况监测分析》，《广西医学》2015年第9期，第1368~1371页。
⑤ 杨素雯、崔树义：《流动人口基本公共计生卫生服务发展模式探析——以山东省为例》，《中国人口报》2017年3月3日。

四是可及性不高。宣传力度不够，政策实施效果不佳等[1]，导致流动人口对社区能够提供的公共卫生计生项目了解不够，参与率均相对较低。这种情况导致流动人口健康服务的可及性不高[2]。

五是可持续性不足。主要表现为经费投入不足，队伍建设滞后，研究评估不够，缺乏长远系统的谋划，导致流动人口计生卫生服务的可持续性不足。

3. 关于对策建议的研究

针对流动人口计生卫生公共服务均等化面临的问题，学者们从不同的角度提出对策建议。

（1）政策设计方面。需要实施流动人口计划生育法制化管理，采用法制思维去管理和服务[3]。要建立流动人口基本公共计生卫生与基本医疗服务平台，完善流动人口公共计生卫生服务保障机制，提高流动人口城镇基本医疗保障参保率，加快社会保障"一卡通"进程[4]。通过转变政府职能来推动流动人口计生服务均等化，尤其是要转变流动人口对计生公共服务的认知，抛开城乡二元化，以公民平等的角度和财政保障来推进计生服务均等化的实现[5]。通过健全服务站点，构建信息平台，加强财政投入等手段，推进流动人口计划生育服务均等化[6]。要进一步完善流动人口服务均等化，一是主要领导亲自抓，二是财政倾斜保障，三是常态化管理和长效机制[7]。从公共财政的角度，测算标准化人均服务资金成本，试图构建均等化分配模型，为推进流动人口计生基本公共服务均等化提供科学预算[8]。

（2）加强协调方面。要加强流入地和流出地的互动交流，在源头上掌

---

① 朱琳：《城市流动人口基本公共计生卫生服务研究》，《卫生经济研究》2016年第5期，第52~55页。

② 杨素雯、崔树义：《流动人口基本公共计生卫生服务发展模式探析——以山东省为例》，《中国人口报》2017年3月3日。

③ 张高燕：《流动人口计划生育管理研究》，云南师范大学硕士学位论文，2007。

④ 麦家志等：《2014年广西流动人口基本公共计生卫生服务享有情况监测分析》，《广西医学》2015年第9期，第1368~1371页。

⑤ 吕冠英：《流动人口计划生育基本公共服务均等化研究——以广西防城港市为例》，广西大学硕士学位论文，2014。

⑥ 王培安：《创新流动人口服务管理体制推进基本公共服务均等化》，《人口与计划生育》2010年第12期，第4~6页。

⑦ 周俊雄：《构建流动人口均等化服务管理新模式》，《人口与计划生育》2013年第1期，第104~108页。

⑧ 王军平：《人口计生基本公共服务均等化研究》，《人口学刊》2012年第2期，第33~38页。

控流动人口信息，尤其是可以通过定向招工和培训，有序引导，这样便于管理①。要以社区管理、属地管理、信息共享和法制建设整合管理模式②。要通过创新管理体制，坚持政府主导和社会第三方参与的模式，加快法制化进程，以社区管理为核心，从而推动流动人口计划生育服务均等化的实现③。要提高流动人口信息化建设水平，加强区域协作双向管理考核机制建设，加强部门联合实现综合治理，强化社区管理，实现均等化服务④。开展流动人口计生基本公共服务，要注重维权服务与依法行政相结合、健全网络与属地管理相结合⑤。要建立需求导向型的服务体系，同时要把属地化管理和社区服务相结合⑥。

（3）提高精准度方面。建议针对未满足需求的人群，开展宣传教育与信息传播，开展按需服务，并大力推广试点地区成功模式⑦。计划生育公共服务必须从服务人群差别需求出发，实现均等化的过程中要充分了解服务对象个性化的需求，并利用差别化的手段进行"私人定制"，探究了三个观点：一是流动人口计生公共服务均等化是否有可能实现；二是计生公共服务均等化的实现是否还会存在差别；三是要以均等化来引导、满足流动人口的计生公共服务需求⑧。当前，我国青年流动人口计生基本公共服务均等化应将青年流动人口作为均等化服务的突破点⑨。

（4）增强可及性方面。要实现流动人口动态管理，建立健全流动人口健康档案；加强流动儿童预防接种工作，保障儿童身体健康；加强流动人

---

① 王国强：《对上海市流动人口源头互动有序服务管理工作新机制的调研与思考》，《上海市计划生育科学研究所》2005 年第 1 期，第 22～27 页。

② 黄兰香：《长沙市城镇流动人口计划生育管理问题与对策研究》，国防科技大学硕士学位论文，2007。

③ 黄桂荣：《从管理体制创新看流动人口基本公共服务均等化》，《岭南学刊》2014 年第 4 期，第 26～31 页。

④ 宋艳芹：《流动人口计划生育服务管理的实践与思考——以山东省为例》，《人口与经济》2012 年第 4 期，第 105～110 页。

⑤ 万任昊：《推进流动人口计划生育基本公共服务均等化的探索与实践——以上海市松江区相关工作为例》，《医药前沿》2011 年第 4 期，第 14～20 页。

⑥ 郭莎莎：《流动人口计划生育服务研究——以五华区王家桥社区为例》，云南大学硕士学位论文，2012。

⑦ 王晖等：《北京、上海和广东流动人口计生卫生基本公共服务状况》，《中国妇幼保健》2015 年第 10 期，第 2026～2027 页。

⑧ 周静：《流动人口计划生育公共服务均等化与差别研究》，复旦大学硕士学位论文，2008。

⑨ 李大伟、庄国波：《青年流动人口计生基本公共服务均等化的政策思考》，《中国青年研究》2012 年第 1 期，第 11～15 页。

口健康管理，不断完善计生卫生服务内容；开展多种形式的健康教育和咨询，提升基本公共卫生服务质量；落实流动人口传染病防控措施，健全传染病管理体制；完善社会保障制度，保障流动人口合法权益①。

（5）增强可持续性方面。以医改精神为基础统领研究工作导向；研究流动人口流动性特点；研究针对流动人口基本公共卫生服务财政投入的规律；研究流动人口动态管理的体制机制；研究对流动病患者提供救助和关怀的政策；借鉴国内外的经验与做法②。

三 研究述评

综上所述，对于流动人口计生卫生基本公共服务的探索与研究，重点是从管理的视角，在对流动人口进行信息统计与共享的基础上研究如何实现社区网格化管理，并针对管理中存在的问题提出对策建议。对于流动人口计生卫生基本公共服务均等化的研究，则是从公共服务均等化的意义、实践探索、实现过程、目前的不足、困难以及优化对策等角度进行研究。已有探索和研究为进一步推进流动人口计生卫生公共服务均等化提供了扎实的实践与理论基础。

但总体上，流动人口这一群体的流动性大、构成复杂，政策之间的壁垒相对较多，导致对流动人口提供的计生卫生公共服务的复杂性和多样性。但在研究层面，已有成果多从实践经验的总结、问题分析和对策建议三个角度展开，理论研究还很不足，缺乏本质探索。

还有，以往的研究多是从流入地的视角来研究，研究流动人口在流入地享受的基本公共服务，研究流动人口在流入地的社会融入。而从大量人口流动后流出地的社会结构的变化、出现的社会问题方面的研究则比较少。本研究试图从流出地的视角来研究流动人口享受的基本公共服务均等化问题，研究流出地因人口的大量流出而出现的"留守现象"，研究人口流出后流出地的创业发展所形成的劳动力缺乏或不足等问题，研究因世界金融危机和东部产业升级导致的流动人口返乡创业等问题，研究因流动人口在流入地不能享受基本公共服务的住有所居，不得不在家乡附近购买住

① 朱琳：《城市流动人口基本公共计生卫生服务研究》，《卫生经济研究》2016 年第 5 期，第 52～55 页。

② 黎慕、徐缓：《我国流动人口基本公共卫生服务研究进展》，《现代预防医学》2010 年第 19 期，第 3675～3677 页。

房等问题，探讨流动人口在流入地的保障性住房的租赁机制等。

第三节 相关概念及理论基础

一 相关概念

1. 流动人口

我国行政部门使用的流动人口概念，大多都是根据各自行政职权范畴进行界定的。《中华人民共和国 2016 年国民经济和社会发展统计公报》认为"流动人口"是指人户分离人口中扣除市辖区内人户分离的人口[①]。从不同的维度流动人口可分为如下几类：按空间划分，可分为"跨省流动人口"和"省内跨县（市、区）流动人口"；按时间划分，有居住半年以上的、居住一个月以上的、暂住三日以上的流动人口；按流向划分，分为流入人口和流出人口。本课题的研究对象是指流动时间 6 个月以上的常住的流动人口。

2. 基本公共服务均等化

基本公共服务应该包括三个基本点，一是保障人类的基本生存权，二是满足基本尊严和基本能力，三是满足基本健康[②]。基本公共服务主要包括基本卫生医疗、义务教育、基本社会保障等。基本公共服务均等化的内涵，包括机会均等、结果大致相等，同时，有学者认为应该保障人们自由选择权利，并且应配套建立起收入分配制度、城乡统筹发展制度、公共财政制度等机制来促进基本公共服务均等化的逐步实现[③]。基本公共服务均等化就是要让所有公民都能得到政府提供的非歧视、可获得和可接受的基本公共服务[④]。得到基本公共服务是每个公民拥有的基本的权利[⑤]，要做到机会平

---

① 《中华人民共和国 2016 年国民经济和社会发展统计公报》，国家统计局网站，2017 年 2 月 28 日。

② 苏武江等：《基本公共服务均等化：内涵、范围和标准》，《改革与战略》2013 年第 3 期，第 32 ~ 35 页。

③ 常修泽：《中国现阶段基本公共服务均等化研究》，《中共天津市委党校学报》2007 年第 2 期，第 66 ~ 71 页。

④ 樊继达：《统筹城乡发展中的基本公共服务均等化》，中国财政经济出版社，2008。

⑤ 郭琪：《实现地区间公共服务均等化的途径——浅析中国政府间均等化转移支付》，《当代经理人》2006 年第 5 期，第 12 ~ 15 页。丁元竹：《促进我国基本公共服务均等化的基本对策》，《中国经贸导刊》2008 年第 5 期，第 44 ~ 48 页。

等、服务质量大体相等，而且每个公民拥有接受服务自主决定的权力①。

本课题认为，基本公共服务均等化是指不分户籍、不分性别和年龄，让流动人口与户籍地人口一样平等享有政府提供的公共服务。

3. 流动人口计生基本公共服务

流动人口计生基本公共服务是由组织体系、工作机制、实践模式、信息系统等内容组成的②。计划生育的八大职能是宣传教育、技术服务、药具发放、人员培训、信息咨询、优生指导、随访服务、生殖保健③。对流动人口的计生服务管理工作主要有信息采集、证件管理、孕情监测、宣传教育、奖励扶助、技术服务等。

4. 流动人口卫生基本公共服务

公共卫生服务是在国家的经济、文化、科学技术发展到一定水平，政府为国内人民提供的一种合理的卫生医疗技术、病人或需方经济能力能够承受的，并且是必需和有效的医疗服务④。每个国家有关基本公共卫生服务的内涵也不尽相同。美国国际开发署提出的"基本公共卫生服务包"包括：儿童保健、生殖保健、传染性疾病控制、基本医疗服务、行为干预。意大利提出的基本公共卫生服务包括住院服务，社区卫生服务，居民工作、居住环境的公共卫生这三项主要内容。印度提出的基本卫生服务是以"综合服务包"的形式来界定的⑤。

国内公共卫生的内容有建立居民健康档案，儿童保健、孕妇保健和老年人保健，健康教育，传染病的防治，高血压和糖尿病等慢性病和重度精神疾病的管理等⑥。

5. 流动人口基本公共服务均等化

流动人口基本公共服务均等化是指"通过社会管理体制创新，合理配

---

① 常修泽：《中国现阶段基本公共服务均等化研究》，《中共天津市委党校学报》2007年第2期，第32~35页。

② 申鹏：《城市流动人口社会化服务管理的困境与创新：基于贵阳市实践的探索》，《人口学刊》2013年第6期，第85~94页。

③ 尤彬彬：《"二孩"政策下流动人口计生工作研究——基于温州市仙岩街道的调查》，福建农林大学硕士学位论文，2017，第11页。

④ 冯美：《促进流动人口基本公共卫生服务均等化的政府行为研究——以泉州市为例》，华侨大学硕士学位论文，2016。

⑤ 余苏珍、王力、王素珍、王军永：《促进基本公共卫生服务均等化的现实困境及对策》，《中国卫生事业管理》，2011，第478~479页。

⑥ 冯美：《促进流动人口基本公共卫生服务均等化的政府行为研究——以泉州市为例》，华侨大学硕士学位论文，2016。

置公共服务资源，向流动人口提供与城市户籍人口均等的基本公共服务，逐步消除流动人口在就业、社会保障、子女教育、住房、计划生育、医疗卫生、政治权利、精神文化等方面与流入地居民之间的差异，促进流动人口社会融合"。[1] 基本公共卫生服务均等化是指保证全体城乡居民均能够免费或只需少量付费就可获得安全、有效、方便的基本公共卫生服务[2]。流动人口计划生育基本公共服务均等化是指流动人口在现居住地获得与户籍人口同等的宣传倡导、计划生育、优生优育、生殖健康、奖励优待等方面的基本公共服务[3]。

本研究认为，流动人口计生卫生基本公共服务均等化是指针对流动人口的年龄特点，落实基本公共计生卫生服务项目。主要内容如下。一是建立健全流动人口健康档案。为在辖区居住 6 个月以上的流动人口建立家庭健康档案，掌握流动人口的健康状况。二是加强流动儿童预防接种工作。为辖区内居住满 3 个月的 0~6 岁流动儿童建立预防接种档案，为流动适龄儿童及时建卡、接种。根据传染病防控需要，开展乙肝、麻疹、脊灰等疫苗补充免疫、群体性接种和应急接种工作。三是加强流动孕产妇和儿童保健管理。为在辖区居住 6 个月以上的流动孕产妇、儿童建立保健管理档案。强化育龄妇女孕情监测、叶酸补服、围生期保健、孕产妇早孕建卡、孕期保健、高危筛查、住院分娩和产后访视等工作。完善 0~6 岁流动儿童家庭访视、新生儿满月健康管理、婴幼儿健康管理、学龄前儿童管理及健康问题处理等儿童保健服务。四是落实流动人口计划生育基本公共服务。开展计划生育法规政策宣传倡导、技术服务、优生优育、生殖健康、奖励优待等服务项目，重点落实国家规定的计划生育免费技术服务。为流动育龄人口提供避孕节育知识讲座、优生优育科普宣传和健康指导等服务。

二 理论基础

1. 公共产品理论

公共产品思想最早可追溯到英国学者托马斯·霍布斯。他在其出版的

---

① 国家人口计生委流动人口服务管理司：《2011 年度中国流动人口发展报告》，中国人口出版社，2011。

② 刑丽敏、徐海霞、刘宝：《国内公共卫生服务均等化的理论探讨及研究现状》，《中国卫生政策研究》2009 年第 6 期。

③ 《关于创新流动人口服务管理体制推进流动人口计划生育基本公共服务均等化试点工作的指导意见》，国家人口和计划生育委员会流动人口服务管理司。

《利维坦》一书中指出，国家作为群体授信的一个人格，应以有利于大家的和平与共同防卫的方式，担负起由个人享用但却无法实现个人提供的公共产品的供给①。亚当·斯密对公共产品和私人物品进行区分，他在《国富论》中指出，政府作为"守夜人"，其职能就包括应对国家安全、社会安全、司法制度、公共事业等类事项提供最低限度的公共服务②。另外，李嘉图、马歇尔、帕累托、庇古、凯恩斯、林达尔等经济学家都不同程度地涉猎"公共产品"问题。

随着研究的深入，学者们从产品属性的角度论述公共产品和私人产品的区别，厘清公共产品的概念。萨缪尔森将公共产品定义为具有消费非竞争性的商品。马斯格雷夫进一步明确了公共产品的两种属性，即消费上的非竞争性和非排他性。此后，德姆塞茨、弗里德曼、阿特金森和斯蒂格利茨等以此为思路，对公共产品的内涵展开新一轮的讨论。在很长一段时间内，以"非竞争性"和"非排他性"为主要衡量标准的公共产品理论获得理论界普遍认可③。因此，公共产品应由政府提供。

随着政府供给公共产品在实践中一些问题的暴露，学者们又将目光移回市场，重新思考私人提供公共物品的可能性。如詹姆斯·布坎南认为公共产品是由供给过程决定的，与物品本身的消费特征无关。当公共物品具有地域性或局部特征时，市场机制可以代替政府供给更好地发挥资源配置功能，多元供给主体给单一的政府供给带来激励和约束作用，促进地方公共物品供给效率的提升。后续的诸多研究进一步说明，公共产品由私人供给、自愿供给甚至联合供给或许更有效率。

联合供给公共产品又出现了新的问题，即政府与市场在公共产品供给问题上出现相互争抢或推诿的现象，公共产品供给效率下滑。如何做到既规避市场失灵，又防止政府失灵成为新的研究焦点。世界各国普遍采用市场化、引入竞争机制的新公共管理模式实现公共产品和服务的有效供给。马克思认为，公共产品供给的主体不是单一的，可以是多元的；公共产品供给的方式不是单纯的，可以是多样的；到底公共产品的供给应采取何种供给模式，其选择的标准应依据当时当地生产力和社会发展总体水平即

---

① 霍布斯：《利维坦》，商务印书馆，1985，第132页。
② 亚当·斯密：《国民财富的性质和原因的研究》（下卷），商务印书馆，1988，第28~29页。
③ 刘佳丽、谢地：《西方公共产品理论回顾、反思与前瞻——兼论我国公共产品民营化与政府监管改革》，《河北经贸大学学报》2015年第5期，第11~17页。

"文明程度"的高低。

2. 社会主义公平正义理论

以罗尔斯的程序正义理论、诺齐克的持有正义理论为代表的西方公平正义理论为本课题的研究提供了重要的理论借鉴。但本课题以马克思公平正义理论为指导，依托社会主义公平正义理论进行研究。

"发展依靠人民，发展成果由人民共享"是社会主义的基本理念。"公平正义是中国特色社会主义的内在要求。"[1] 在新时代，以习近平同志为核心的党中央始终践行"以人民为中心"的发展观，"人民对美好生活的向往，就是我们的奋斗目标"。

习近平总书记强调，要"加紧建设对保障社会公平正义具有重大作用的制度，逐步建立以权利公平、机会公平、规则公平为主要内容的社会公平保障体系"[2]。这一论述明确指出了公平正义的三大主要内容。权利公平是实现公平正义的逻辑基础，机会公平是公平正义的内在要求，规则公平是公平正义的重要保障。

而实现公平正义的路径主要有如下几条。一是坚持用发展的办法解决公平正义问题，强调既要抓牢经济建设，促进经济发展，进一步把"蛋糕"做大以夯实保障公平正义的物质基础，又要把"蛋糕"分配好，在发展的基础上实现学有所教、劳有所得、病有所医、老有所养、住有所居上的新发展[3]。二是不断完善政府体系。制度是社会公平正义的重要保证，要通过创新制度安排，努力克服人为因素造成的有违公平正义的现象[4]。三是深入细致做好社会托底工作[5]，重点是注重保障和改善民生，底线是教育、就业和收入分配等基本社会条件得到保障。四是全面从严治党，把权力关进制度的"笼子"，制约规范权力，实现公平正义的源头保障。

3. 服务型政府理论

"服务型政府"一词首次出现在德国行政法学家厄斯特·福斯多夫1938 年发表的《作为服务主体的行政》一文中。1998 年，张康之教授在我国学术界最早提出了这个概念，并将"服务型政府"定义为把公众服务

---

① 习近平：《习近平谈治国理政》，外文出版社，2014。
② 习近平：《习近平谈治国理政》，外文出版社，2014。
③ 习近平：《习近平谈治国理政》，外文出版社，2014。
④ 习近平：《习近平谈治国理政》，外文出版社，2014。
⑤ 习近平：《习近平谈治国理政》（第二卷），外文出版社，2017。

作为政府存在、运行和发展的根本宗旨的政府。服务型政府与中国传统的管制型政府截然不同，是一个有别于过去"统治型政府"和"管理型政府"的集民主、有限、责任、法治和绩效于一身的政府，始终把公民放在国家的第一位。服务型政府理论的核心观点是全体公民才是国家、政府乃至全部国有资产的所有者，所以政府的基本职能既不是也不应是"掌舵"或"划桨"，而应是回应公民诉求，为公民服务。

第四节 研究思路及方法

一 研究思路

本书研究采取资料收集→提出问题→分析问题→解决问题四个步骤。重点从流出地的视角围绕流动人口享受的基本公共服务均等化、社会组织对流动人口的服务、流出地因人口的大量流出而出现的"留守现象"、人口流出后流出地的创业发展所形成的劳动力缺乏或不足等问题、流动人口不得不返乡，研究流动人口返乡创业就业、流动人口在流入地的保障性住房的租赁机制等，以期建立流动人口基本公共服务的协调机制，进而实现流动人口基本公共服务均等化水平不断提升。

二 研究方法

跨省流动人口基本公共服务协调机制研究既是一个政策问题，涉及国家的基本公共服务均等化政策、流动人口基本公共服务政策等的落实情况及不同省份之间的政策协调、政策设置的科学性等问题；也是一个理论问题，如何更好地为流动人口提供计生卫生基本公共服务，助力流动人口融入城市并可持续发展，进一步延展我国的人口红利；还是一个实践问题，在对流动人口开展基本公共服务的过程中，流动人口的需求是什么，他们最需要的是什么样的基本公共服务，基层政府在服务中面临什么困难，诸如此类的问题，如果不很好地解决，要实现对流动人口的精准化、系统化服务就是一句空话。因此，本书将从政策、理论和实践三个方面展开研究。具体研究方法如下。

1. 文献检索法

充分利用中国期刊网、中国知网等电子数据库资源，查阅关于流动人口计生卫生基本公共服务的文献，借鉴已有研究成果中的主要观点、研究结论和研究方法，为本书的研究打下理论基础。同时查阅政府官方门户网站，收集流动人口计生卫生服务的相关政策法规，重点关注政府工作报告、流动人口计生卫生政策实施方案、工作总结、统计数据和相关调研报告。通过文献梳理，厘清当前开展流动人口计生卫生基本公共服务取得的成效、存在的问题及所提出的对策建议，为本书研究奠定实践基础。

2. 统计分析法

利用国家卫计委"全国流动人口卫生计生动态监测数据——流动人口卷（2014、2015、2017）"，从宏观层面分析中国跨省流动人口计生卫生服务状况；利用"贵州、湖南、安徽三省流动人口大省的抽样调查数据"，在中观层面分析三省流动人口计生卫生公共服务状况；利用"贵州跨省流动人口专项抽样调查数据"，在省级层面分析流动人口计生卫生公共服务状况。需要说明的是，全国流动人口卫生计生动态监测数据库抽样样本覆盖中国 31 个省（区、市）和新疆生产建设兵团，贵州、湖南、安徽数据库涉及所辖 40 个市（州、区），贵州数据库覆盖全部 9 个市（州）和贵安新区。可以说，数据样本具有很强的代表性。本书使用 SPSS 软件，采用描述性分析、卡方分析、交互分析、相关分析、回归分析相结合的方法对数据资料进行梳理分析，研究流动人口计生卫生基本公共卫生服务均等化的总体状况及相关影响因素。

3. 个案研究法

对部分流动人口进行面对面访谈，通过较为深入的交流，充分了解他们对流动人口计生卫生工作的评价和对计生卫生服务的需求及相关建议意见等，同时注重收集典型个案。采取座谈会的形式，与基层计生卫生工作者开展交流，收集他们关于目前流动人口计生卫生基本公共服务的主要经验、存在的问题和个人建议，掌握这一公共服务政策的实践状态，并注重收集在实践中探索出的成功做法和典型经验，从而更加接地气地了解流动人口计生卫生公共服务的现状和不足，为研究对策建议奠定坚实基础。

第五节　研究框架设计

为进一步推进国家治理体系和治理能力现代化，谋划全国"一盘棋"的流动人口基本公共服务协调机制。具体研究框架如下。

第一章　关注或漠视：为流动人口提供怎样的基本公共服务。主要对流动人口我们应该关注什么进行梳理，从新发展理念客观要求、区域协调发展客观要求、流动人口的客观需求等三个维度研究建立流动人口基本公共服务协调机制的必要性。

第二章　学者的视角：流动人口基本公共服务研究。主要对流动人口基本公共服务均等化的研究价值及意义进行分析，对目前研究的主要观点及研究状况、存在的问题等进行综述。并对本课题研究涉及的主要概念进行界定，对基本理论进行梳理，对研究思路和研究方法进行说明，最后介绍本书的研究框架及研究的主要问题。

第三章　孔雀东南飞：跨省流动人口基本形态与空间特征，主要以全国流动人口监测数据为样本，研究流动人口总体概况及卫生计划生育基本公共服务概况。用SPSS统计软件对数据进行描述分析和交互分析，旨在对跨省流动人口的客观现状、计生卫生服务的基本形态、现实困境等问题进行分析与比较。用数据说话，直观、真实、全面地反映当前流动人口计生卫生基本公共服务的基本形态和存在的问题，为进一步研究解决问题的对策建议奠定基础。

第四章　变迁与发展：人口流出地的现实境遇。从人口流出的积极意义和人口大量流出给流出地带来的困境两方面入手，研究西部地区人口流出大省的现实情况，并提出对策建议。

第五章　关爱与保护：人口流出地的留守群体。主要研究人口流出对留守儿童、留守妇女、留守老人的影响。如对留守妇女带来的影响，体现为空床、空心。

第六章　管理到服务：人口流出大省计生卫生服务模式探索。主要从贵州、安徽、湖南的角度来研究人口流出大省服务流出人口卫生计划生育基本公共服务均等化的情况；湖南、安徽对湘籍、皖籍流出人口卫生基本公共服务均等化区域协作的主要举措，此部分研究重点以广东广州、浙江乐清、浙江杭州为例进行典型个案研究。

第七章　补充到合力：社会组织对流动人口的服务供给。探索建立"支部＋协会＋卫生服务中心"等工作新模式，发挥好计生卫生协会在流动人口计生卫生公共服务中的作用。通过新媒介 App、政府购买服务、项目化运作等方式，创新服务模式，畅通服务渠道，不断提高流动人口公共服务政策知晓率和落实率，促进流动人口自我发展和社会融合。采取"购买服务"的方式，流动人口与户籍人口同等享受计生卫生基本公共服务项目经费。

第八章　回流促发展：流动人口返乡创业就业。主要研究流动人口的回流现象、制定怎样的政策机制推动流动人口返乡创业就业、流动人口返乡创业就业面临的困难和挑战、进一步完善流动人口返乡创业就业机制的对策建议等内容。

第九章　居者有其屋：流动人口住有所居问题和对策。住房问题是流动人口在流入地城市社会融入的最大障碍，是享受基本公共服务最短缺的事项。本章从文献分析和问卷调查数据分析入手，研究流动人口的住房形式、住房与学历、户籍、流动范围等的关系；研究国内外住房政策对提供流动人口住有所居的借鉴，并提出为流动人口居者有其屋的对策建议。

第十章　平等与协作：建立跨省流动人口基本公共服务协调机制。构建跨省流动人口的基本公共服务的区域协调机制，既要遵循基本公共服务的普遍规律，又要针对跨省流动人口的特点，找准工作的着力点、切入点。本章主要从建立国家层面流动人口基本公共服务统一机制、建立全国层面的流动人口信息共享机制、建立流动人口职业培训机制、建立留守群体关爱保护机制、建立流动人口资源协调保障机制、建立流动人口保障性住房租售同权机制、构建流动人口市民化动态调整机制等方面研究流动人口基本公共服务均等化应该建立的七大机制。

第三章

孔雀东南飞：跨省流动人口基本形态与空间特征

　　流动人口规模之大、区域分布之广、影响之深，唯中国独有。为了顺应国家新型城镇化战略发展的客观需要，国家提出了"三个1亿人"的发展目标。为此，在我国新型城镇化的关键期及重要节点，如何高度聚焦中国流动人口尤其是以农民工等为主体的"跨省流动人口"① 问题，切实提供有效的计生卫生基本公共服务供给，并防范和化解服务供给过程中可能带来的"潜在风险"，高质量加速推进该庞大群体的新型城镇化进程，具有特殊的重要性与时代意义。

　　为了更科学地把握跨省流动人口卫生计生基本公共服务的真实形态及特征，有必要对我国跨省流动人口的基本形态及结构特征进行调查分析，其原因有三：一是有利于更准确地理解跨省流动人口的群体结构与计生卫生基本公共服务之间的内在关系；二是有利于更直观地检视当前我国跨省流动人口在卫生计生基本公共服务供给上面临的现实挑战与困境，为破解发展困局、优化协调机制等提供基本思路与实证支撑；三是目前学界对中国流动人口问题的关注甚多，但以"跨省流动人口"为研究对象的专题探究则难以寻觅。

　　具体而言，为了研究之需，笔者组将结合国家课题立项的时间节点及研究设计的要求，在本部分利用"全国流动人口卫生计生动态监测调查数据"，作为宏观层面把握中国跨省流动人口基本形态的数据支撑；利用"全国流动人口卫生计生动态监测调查数据"中有关安徽、湖南、贵州三个跨省流动人口大省的抽样调查数据，作为中观层面把握东部、中部、西

---

　　① 在这里，"跨省流动人口"是指在本地（流入地）居住一个月及以上，非本省、区、市户口的15周岁及以上男性和女性流动人口。

部跨省流动人口基本形态的数据支撑；借助"全国流动人口卫生计生动态监测调查数据 – 贵州分数据"，作为微观层面考察跨省流动人口基本形态的数据支撑。从全国层面看，其抽样样本覆盖中国 31 个省（区、市）和新疆生产建设兵团（见表 3 – 1）。

表 3 – 1　全国跨省流动人口抽样调查样本及地区分布

单位：人

地　　区	抽样调查样本的流入地分布			抽样调查样本的户籍所在地分布		
	2014 年	2015 年	2017 年	2014 年	2015 年	2017 年
北京市	7499	8000	6999	121	94	115
天津市	5623	6000	5000	177	152	279
河北省	2032	4217	2163	4401	4356	4569
山西省	1970	2216	1641	1334	1421	1520
内蒙古自治区	1144	1208	1102	1640	1317	1442
辽宁省	3018	2965	2839	1020	1148	1080
吉林省	1086	4000	1270	1721	4650	1565
黑龙江省	1581	780	678	3397	3996	3848
上海市	7499	8000	7000	90	86	92
江苏省	7549	7853	5342	2981	2965	2709
浙江省	11700	12466	8733	2919	2936	2251
安徽省	521	508	434	11293	11723	9230
福建省	3669	4142	4027	2493	2654	1938
江西省	1381	1480	1118	5126	5465	4376
山东省	848	779	1004	5418	5833	4100
河南省	1014	939	801	10431	11275	9318
湖北省	1393	1512	1402	5337	5863	4454
湖南省	853	792	618	5902	6397	5124
广东省	8158	10695	6754	1067	1048	845
广西壮族自治区	1520	1372	1144	2296	3132	1981
海南省	2962	2923	2151	135	152	80
重庆市	1779	1807	1708	3376	3718	3419
四川省	942	1229	806	10834	11996	9125

续表

地 区	抽样调查样本的流入地分布			抽样调查样本的户籍所在地分布		
	2014 年	2015 年	2017 年	2014 年	2015 年	2017 年
贵州省	1241	1413	1796	3442	3920	2687
云南省	2139	2177	2790	1480	1808	1276
西藏自治区	2649	2694	2771	24	29	25
陕西省	1844	1876	1533	2409	2752	2206
甘肃省	1874	1901	1367	3719	3774	3325
青海省	2712	2667	2277	317	408	310
宁夏回族自治区	1634	1593	1686	419	384	335
新疆维吾尔自治区	2546	3991	3140	605	553	152
新疆生产建设兵团	3622	1968	1696	65	107	14
其他	0	0	0	13	51	0
合　计	96002	106163	83790	96002	106163	83790

注：本表中 2014 年、2015 年和 2017 年全国跨省流动人口调查样本的地区分布，其抽样调查样本覆盖全国 31 个省（区、市）[包含"新疆生产建设兵团"、"其他（包括台湾、香港、澳门和国外）"在内]。因此，若无特殊说明，在本研究中的分析数据均来自"2014 年、2015 年、2017 年全国流动人口卫生计生动态监测调查（流动人口问卷－A）"抽样调查数据中剥离出来的"跨省流动人口"专题数据。

从跨省流动人口大省（流出地）看，其样本涵盖安徽、湖南、贵州所辖区的 40 个市（州、区）①；从贵州跨省流动人口看，其样本覆盖贵州省贵阳市、六盘水市、遵义市、安顺市、毕节市、铜仁市、黔西南州、黔东南州、黔南州、贵安新区共 10 个市（州、区）。

这里需要说明的是，由于国家卫生健康委员会开展全国性流动人口的专题调查是根据不同年限进行不同领域的研究，到目前为止，对流动人

---

① 在这里，"40 个市（州、区）"是指西部地区贵州省所辖的贵阳市、六盘水市、遵义市、安顺市、毕节市、铜仁市、黔西南州、黔东南州、黔南州、贵安新区；中部地区湖南省所辖的长沙市、株洲市、湘潭市、衡阳市、邵阳市、岳阳市、常德市、张家界市、益阳市、郴州市、永州市、怀化市、娄底市、湘西州；东部地区安徽省所辖的合肥市、芜湖市、蚌埠市、淮南市、马鞍山市、淮北市、铜陵市、安庆市、黄山市、滁州市、阜阳市、宿州市、六安市、亳州市、池州市、宣城市。需要说明的是，由于"安徽省"从区域上看最贴近东部江浙一带，加上其属于典型的跨省流动人口大省（流出地），因此，出于研究之需，本研究将"安徽省"作为东部区域的代表。

口，尤其是跨省流动人口基本公共服务的专题研究，只进行过三次，分别在 2014 年、2015 年和 2017 年；也就是说，2017 年度的全国跨省流动人口监测调查数据（国家卫生健康委员会抽样调查周期较长，数据出炉通常需要 2 年以上）是迄今为止关于跨省流动人口基本公共服务的最新数据。具体来看，在国家卫健委历年开展的有关全国跨省流动人口的专题调查数据库中，"2014 年全国跨省流动人口"的有效样本为 96002 人，其中东部地区为 60557 人，占 63.1%，中部地区为 9799 人，占 10.2%，西部地区为 25646 人，占 26.7%；"2015 年全国跨省流动人口"的有效样本为 106163 人，其中东部地区为 68040 人，占 64.1%，中部地区为 12227 人，占 11.5%，西部地区为 25896 人，占 24.4%；"2017 年全国跨省流动人口"的有效样本为 83790 人，其中东部地区为 52012 人，占 62.1%，中部地区为 7962 人，占 9.5%，西部地区为 23816 人，占 28.4%（见表 3 - 2）。基于此，在具体开展宏观、中观层面的跨省流动人口基本形态及空间特征考察时，本部分将着重借助 2014 年、2015 年、2017 年三个年份的全国性、区域性数据来展开分析和探讨，而在探讨微观层面的跨省流动人口基本形态及空间特征时，则尽可能借助安徽、湖南、贵州等跨省流动人口大省的相关调查资料加以考察。

表 3 - 2　跨省流动人口抽样调查样本的区域分布

单位：人，%

抽样样本所在地区		2014 年		2015 年		2017 年	
		人数	比例	人数	比例	人数	比例
东部地区	北京市、天津市、河北省、辽宁省、上海市、江苏省、浙江省、福建省、山东省、广东省、海南省	60557	63.1	68040	64.1	52012	62.1
中部地区	山西省、吉林省、黑龙江省、安徽省、江西省、河南省、湖北省、湖南省	9799	10.2	12227	11.5	7962	9.5

抽样样本所在地区		2014 年		2015 年		2017 年	
		人数	比例	人数	比例	人数	比例
西部地区	四川省、重庆市、贵州省、云南省、西藏自治区、陕西省、甘肃省、青海省、宁夏回族自治区、新疆生产建设兵团、新疆维吾尔自治区、广西壮族自治区、内蒙古自治区	25646	26.7	25896	24.4	23816	28.4
总　　计		96002	100.0	106163	100.0	83790	100.0

资料来源：根据"2014 年、2015 年、2017 年全国流动人口卫生计生动态监测调查数据"进行整理而得。

进一步看，根据国家课题设计的目标与要求，本研究将主要通过"2014 年、2015 年、2017 年全国流动人口卫生计生动态监测调查（流动人口问卷 - A）"①专项抽样调查数据，以 SPSS 统计分析软件为工具，采用描述、相关等分析方式，旨在对我国跨省流动人口的基本现状、空间分布、区域差异等内容进行分析与比较，以便让人们更直观、更真实、更全面地了解当前我国跨省流动人口乃至全国流动人口的真实状况及发展特征。显然，这也是进一步优化全国流动人口计生卫生基本公共服务体系、完成供给协调机制的客观需要与重要前提。

第一节　全国跨省流动人口的群体形态

为了全面反映全国跨省流动人口的真实面貌，本部分主要从群体结构、就业形态和家庭收支三个方面来切入，旨在客观了解全国跨省流动

① 需要说明的是，截止本报告提交验收时，在历次国家卫生和计划生育委员会开展的全国流动人口卫生计生动态监测调查中，通过收集整理只能获取到 2014 年、2015 年、2017 年全国流动人口卫生计生动态监测调查数据库中涉及全国流动人口的专项抽样调查数据。因此，若无特殊说明，本研究中的分析数据均来自"2014 年、2015 年、2017 年全国流动人口卫生计生动态监测调查（流动人口问卷 - A）"抽样调查数据，并从中剥离出所需要的"跨省流动人口"专题数据。

人口的群体形态及特征。需要说明的是，本研究在探究"跨省流动人口"的基本状况时，是基于"2014 年、2015 年、2017 年全国流动人口卫生计生动态监测调查（流动人口问卷）－ A"中"问卷填答者本人"（即跨省流动人口）的数据分析，因而不包括被调查者家庭成员及随行流出人口的状况。

一 全国跨省流动人口的群体结构

人口结构反映一定地区、一定时期内人口总体内部各种不同质的规定性的数量比例关系，它既包括人口的性别、年龄等自然构成，也包括民族、文化、婚姻、职业等社会构成。[1] 那么，经过数十年的流动与变迁，我国跨省流动人口的群体结构又有何变化与特点？

1. 自然构成

自然构成是人口结构中的重要指标，它反映了一个国家或地区人口的自然属性及特点，通常包括人口的性别构成和年龄构成两部分内容。作为世界流动人口大国中国的流动人口尤其是跨省流动人口又有何自身的自然构成及特点呢？

（1）性别构成

性别结构是反映人口自然属性的重要内容，因此，关注和研究性别构成状况、维持性别结构的平衡关系，是实现人口可持续发展的重要前提，具有重要的价值。那么，全国跨省流动人口的性别构成又如何呢？根据全国流动人口卫生计生动态监测调查数据，全国跨省流动人口的性别结构总体上趋于失衡，其性别比尚未达到合理的区间值。具体来看，在 2014 年全国跨省流动人口 96002 人中，其中，男性人口 56928 人，占 59.3%，女性人口 39074 人，占 40.7%，男女性别比为 1.46；到 2015 年，全国跨省流动人口 106163 人，其中，男性人口 57403 人，占 54.1%，女性人口 48760 人，占 45.9%，男女性别比为 1.18；到 2017 年，全国跨省流动人口 83790 人，其中，男性人口 44671 人，占 53.3%，女性人口 39119 人，占 46.7%，男女性别比为 1.14；与 2014 年相比，2017 年全国跨省流动人口性别比缩小了 0.32（见表 3－3）。

---

[1] 周芳苓：《人口·婚姻·家庭》，载王兴骥主编《长征路上的新长征》，社会科学文献出版社，2010，第237页。

表 3 - 3　全国跨省流动人口的性别构成（2014 ~ 2017 年）

年　度	总计（人）	按性别划分				性别比
		男		女		
		人口数（人）	比例（％）	人口数（人）	比例（％）	
2014	96002	56928	59.3	39074	40.7	1.46
2015	106163	57403	54.1	48760	45.9	1.18
2017	83790	44671	53.3	39119	46.7	1.14
总　计	285955	159002	55.6	126953	44.4	1.25

资料来源：根据"2014 年、2015 年、2017 年全国流动人口卫生计生动态监测调查数据"进行整理。

　　由此表明，2014 ~ 2017 年，全国跨省流动人口的性别结构有了明显改善，但是整体上仍处于相对失衡的状态，其性别比超出 1.00 ~ 1.08 区间值（有研究指出，只要男女性别比不超过 1.08，对东亚、东南亚地区的国家来说，就算是正常的①）。进一步看，这种性别结构的改善与变动，无不与农村地区夫妻"双外出"务工模式的增加有关，也是"男女平等"观念得以逐步强化的结果。

　　（2）年龄构成

　　年龄构成是反映人口自然属性的另一项重要内容。根据 2014 年全国流动人口卫生计生动态监测调查数据，在被调查的全国跨省流动人口 96002 人中，"20 岁及以下"人口占 5.49%，"21 ~ 30 岁"人口占 34.70%，"31 ~ 40 岁"人口占 32.28%，"41 ~ 50 岁"人口占 22.97%，"51 ~ 60 岁"人口占 4.56%，"61 岁及以上"人口占 0.0%，人口平均年龄为 34.18 岁；2015 年全国流动人口卫生计生动态监测调查数据表明，在被调查的全国跨省流动人口 106163 人中，"20 岁及以下"人口占 5.05%，"21 ~ 30 岁"人口占 33.15%，"31 ~ 40 岁"人口占 30.25%，"41 ~ 50 岁"人口占 23.76%，"51 ~ 60 岁"人口占 5.92%，"61 岁及以上"人口占 1.87%，人口平均年龄为 35.37 岁；2017 年全国流动人口卫生计生动态监测调查数据表明，在被调查的全国跨省流动人口 83790 人中，"20 岁及以下"人口占 3.31%，"21 ~ 30 岁"人口占 30.90%，"31 ~ 40 岁"人口占 30.65%，"41 ~ 50 岁"人口占 24.08%，"51 ~ 60 岁"人口占 8.02%，

————————
　　①　李竞能：《人口理论新编》，中国人口出版社，2005，第 142 页。

"61 岁及以上"人口占 3.04%，人口平均年龄为 36.78 岁（见表 3-4）。

表 3-4　全国跨省流动人口的年龄构成（2014～2017 年）

年龄构成区域	2014 年		2015 年		2017 年	
	人数（人）	比例（%）	人数（人）	比例（%）	人数（人）	比例（%）
20 岁及以下	5266	5.49	5362	5.05	2775	3.31
21～30 岁	33315	34.70	35197	33.15	25890	30.90
31～40 岁	30992	32.28	32113	30.25	25685	30.65
41～50 岁	22049	22.97	25220	23.76	20174	24.08
51～60 岁	4380	4.56	6285	5.92	6718	8.02
61 岁及以上	0	0.0	1986	1.87	2548	3.04
总　　计	96002	100.0	106163	100.00	83790	100.00
平均年龄（岁）	34.18		35.37		36.78	

资料来源：根据"2014 年、2015 年、2017 年全国流动人口卫生计生动态监测调查数据"进行整理。

不难看出，当前全国跨省流动人口的平均年龄有所增加，但整体上年龄相对较年轻，尚处于"中青年"发展阶段。这种年轻化发展形态，主要表现在仍有超过八成的跨省流动人口年龄位于 21～50 岁区间（2014 年、2015 年、2017 年分别高达 89.95%、87.16% 和 85.63%）。研究表明，人口结构过于年轻化或老年化，都不利于一个国家或地区经济社会的发展。而作为正处于中青年型的全国跨省流动人口来说，不仅可以避免过于年轻化人口或老龄化人口绝对规模扩大而导致的社会负担增加问题，而且还可能因这一人群特定阶段给国家发展继续带来"红利"。

2. 社会构成

社会构成是人口结构中的另一个重要指标，它反映了一个国家或地区人口的社会属性及特点，通常包括人口的民族构成、文化构成和婚姻构成几部分内容。作为规模庞大的全国跨省流动人口，其在中国又有怎样的社会构成及特点呢？

（1）民族构成

从民族构成上看，全国跨省流动人口主要由汉、回、苗、壮、土家等民族组成，是一个以汉族为绝对主体、少数民族为极少数的流动人口群体。2014 年全国流动人口卫生计生动态监测调查数据显示，在被调查的

96002 位全国跨省流动人口中，"汉族"人口占 94.4%，"回族"人口占
1.4%，"苗族"人口占 0.7%，"土家族"人口占 0.6%，"壮族"人口占
0.6%，此外，其他各民族人口所占比例均不足 0.5%。

到 2015 年，在多民族组成的全国跨省流动人口中，其中汉族人口占据
绝大部分的比例。具体来看，2015 年监测调查数据显示，在被调查的全国
跨省流动人口 106163 人中，"汉族"人口占 94.3%，"回族"人口占
1.3%，"壮族"人口占 0.7%，"苗族"人口占 0.7%，"土家族"人口占
0.6%，"满族"人口占 0.5%，此外，其他各民族人口所占比例均不
足 0.5%。

到 2017 年，全国跨省流动人口主要由汉、回、土家、苗、壮、满等
20 余种民族组成，其中汉族人口仍占据绝对主体的地位。2017 年监测调查
数据显示，在被调查的全国跨省流动人口 83790 人中，"汉族"人口占
93.3%，"回族"人口占 1.6%，"苗族"人口占 0.8%，"土家族"人口占
0.8%，"壮族"人口占 0.7%，"满族"人口占 0.7%，此外，其他各民族
人口所占比例均不足 0.5%（见表 3 - 5）。

表 3 - 5 全国跨省流动人口的民族构成（2014 ~ 2017 年）

单位：人，%

民族类型	2014 年		2015 年		2017 年	
	人数	比例	人数	比例	人数	比例
汉　族	90663	94.4	100113	94.3	78161	93.3
蒙古族	282	0.3	282	0.3	287	0.3
满　族	379	0.4	520	0.5	560	0.7
回　族	1320	1.4	1413	1.3	1338	1.6
藏　族	150	0.2	165	0.2	133	0.2
壮　族	541	0.6	765	0.7	595	0.7
维吾尔族	96	0.1	26	0.0	26	0.0
苗　族	672	0.7	715	0.7	651	0.8
彝　族	244	0.3	268	0.3	221	0.3
土家族	557	0.6	623	0.6	663	0.8
布依族	206	0.2	221	0.2	224	0.3
侗　族	199	0.2	198	0.2	209	0.2

续表

民族类型	2014 年		2015 年		2017 年	
	人数	比例	人数	比例	人数	比例
瑶　族	107	0.1	131	0.1	115	0.1
朝鲜族	117	0.1	234	0.2	112	0.1
白　族	45	0.0	71	0.1	94	0.1
哈尼族	42	0.0	22	0.0	38	0.0
黎　族	28	0.0	29	0.0	30	0.0
哈萨克族	12	0.0	0	0.0	14	0.0
傣　族	16	0.0	23	0.0	36	0.0
其　他	326	0.3	344	0.3	283	0.3
总　计	96002	100.0	106163	100.0	83790	100.0

资料来源：根据 2014 年、2015 年、2017 年全国流动人口卫生计生动态监测调查数据进行整理。

从上述分析可见，全国跨省流动人口的民族构成情况基本保持稳定，与 2014 年相比，2017 年全国跨省流动人口中少数民族人口比重有了一定幅度的上升，由 5.6% 提升为 6.7%，整体提升了 1.1 个百分点；汉族人口则由 94.4% 下降为 93.3%，缩小了 1.1 个百分点。由此说明，全国跨省流动人口中少数民族人口的相对规模呈逐渐扩展的态势，这与少数民族人口增长速度相对快于汉族人口的增长速度有关，也与越来越多的少数民族人口涌入城市务工有关。

（2）文化构成

改革开放以来，我国加快教育事业发展，特别是大力实施"九年义务教育""中等职业教育""高等教育大众化"等一系列重要教育政策，促进了我国人口文化水平的大幅提升。同样，作为我国人口的重要组成部分，流动人口尤其是跨省流动人口在这一过程中也享受到教育"红利"，其整体文化水平也获得较大提高。根据 2014 年全国跨省流动人口监测调查数据，在被调查的 96002 人中，具有"小学及以下"文化程度的占15.5%；具有"初中"文化程度的占 53.7%；具有"高中/中专"文化程度的占 19.0%；具有"大学专科"文化程度的占 7.2%；具有"大学本科"文化程度的占 4.3%；具有"研究生"文化程度的占 0.4%。到 2015年，全国跨省流动人口跟踪监测调查统计结果显示，在被调查的 106163 人中，具有"小学及以下"文化程度的占 16.4%，具有"初中"文化程度的占 52.4%，具有"高中/中专"文化程度的占 19.9%，具有"大学专科"文化程度的占 6.7%，具有"大学本科"文化程度的占 4.3%，具有"研究生"文化程度的占 0.4%。到 2017 年，全国跨省流动人口跟踪监测调查统计结果表明，在被调查的 83790 人中，具有"小学及以下"文化程度的占 18.0%，具有"初中"文化程度的占 45.9%，具有"高中/中专"文化程度的占 20.2%，具有"大学专科"文化程度的占 8.7%，具有"大学本科"文化程度的占 6.3%，具有"研究生"文化程度的占 0.7%（见表 3-6）。

表 3-6　全国跨省流动人口的文化构成（2014~2017 年）

文化程度	2014 年		2015 年		2017 年	
	频数（人）	比例（%）	频数（人）	比例（%）	频数（人）	比例（%）
未上过学	1734	1.8	2081	2.0	2285	2.7
小学	13122	13.7	15263	14.4	12847	15.3
初中	51519	53.7	55596	52.4	38451	45.9
高中/中专	18213	19.0	21129	19.9	16967	20.2
大学专科	6898	7.2	7131	6.7	7310	8.7
大学本科	4084	4.3	4531	4.3	5320	6.3
研究生	432	0.4	432	0.4	610	0.7
总　计	96002	100.0	106163	100.0	83790	100.0
平均受教育年限（年）	9.70		9.66		9.87	

资料来源：根据"2014 年、2015 年、2017 年全国流动人口卫生计生动态监测调查数据"进行整理。在本表中，"平均受教育年限"是根据动态监测数据进行"赋值"折算获得的。

上述跟踪监测结果表明，当前我国跨省流动人口的文化程度整体上迈入"中等水平"的初期阶段，其平均受教育年限均超过 9 年，分别达到 9.70 年、9.66 年和 9.87 年；在全国跨省流动人口中具有高中/中专及以上文化程度的比例均超过三成，分别达到 30.9%、31.3% 和 35.9%，不仅如此，具有大学及以上文化程度的比例也均达到一成以上，分别达到 11.9%、11.4% 和 15.7%。进一步看，与 2014 年相比，2017 年全国跨省流动人口的文化结构整体保持稳中有变，其平均受教育年限有所提升，整体提升了 0.17 年。这种明显的变化，也表现在 2017 年全国跨省流动人口中具有"初中"文化程度的比例下降了7.8个百分点和具有高中/中专及以上文化程度的累计比例整体下降了5.0个百分点以上。

更值得指出的是，通过"受教育程度"与"户口登记类型"交叉统计发现，在拥有"高中/中专""大学专科"文化程度的跨省流动人口中，其中具有"农业"户口所占的比例均高于"非农业"户口的比例。如在2017年拥有"高中/中专""大学专科"文化程度的跨省流动人口中，其中具有"农业"户口所占的比例分别为76.5%和57.0%，而"非农业"户口的相应比例分别为17.3%和34.5%，前者比后者依次高出59.2个百分点和22.5个百分点（见表3-7）。这表明，在当前全国跨省流动人口中，具有农业户口的流动人口已成为"高中/中专"和"大学专科"人群中的主要部分，其比例已超过半数。

表3-7　全国跨省流动人口受教育程度与户口登记类型交叉统计分析

单位：人，%

受教育程度		2017 年户口登记类型						总计
		农业	非农业	农转居	非农转居	居民	其他	
未上过学	有效样本	2185	50	36	3	11	0	2285
	横向比例	95.6	2.2	1.6	0.1	0.5	0.0	100.0
	纵向比例	3.2	0.4	1.8	1.0	0.5	0.0	2.7
小学	有效样本	12063	377	262	17	124	4	12847
	横向比例	93.9	2.9	2.0	0.1	1.0	0.0	100.0
	纵向比例	17.8	3.2	13.3	5.6	6.0	4.4	15.3
初中	有效样本	34381	2561	860	51	568	30	38451
	横向比例	89.4	6.7	2.2	0.1	1.5	0.1	100.0
	纵向比例	50.8	21.9	43.6	16.8	27.6	33.3	45.9
高中/中专	有效样本	12974	2939	435	81	510	28	16967
	横向比例	76.5	17.3	2.6	0.5	3.0	0.2	100.0
	纵向比例	19.2	25.2	22.0	26.7	24.8	31.1	20.2
大学专科	有效样本	4166	2522	189	64	352	17	7310
	横向比例	57.0	34.5	2.6	0.9	4.8	0.2	100.0
	纵向比例	6.2	21.6	9.6	21.1	17.1	18.9	8.7

受教育程度		2017 年户口登记类型						总计
		农业	非农业	农转居	非农转居	居民	其他	
大学本科	有效样本	1802	2843	172	74	419	10	5320
	横向比例	33.9	53.4	3.2	1.4	7.9	0.2	100.0
	纵向比例	2.7	24.3	8.7	24.4	20.3	11.1	6.3
研究生	有效样本	109	392	19	13	76	1	610
	横向比例	17.9	64.3	3.1	2.1	12.5	0.2	100.0
	纵向比例	0.2	3.4	1.0	4.3	3.7	1.1	0.7
总 计	有效样本	67680	11684	1973	303	2060	90	83790
	横向比例	80.8	13.9	2.4	0.4	2.5	0.1	100.0
	纵向比例	100.0	100.0	100.0	100.0	100.0	100.0	100.0

资料来源：根据"2017 年全国流动人口卫生计生动态监测调查数据"进行整理而得。

（3）户口构成

在户籍制度惯性作用下，加上城乡二元结构的影响，人们拥有户口的类型及性质，仍将起着重要的作用，并对其产生较深的影响。就跨省流动人口而言，更是如此。众所周知，在我国规模庞大的流动人口中，绝大多数属于具有农业户口的外出务工者，而非农业户口的人数较少。那么，从全国层面来看，我国跨省流动人口的户口类型及构成又如何，有什么样的特征？

2014 年全国跨省流动人口监测调查数据显示，在被调查的 96002 人中，具有"农业"户口的占 85.1%；具有"非农业"户口的占 13.8%；属于"农业转居民""非农业转居民"的分别占 0.8% 和 0.3%（见表 3－8）。

表 3－8　全国跨省流动人口的户口构成（2014 年）

单位：人，%

户口性质	频次	百分比	有效百分比	累积百分比
农业	81671	85.1	85.1	85.1
非农业	13294	13.8	13.8	98.9
农业转居民	793	0.8	0.8	99.7
非农业转居民	244	0.3	0.3	100.0
总　计	96002	100.0	100.0	

资料来源：2014 年全国流动人口卫生计生动态监测调查数据。

到 2015 年，全国跨省流动人口跟踪监测调查统计结果显示，在被调查的 106163 人中，具有"农业"户口的占 84.6% ；具有"非农业"户口的占 14.6% ；属于"农业转居民""非农业转居民"的分别占 0.7% 和 0.2% （见表 3 - 9）。

表 3 - 9 全国跨省流动人口的户口构成（2015 年）

单位：人，%

户口性质	频次	百分比	有效百分比	累积百分比
农业	89795	84.6	84.6	84.6
非农业	15499	14.6	14.6	99.2
农业转居民	696	0.7	0.7	99.8
非农业转居民	173	0.2	0.2	100.0
总　计	106163	100.0	100.0	

资料来源：2015 年全国流动人口卫生计生动态监测调查数据。

到 2017 年，全国跨省流动人口跟踪监测调查统计结果显示，在被调查的 83790 人中，具有"农业"户口的占 80.8% ；具有"非农业"户口的占 13.9% ；属于"农业转居民""非农业转居民""居民""其他"的分别占 2.4% 、0.4% 、2.5% 和 0.1% （见表 3 - 10）。

表 3 - 10 全国跨省流动人口的户口性质（2017 年）

单位：人，%

户口性质	频次	百分比	有效百分比	累积百分比
农业	67680	80.8	80.8	80.8
非农业	11684	13.9	13.9	94.7
农业转居民	1973	2.4	2.4	97.1
非农业转居民	303	0.4	0.4	97.4
居民	2060	2.5	2.5	99.9
其他	90	0.1	0.1	100.0
总　计	83790	100.0	100.0	

资料来源：2017 年全国流动人口卫生计生动态监测调查数据。

从表 3 - 11 可以看出，2014 ~ 2017 年，全国跨省流动人口中"农业"户口的占比呈下滑状态，但整体仍保持在八成以上；而具有"非农业"户口的占比保持平稳，始终徘徊于 14% 左右；此外，"农业转居民""居民"户口的占比则发生较大的变化，呈现总体或由小到大由无到有的变动过程。

表 3-11　全国跨省流动人口的户口构成（2014~2017 年）

单位：人，%

户口性质	2014 年		2015 年		2017 年	
	人数	比例	人数	比例	人数	比例
农业	81671	85.1	89795	84.6	67680	80.8
非农业	13294	13.8	15499	14.6	11684	13.9
农业转居民	793	0.8	696	0.7	1973	2.4
非农业转居民	244	0.3	173	0.2	303	0.4
居民	—	—	—	—	2060	2.5
其他	—	—	—	—	90	0.1
总　　计	96002	100.0	106163	100.00	83790	100.00

资料来源：根据"2014 年、2015 年、2017 年全国流动人口卫生计生动态监测调查数据"进行整理。在本表中，"—"表示不存在相关数据，下同。

（4）婚姻构成

问卷调查显示，在被调查者中，2014 年、2015 年和 2017 年全国跨省流动人口婚姻状况的"众值"均落在"初婚"上，其比例分别高达 75.7%、78.5% 和 79.8%，均超过七成；其次"未婚"者分别占 20.9%、17.7% 和 14.3%；此外，属于"再婚""离婚""丧偶"的人极少，其相应比例均不足 3 个百分点（见表 3-12）。

表 3-12　全国跨省流动人口的婚姻构成（2014~2017 年）

单位：人，%

婚姻类型	2014 年		2015 年		2017 年	
	人数	比例	人数	比例	人数	比例
未　　婚	20102	20.9	18803	17.7	12018	14.3
初　　婚	72687	75.7	83309	78.5	66879	79.8
再　　婚	1145	1.2	1408	1.3	1729	2.1
离　　婚	1677	1.7	1906	1.8	1456	1.7
丧　　偶	391	0.4	737	0.7	714	0.9
同　　居	—	—	—	—	994	1.2
总　　计	96002	100.00	106163	100.00	83790	100.0

资料来源：根据"2014 年、2015 年、2017 年全国流动人口卫生计生动态监测调查数据"进行整理。

从变化看，不难发现，2014～2017年，"未婚"者占比呈现较大幅度缩减的态势，而"已婚"（包括"初婚""再婚""离婚""丧偶"）者占比整体上呈现不同幅度增加。这一现象的存在，或许与我国九年义务教育、免费职业教育、精准教育扶贫等政策的实施有程度不同的关联。显然，这种婚姻构成的变化，对于我国跨省流动人口的计生卫生基本公共服务的供需形态有着直接的影响作用，特别是对15～49岁人口计生卫生基本公共服务的供给与需求有着较大的影响，并在很大程度上决定着"流入地"或"流出地"政府部门提供基本公共服务的取向。

事实上，作为涉及卫生计生基本公共服务的主流人群，"已婚"者尤其是"初婚"者的比例高低，在一定程度决定着一个地方或区域基本公共服务的供需导向，并由此影响相关政策措施及相关机制的制定。同样，对于跨省流动人口而言，其中"初婚"的比例高低，也是一种至关重要的因素。因此，无论是"流入地"还是"流出地"的政府职能部门，其在相关政策、举措、机制制定时，必须高度重视这一要素的特性，并由此研制出科学、合理、有效的政策措施。

二 全国跨省流动人口的就业形态

客观、科学、全面地深入了解和认识当前全国跨省流动人口的就业形态，及时发现该群体在工作中存在的困难与危机，是本研究的主要内容之一。鉴于此，在这里我们以实证调研为基础，并充分结合"2014年、2015年、2017年全国流动人口卫生计生动态监测调查数据"展开分析与探讨。需要指出的是，出于本项目的研究任务与目标预期，我们将着重以"被调查者"① 作为主要分析对象，力求准确、真实地透视当前我国跨省流动人口在流动、就业、收入等方面的状况与特点。

1. 流动状况

作为跨省流动人口，其就业与流动之间存在密切关系，换句话说，跨省流动人口的流动状况，在一定程度上影响着该群体自身的就业状态，反之亦然。

---

① "被调查者"在这里，是指2014年、2015年、2017年全国流动人口卫生计生动态监测调查过程中受访问的跨省流动人口。如果一个家庭中有两个以上的成员符合被访要求，则以出生日期更接近于7月1日的成员作为被调查对象。

（1）流动时间

从本次流出时间上看，在被调查者中，动态监测调查数据显示，2014年、2015年、2017年全国跨省流动人口流出时间的"众值"均落在"2011~2017年"上，其比例分别为53.14%、60.01%和60.65%，三者均超过半数；其次流出时间为"2001~2010年"的分别占39.92%、33.31%和30.31%，三者均超过三成；此外，流出时间为"1991~2000年""1981~1990年""1980年及以前"的人较少，其相应比例之和尚不足一成（见表3-13）。

表3-13 全国跨省流动人口的流出时间分布（2014~2017年）

单位：人，%

本次流出时间	2014年		2015年		2017年	
	人数	比例	人数	比例	人数	比例
1980年及以前	18	0.02	28	0.03	51	0.06
1981~1990年	480	0.50	576	0.54	720	0.86
1991~2000年	6163	6.42	6489	6.11	6803	8.12
2001~2010年	38323	39.92	35366	33.31	25400	30.31
2011~2017年	51018	53.14	63704	60.01	50816	60.65
总　　计	96002	100.00	106163	100.00	83790	100.00

资料来源：根据2014年、2015年、2017年全国流动人口卫生计生动态监测调查数据进行整理。

而从第一次外出时间上看，在被调查者中，动态监测调查数据显示，2014年、2015年、2017年全国跨省流动人口流出时间的"众值"均落在"2001~2010年"上，其比例分别高达51.83%、48.25%和42.89%，三者均超过四成；其次流出时间为"2011~2017年"的分别占26.20%、28.95%和30.07%，三者均超过1/4；流出时间为"1991~2000年"的分别占19.12%、19.69%和22.66%，三者均处于两成左右；此外，"1981~1990年""1980年及以前"的人较少，其相应比例均不足4%（见表3-14）。

表 3 - 14　全国跨省流动人口的第一次外出时间分布（2014～2017 年）

单位：人，%

第一次外出时间	2014 年		2015 年		2017 年	
	人数	比例	人数	比例	人数	比例
1980 年及以前	171	0.18	251	0.24	419	0.50
1981～1990 年	2565	2.67	3048	2.87	3254	3.88
1991～2000 年	18357	19.12	20901	19.69	18989	22.66
2001～2010 年	49754	51.83	51229	48.25	35937	42.89
2011～2017 年	25155	26.20	30733	28.95	25191	30.07
总　计	96002	100.00	106162	100.00	83790	100.00

资料来源：根据 2014 年、2015 年、2017 年全国流动人口卫生计生动态监测调查数据进行整理。

（2）流动原因

从流动原因来看，在被调查者中，动态监测调查数据显示，2014 年、2015 年和 2017 年全国跨省流动人口的本次流动原因的"众值"均落在"务工/工作/经商"上，其比例分别高达 90.4%、86.8% 和 86.3%，三者均超过八成；其次，流动原因为"家属随迁/随同流动"的分别占 7.8%、10.3% 和 7.5%，三者均在一成左右；此外，流动原因为"婚姻嫁娶""拆迁搬家""投亲靠友""学习培训""参军""出生""其他"的人极少，其相应比例均不超过 2%（见表 3 - 15）。这表明，全国跨省流动人口的流动原因始终集中在"务工/工作/经商"上，而在"务工/工作/经商"中的又有相当部分是来自农村的外出农民工，表现在 2014～2017 年全国跨省流动人口中具有"农业"户口的比例均超过八成。

表 3 - 15　全国跨省流动人口的本次流动原因分布（2014～2017 年）

单位：人，%

本次流动原因	2014 年		2015 年		2017 年	
	人数	比例	人数	比例	人数	比例
务工/工作/经商	86764	90.4	92111	86.8	72270	86.3
家属随迁/随同流动	7529	7.8	10888	10.3	6265	7.5
婚姻嫁娶	330	0.4	316	0.3	1604	1.9
拆迁搬家	33	0.0	252	0.2	182	0.2

续表

本次流动原因	2014 年		2015 年		2017 年	
	人数	比例	人数	比例	人数	比例
投亲靠友	791	0.8	1146	1.1	689	0.8
学习培训	0	0.0	574	0.5	0	0.0
参军	0	0.0	22	0.0	0	0.0
出生	109	0.1	138	0.1	164	0.2
异地养老	0	0.0	0	0.0	367	0.4
照顾自家老人	0	0.0	0	0.0	124	0.1
照顾自家小孩	0	0.0	0	0.0	1642	2.0
其他	446	0.5	716	0.7	483	0.6
总　　计	96002	100.0	106163	100.0	83790	100.0

资料来源：根据2014年、2015年、2017年全国流动人口卫生计生动态监测调查数据进行整理。在本表中，2015年有效样本为106162人，缺失值为1人。

与上述"本次流动原因"相比，同年监测调查数据显示，2014年全国跨省流动人口第一次离开户籍地（县级）的原因有所不同，主要表现在：一是第一次离开户籍地（县级）中的"务工/工作/经商"比例（86.9%），低于本次流动中的相应比例（90.4%）；二是因"学习培训"而离开户籍地的比例为3.5%，而本次流动中相应比例为0（见表3-16）。

表3-16　全国跨省流动人口第一次离开户籍地（县级）的原因分布（2014年）

单位：人,%

第一次离开户籍地（县级）原因	频次	百分比	有效百分比	累积百分比
务工/工作/经商	83404	86.9	86.9	86.9
家属随迁/随同流动	7059	7.4	7.4	94.2
婚嫁	419	0.4	0.4	94.7
拆迁搬家	34	0.0	0.0	94.7
投亲靠友	1137	1.2	1.2	95.9
学习培训	3339	3.5	3.5	99.4
参军	284	0.3	0.3	99.7
出生	140	0.1	0.1	99.8
其他	186	0.2	0.2	100.0
总　　计	96002	100.0	100.0	

资料来源：2014年全国流动人口卫生计生动态监测调查数据。

进一步看，与上述 2014 年第一次离开户籍地（县级）的原因相比，2017 年监测调查数据显示，其跨省流动人口中表示第一次离开户籍地（县级）的原因略有所变化，主要表现在：一是"务工/工作/经商"仍成为第一次离开户籍地（县级）的主要原因，但其相对比例（81.0%）有所下降，下降了 5.9 个百分点，表示其作为主要流动原因的程度略有减弱；二是表示因"家属随迁/随同流动"和"学习培训"而第一次离开户籍地（县级）的比例均有所变化，其相对比例（6.8% 和 6.4%）比 2014 年的相应比例下降了 0.6 个和上升了 2.9 个百分点（见表 3 - 17），表明"家属随迁/随同流动"和"学习培训"作为影响跨省流动人口第一次离开户籍地（县级）的重要因素作用开始呈反向发展。

表 3 - 17　全国跨省流动人口第一次离开户籍地（县级）的原因（2017 年）

单位：人，%

第一次离开户籍地（县级）原因	频次	百分比	有效百分比	累积百分比
务工/工作/经商	67884	81.0	81.0	81.0
家属随迁/随同流动	5728	6.8	6.8	87.8
婚姻嫁娶	936	1.1	1.1	88.9
拆迁搬家	90	0.1	0.1	89.0
投亲靠友	953	1.1	1.1	90.1
学习培训	5362	6.4	6.4	96.5
参军	580	0.7	0.7	97.2
出生	225	0.3	0.3	97.5
异地养老	285	0.4	0.4	97.9
照顾自家老人	86	0.1	0.1	98.0
照顾自家小孩	1018	1.2	1.2	99.2
其他	643	0.8	0.8	100.0
合　计	83790	100.0	100.0	

资料来源：根据 2017 年全国流动人口卫生计生动态监测调查数据进行整理。

2. 就业状况

利用全国流动人口卫生计生动态监测调查数据，主要分别从工作状态、职业类型、行业分布、单位性质、就业身份、就业收入等方面着手，简要考察全国跨省流动人口的就业状况与特点。

（1）工作状态

从工作状态看，2015 年动态监测调查数据显示，在被调查跨省流动人口中，表示 2015 年五一节前一周在流入地"做过"一小时以上有收入的工作的比例超过八成（84.0%），而表示在流入地"没做过"一小时以上有收入的工作的比例为 16.0%（见表 3 - 18）。同一调查显示，在这些表示做过有收入的工作者中，其平均每月的就业收入为 4403.0 元（均值），标准差为 5847.635 元，最大值为 800000 元。

表 3 - 18　2015 年五一节前一周，您是否做过一小时以上有收入的工作？

单位：人，%

是否做过	频次	百分比	有效百分比	累计百分比
做　过	89137	84.0	84.0	84.0
没 做 过	17025	16.0	16.0	100.0
总　计	106162	100.0	100.0	
缺 失 值	1	0.0		
总　计	106163	100.0		

资料来源：2015 年全国流动人口卫生计生动态监测调查数据。在本表中，有效样本为 106162 人，缺失值为 1 人。

进一步看，2017 年动态监测调查数据显示，在被调查跨省流动人口中，表示 2017 年五一节前一周在流入地"做过"一小时以上有收入的工作的比例仍达到八成以上（84.1%），而表示在流入地"没做过"一小时以上有收入工作的仅仅占 15.9%（见表 3 - 19）。同一调查显示，在表示做过有收入的工作者中，其平均每月的就业收入为 4757.51 元（均值），标准差为 4463.350 元，最大值为 200000 元。

表 3 - 19　2017 年五一节前一周，您是否做过一小时以上有收入的工作？

单位：人，%

是否做过　　基本状况	频次	百分比	有效百分比	累计百分比
做　过	70485	84.1	84.1	84.1
没 做 过	13305	15.9	15.9	100.0
总　计	83790	100.0	100.0	

资料来源：2017 年全国流动人口卫生计生动态监测调查数据。

上述动态监测调查数据分析表明，全国跨省流动人口在流入地不仅拥有较多的劳动就业机会，而且拥有一定的收入来源及经济保障。换句话说，拥有较好就业与收入预期，是驱动跨省流动人口实现跨省区流动的根本动力，而这种动力的大小，往往取决于流出地与流入地经济发展之间的反差关系。

（2）职业类型

从职业类型看，全国流动人口卫生计生动态监测调查数据显示，在列举的 18 类所从事的职业中，2014 年被调查的全国跨省流动人口中处于前五位的依次是"经商人员""生产人员""其他商业、服务业人员""餐饮人员""专业技术人员"，所占比例分别为 18.5%、18.3%、14.2%、9.6% 和 7.3%，合计占比为 67.9%；2015 年被调查的全国跨省流动人口中处于前五位的依次是"生产人员""经商人员""其他商业、服务业人员""餐饮人员""专业技术人员"，所占比例分别为 18.1%、17.7%、15.9%、9.2% 和 7.0%，合计占比为 67.8%；到 2017 年时，被调查的全国跨省流动人口中居于前五位的依次是"经商人员""生产人员""其他商业、服务业人员""专业技术人员""餐饮人员"，所占比例分别为 24.9%、14.8%、13.3%、9.0% 和 8.4%，合计占比为 70.4%（见表 3 - 20）。

表 3 - 20   全国跨省流动人口的职业类型及分布状况（2014～2017 年）

单位：人,%

职业类型	2014 年		2015 年		2017 年	
	人数	比例	人数	比例	人数	比例
国家机关、党群组织、企事业单位负责人	420	0.5	337	0.4	303	0.4
专业技术人员	6250	7.3	6211	7.0	6315	9.0
公务员、办事人员和有关人员	1054	1.2	1572	1.8	919	1.3
经商人员	15853	18.5	15803	17.7	17554	24.9
商贩人员	4287	5.0	5011	5.6	1917	2.7
餐饮人员	8253	9.6	8190	9.2	5930	8.4
家政人员	423	0.5	359	0.4	346	0.5
保洁人员	1063	1.2	1334	1.5	1200	1.7
保安人员	893	1.1	967	1.1	851	1.2

职业类型	2014 年		2015 年		2017 年	
	人数	比例	人数	比例	人数	比例
装修人员	3807	4.4	3068	3.4	2559	3.6
其他商业、服务业人员	12179	14.2	14127	15.9	9375	13.3
农、林、牧、渔、水利业生产人员	2392	2.8	1795	2.0	1124	1.6
生产人员	15732	18.3	16111	18.1	10412	14.8
运输人员	2086	2.4	1995	2.2	1548	2.2
建筑人员	4777	5.6	4492	5.0	3291	4.7
其他生产、运输设备操作人员及有关人员	3965	4.6	4982	5.6	3356	4.8
无固定职业	1991	2.3	1268	1.4	1424	2.0
其他	386	0.5	1515	1.7	2063	2.9
总　计	85811	100.0	89137	100.0	70487	100.0

资料来源：根据 2014 年、2015 年和 2017 年全国流动人口卫生计生动态监测调查数据进行整理。在本表中，2014 年的有效样本为 85811 人；2015 年的有效样本为 89173 人；2017 年的有效样本为 70487 人。

不难看出，全国跨省流动人口所从事的职业高度聚集在"经商人员""生产人员""其他商业、服务业人员""专业技术人员""餐饮人员"等职业，并占据了高达六成以上的比例。

（3）行业分布

从行业分布看，全国流动人口动态监测调查数据显示，在列举的 20 种所从事的行业中，2014～2017 年被调查的跨省流动人口中，排在前四位的行业均为"制造""批发零售""住宿餐饮""居民服务、修理和其他服务业"四大领域，其合计占比均超过七成（见表 3 - 21）。

表 3 - 21　全国跨省流动人口的行业种类及分布状况（2014～2017 年）

单位：人，%

行业种类	2014 年		2015 年		2017 年	
	人数	比例	人数	比例	人数	比例
农林牧渔	2987	3.5	2050	2.3	1454	2.1

续表

行业种类	2014 年		2015 年		2017 年	
	人数	比例	人数	比例	人数	比例
采矿	793	0.9	1049	1.2	446	0.6
制造	21276	24.8	23429	26.3	23525	33.4
电煤水热生产供应	564	0.7	376	0.4	275	0.4
建筑	8085	9.4	7240	8.1	5857	8.3
批发零售	17246	20.1	21450	24.1	14896	21.1
交通运输、仓储和邮政	2983	3.5	2919	3.3	2192	3.1
住宿餐饮	11208	13.1	10890	12.2	7700	10.9
信息传输、软件和信息技术服务	2380	2.8	1963	2.2	1090	1.6
金融	483	0.6	631	0.7	747	1.1
房地产	987	1.1	698	0.8	1750	2.5
租赁和商务服务	758	0.9	664	0.7	307	0.4
科研和技术服务	778	0.9	691	0.8	236	0.3
水利、环境和公共设施管理	274	0.3	261	0.3	245	0.4
居民服务、修理和其他服务业	12030	14.0	12131	13.6	6550	9.3
教育	633	.7	755	0.8	1069	1.5
卫生和社会工作	1039	1.2	853	1.0	1189	1.7
文体和娱乐	892	1.0	754	0.8	663	0.9
公共管理、社会保障和社会组织	404	0.5	322	0.4	288	0.4
国际组织	11	0.0	11	0.0	8	0.0
总　计	85811	100.0	89137	100.0	70487	100

资料来源：根据 2014 年、2015 年和 2017 年全国流动人口卫生计生动态监测调查数据进行整理。在本表中，2014 年的有效样本为 85811 人；2015 年的有效样本为 89137 人；2017 年的有效样本为 70487 人。

　　具体来看，2014 年被调查的全国跨省流动人口中，从事行业排在前四位的行业依次是"制造""批发零售""居民服务、修理和其他服务业""住宿餐饮"，所占比例分别为 24.8%、20.1%、14.0% 和 13.1%，合计占比超过七成（72.0%）；2015 年被调查的全国跨省流动人口中从事行业排在前四位的依次是"制造""批发零售""居民服务、修理和其他服务业"
"住宿餐饮"，所占比例分别为26.3%、24.1%、13.6%和12.2%，合计占
比高达76.2%；2017年被调查的全国跨省流动人口中从事行业排在前四位
的依次是"制造""批发零售""住宿餐饮""居民服务、修理和其他服务
业"，所占比例分别为33.4%、21.1%、10.9%和9.3%，合计占比超过七
成（74.7%）（见表3-21）。

由此可见，全国跨省流动人口，从事的行业高度聚集在"制造""批
发零售""居民服务、修理和其他服务业""住宿餐饮"等行业，并占据
了七成以上的比例。

（4）单位性质

从单位性质看，全国流动人口卫生计生动态监测调查数据显示，在列
举的12种单位中，2014年被调查的全国跨省流动人口中，排在前三位的
单位依次是"个体工商户""私营企业""无单位"，所占比例分别为
40.1%、34.0%和10.0%，合计占比超过八成（84.1%）（见表3-22）。

表3-22 全国跨省流动人口的就业单位性质及分布状况（2014年）

单位：人，%

单位性质	频次	百分比	有效百分比	累计百分比
机关、事业单位	1146	1.2	1.3	1.3
国有及国有控股企业	3634	3.8	4.2	5.5
集体企业	1516	1.6	1.8	7.3
个体工商户	34422	35.9	40.1	47.4
私营企业	29201	30.4	34.0	81.4
港澳台企业	2106	2.2	2.5	83.9
日/韩企业	516	0.5	0.6	84.5
欧美企业	455	0.5	0.5	85.0
中外合资企业	2098	2.2	2.5	87.5
土地承包者	1694	1.8	2.0	89.5
其他	436	0.4	0.5	90.0
无单位	8587	8.9	10.0	100.0
总 计	85811	89.4	100.0	
缺失值	10191	10.6		
总 计	96002	100.0		

资料来源：2014年全国流动人口卫生计生动态监测调查数据。

从单位性质看，全国流动人口卫生计生动态监测调查数据显示，在列举的 12 种单位中，2015 年被调查的全国跨省流动人口中，排在前三位的单位依次是"个体工商户""私营企业""无单位"，所占比例分别为 37.8%、30.2% 和 12.3%，合计占比超过八成（80.3%）（见表3 - 23）。

表 3 - 23 全国跨省流动人口的就业单位性质及分布状况（2015 年）

单位：人,%

单位性质	频次	百分比	有效百分比	累计百分比
机关、事业单位	1064	1.0	1.2	1.2
国有及国有控股企业	3804	3.6	4.3	5.5
集体企业	1187	1.1	1.3	6.8
股份/联营企业	4066	3.8	4.6	11.4
个体工商户	33744	31.8	37.8	49.2
私营企业	26893	25.3	30.2	79.4
港澳台独资企业	2025	1.9	2.3	81.7
外商独资企业	1866	1.8	2.1	83.8
中外合资企业	1473	1.4	1.6	85.4
社团/民办组织	161	0.2	0.2	85.6
其他	1865	1.8	2.1	87.7
无单位	10989	10.3	12.3	100.0
总　计	89137	84.0	100.0	
缺失值	17026	16.0		
总　计	106163	100.0		

资料来源：2015 年全国流动人口卫生计生动态监测调查数据。

从单位性质看，动态监测调查数据显示，在列举的 12 种单位中，2017 年被调查的全国跨省流动人口中，排在前三位的单位仍然依次是"个体工商户""私营企业""无单位"，所占比例分别为 39.6%、30.3% 和 11.3%，合计占比超过八成（81.2%）（见表 3 - 24）。

表 3-24　全国跨省流动人口的就业单位性质及分布状况（2017 年）

单位：人，%

单位性质　　基本状况	频次	百分比	有效百分比	累计百分比
机关、事业单位	1195	1.4	1.7	1.7
国有及国有控股企业	3026	3.6	4.3	6.0
集体企业	722	0.9	1.0	7.0
股份/联营企业	2727	3.2	3.9	10.9
个体工商户	27880	33.3	39.6	50.5
私营企业	21357	25.5	30.3	80.8
港澳台独资企业	1501	1.8	2.1	82.9
外商独资企业	1411	1.7	2.0	84.9
中外合资企业	1019	1.2	1.5	86.4
社团/民办组织	167	0.2	0.2	86.6
其他	1498	1.8	2.1	88.7
无单位	7984	9.5	11.3	100.0
合　计	70487	84.1	100.0	
缺失值	13303	15.9		
总　计	83790	100.0		

资料来源：2017 年全国流动人口卫生计生动态监测调查数据。

（5）就业身份

　　从就业身份看，全国流动人口卫生计生动态监测调查数据显示，2014 年在被调查的全国跨省流动人口中，表示就业身份为"雇员""雇主""自营劳动者""其他"的分别占 59.9%、9.0%、29.5% 和 1.6%；2015 年在被调查全国跨省流动人口中，就业身份为"雇员""雇主""自营劳动者""其他"的依次占 58.9%、8.0%、31.7% 和 1.4%；2017 年在被调查全国跨省流动人口中，明确表示就业身份为"雇员""雇主""自营劳动者""其他"的分别占 59.2%、6.0%、33.2% 和 1.6%（见表 3-25）。

表 3 – 25　全国跨省流动人口的就业身份分布（2014～2017 年）

单位：人，%

就业身份	2014 年		2015 年		2017 年	
	人数	比例	人数	比例	人数	比例
雇员	51444	59.9	52483	58.9	41692	59.2
雇主	7685	9.0	7100	8.0	4218	6.0
自营劳动者	25303	29.5	28270	31.7	23422	33.2
其他	1379	1.6	1284	1.4	1155	1.6
总　计	85811	100.0	89137	100.0	70487	100.0

资料来源：根据"2014 年、2015 年、2017 年全国流动人口卫生计生动态监测调查数据"进行整理。在本表中，2014 年的有效样本为 85811 人；2015 年的有效样本为 89137 人；2017 年的有效样本为 70487 人；其中"雇员"包括"有固定雇主的雇员"和"无固定雇主的雇员（零工、散工等）"两部分。

（6）就业收入

从就业收入看，全国流动人口卫生计生动态监测调查数据显示，在被调查明确表示个人上个月或上次做过有收入工作的全国跨省流动人口中，2014 年其平均每月的就业收入为 4044.84 元（均值），标准差为 6713.017 元，其中最小值为 0 元，最大值为 1500000 元；2015 年平均每月的就业收入为 4403.0 元（均值），标准差为 5847.635 元，其中最小值为 0 元，最大值为 800000 元；2017 年平均每月的就业收入为 4757.51 元（均值），标准差为 4463.350 元，其中最小值为 – 180000 元，最大值为 200000 元。同期调查显示，2014～2017 年全国跨省流动人口在流入地平均每月就业收入的"中值"分别是 3000 元、3500 元和 4000 元；平均每月就业收入的"众值"分别是 3000 元、3000 元和 3000 元（见表 3 – 26）。

表 3 – 26　全国跨省流动人口的个人就业收入（2014～2017 年）

单位：人，元/月

指标	个人就业收入		
	2014 年	2015 年	2017 年
有效样本	86786	91480	70487
缺失值	9216	14683	13303
均值	4044.84	4403.00	4757.51
中值	3000.00	3500.00	4000.00

续表

指标	个人就业收入		
	2014 年	2015 年	2017 年
众　值	3000	3000	3000
标　准　差	6713.017	5847.635	4463.350
最　小　值	0	0	－180000
最　大　值	1500000	800000	200000
总　　　和	351035209	402786413	335342606

资料来源：根据"2014 年、2015 年、2017 年全国流动人口卫生计生动态监测调查数据"整理。

表 3－26 跟踪监测数据表明，从总体上看，2014～2017 年，全国跨省流动人口在流入地大多数人都能获得劳动就业机会，并获得一定的收入，整体上呈现逐步增长的态势，其平均月收入的绝对值增加了 712.67 元，整体提高了 17.62%。

三　全国跨省流动人口的家庭收支

家庭收支既是反映一个家庭发展形态的重要内容，也是反映一个家庭发展阶段的重要指标。与其他家庭相比，全国跨省流动人口家庭的收支状况如何，有什么样的特点？借助 2014 年、2015 年、2017 年全国流动人口卫生计生动态监测调查数据，本研究对我国跨省流动人口的家庭收入、家庭支出及相互关系进行考察与分析。

1. 家庭收入

从家庭收入看，全国流动人口卫生计生动态监测调查数据显示，在被调查的全国跨省流动人口中，2014 年平均每月的家庭总收入为 6366.71 元（均值），标准差为 9635.801 元，其中最小值为 0 元，最大值为 2000000 元；2015 年全国跨省流动人口平均每月的家庭总收入为 6880.93 元（均值），标准差为 8371.707 元，其中最小值为 0 元，最大值为 1000000 元；2017 年全国跨省流动人口平均每月的家庭总收入为 7947.69 元（均值），标准差为 6619.912 元，其中最小值为 －90000 元，最大值为 200000 元。同期调查显示，2014～2017 年全国跨省流动人口在流入地平均每月家庭总收入的"中值"分别是 5000 元、5500 元和 6000 元；平均每月家庭总收入的"众值"分别是 5000 元、5000 元和 5000 元（见表 3－27）。

表 3-27　全国跨省流动人口的家庭总收入（2014~2017 年）

单位：人，元/月

指　　标	每月家庭总收入		
	2014 年	2015 年	2017 年
有效样本	96000	106163	83785
缺 失 值	2	0	5
均　 值	6366.71	6880.93	7947.69
中　 值	5000.00	5500.00	6000.00
众　 值	5000	5000	5000
标 准 差	9635.801	8371.707	6619.912
最 小 值	0	0	-90000
最 大 值	2000000	1000000	200000
总　　和	611204126	730500292	665897409

资料来源：根据"2014 年、2015 年、2017 年全国流动人口卫生计生动态监测调查数据"整理。

从上述统计数据可见，2014~2017 年，被调查全国跨省流动人口的平均家庭总收入由 2014 年的 6366.71 元/月提升到 2017 年的 7947.69 元/月（均值）。不难看出，从整体上看，2014~2017 年全国跨省流动人口的平均每月家庭总收入呈现逐步增长的趋势，2017 年比 2014 年提高了 1580.98元/月，增长幅度达到 24.83%，这也表明，全国跨省流动人口家庭的总体经济状况有了一定的改善。更值得一提的是，被调查全国跨省流动人口家庭的月总收入之间的差异逐步缩小，由 2014 年的 9635.801 元（标准差）缩小为 2017 年的 6619.912 元（标准差），其整体差异性缩小了3015.889 元。换句话说，被调查全国跨省流动人口家庭的月总收入，不仅呈现出逐年增长的态势，而且不同家庭之间的内在差异呈现逐步缩小的状态。

2. 家庭支出

从家庭支出看，全国流动人口动态监测调查数据显示，在被调查全国跨省流动人口家庭中，2014 年其在流入地的平均每月总支出为 2897.30 元（均值），标准差为 2862.271 元，其中最小值为 20 元，最大值为 367000元；2015 年全国跨省流动人口家庭在流入地的平均每月总支出为 3289.25元（均值），标准差为 2651.761 元，其中最小值为 100 元，最大值为

150000 元；2017 年全国跨省流动人口家庭在流入地的平均每月总支出为
3920.74 元（均值），标准差为 3464.753 元，其中最小值为 70 元，最大值
为 120000 元（见表 3 - 28）。

表 3 - 28 全国跨省流动人口的家庭总支出（2014～2017 年）

单位：人，元/月

指标	家庭平均每月总支出		
	2014 年	2015 年	2017 年
有效样本	96000	106163	83788
失 值	2	0	2
均 值	2897.30	3289.25	3920.74
中 值	2500.00	3000.00	3000.00
众 值	2000	3000	3000
标 准 差	2862.271	2651.761	3464.753
最 小 值	20	100	70
最 大 值	367000	150000	120000
总 和	278140857	349196451	328510975

资料来源：根据"2014 年、2015 年、2017 年全国流动人口卫生计生动态监测调查数据"
整理。

同一调查显示，2014～2017 年全国跨省流动人口家庭在流入地的平均
每月总支出的"中值"分别是 2500 元、3000 元和 3000 元；其家庭在流入
地的平均每月总支出的"众值"分别是 2000 元、3000 元和 3000 元。

上述分析表明，从整体上看，被调查全国跨省流动人口家庭在流入地
的平均每月总支出由 2014 年的 2897.30 元提升到 2017 年的 3920.74 元
（均值），2017 年比 2014 年增加了 1023.44 元，增长幅度达到 35.32%。由
此可见，2014～2017 年，全国跨省流动人口家庭的平均每月总支出呈现较
快增长的态势。这一态势表明，被调查全国跨省流动人口家庭的平均每月
总体开支额度有了较大的提高。但是，需要指出的是，被调查全国跨省流
动人口家庭在流入地的平均每月总开支之间的差异却在逐步扩大，由 2014
年的 2862.271 元（标准差）扩大为 2017 年的 3464.753 元（标准差），其
整体差异性扩大了 602.482 元。也就是说，被调查全国跨省流动人口家庭
在流入地的平均每月总开支，既表现出快速增长的状态，又表现出不同家

庭开支之间内在差异逐步扩大的态势。

3. 收支比较

从家庭收支看，动态监测调查数据显示，在被调查全国跨省流动人口家庭中，2014 年其在流入地的家庭平均每月总体收支余额为 3469.41 元（均值），家庭平均每月总体开支占比为 45.51%；2015 年全国跨省流动人口家庭在流入地的家庭平均每月总体收支余额为 3591.68 元（均值），家庭平均每月总体开支占比为 47.80%；2017 年全国跨省流动人口家庭在流入地的家庭平均每月总体收支余额为 4026.95 元（均值），家庭平均每月总体开支占比为 49.33%（见表 3 – 29）。

表 3 – 29　全国跨省流动人口家庭的收支比较（2014 ~ 2017 年）

指　标	家庭平均每月总体收支比较		
	2014 年	2015 年	2017 年
有效样本（人）	96000	106163	83788
缺失值（人）	2	0	2
家庭平均每月总体收支余额（元/月）	3469.41	3591.68	4026.95
家庭平均每月总体开支占比（%）	45.51	47.80	49.33

资料来源：根据"2014 年、2015 年、2017 年全国流动人口卫生计生动态监测调查数据"整理。

综合以上数据的动态变化，不难发现，2014 ~ 2017 年，全国跨省流动人口家庭在流入地的家庭收支状况呈现以下几大特点：第一，全国跨省流动人口家庭在流入地的家庭总收入与家庭总支出均呈增长的态势，但是前者的增幅（24.83%）明显小于后者的增幅（35.32%），两者之间相差 10.49 个百分点，表明家庭的整体生计成本呈加重的趋势；第二，在全国跨省流动人口家庭中，其在流入地的家庭平均每月总体收支余额呈逐年增加的状态，由 2014 年的 3469.41 元（均值）增加到 2017 年的 4026.95 元（均值），但是，其同期在流入地的家庭平均每月总体开支占比则由 2014 年的 45.51% 提高到 2017 年的 49.33%，因此，全国跨省流动人口家庭的总体收支余额，被日益提高的家庭总开支成本给削弱了，致使该类家庭的整体生计状态的改善程度是相对有限的、其改善的进度也是相对较慢的。显然，这一事实或现象值得学界、政界、社会界的共同关注与重视。

第二节　全国跨省流动人口的空间分布

从人口学角度看，流动人口的空间选择及分布特征，是探讨流动人口的重要内容；从社会学角度看，作为探究社会流动的内外动力及机制的切入点，聚焦流动人口的空间选择及分布特征，则是探讨这一特定社会群体的重要维度。在中国，跨省流动人口的空间选择，既取决于流动之目的，又取决于区域梯度发展之格局。从整体上看，我国跨省流动人口中绝大部分是农民工，因此，其空间选择的流动区域也相对集中，主要分布在东部沿海地区或大中城市，尤其是珠江三角洲、长江三角洲。本研究主要从全国跨省流动人口的流出地分布、流入地分布、地区性分布三方面切入，深入分析跨省流动人口在不同层面、不同区域的空间分布及特征。

一　全国跨省流动人口的流出地分布

全国流动人口卫生计生动态监测调查数据显示，2014～2017年在被调查全国跨省流动人口的样本人口中，其流出地覆盖了我国的31个省（区、市）及新疆生产建设兵团，总体样本量缩减了12212人；其中，有8个省（区、市）的流出人口数呈不同规模的增长，而25个省（区、市）（包括新疆生产建设兵团、其他，以下涉及包括新疆生产建设兵团、其他的不再做此说明）的流出人口数则呈不同规模的减少。具体来看，监测调查统计显示，作为流出地，其跨省流出人口规模呈增长状态的8个流出地分别是天津市、河北省、山西省、辽宁省、黑龙江省、上海市、重庆市、西藏自治区，其跨省流出人口增长数分布在1～460人；而跨省流出人口规模呈减少状态的25个流出地分别是北京市、内蒙古自治区、吉林省、江苏省、浙江省、安徽省、福建省、江西省、山东省、河南省、湖北省、广东省、广西壮族自治区、海南省、四川省、贵州省、云南省、陕西省、甘肃省、青海省、宁夏回族自治区、新疆维吾尔自治区、新疆生产建设兵团和其他地区，其跨省流出人口减少数分布在5～2100人（见表3－30）。

不难看出，伴随着调查样本规模的变化，各省（区、市）跨省流出人口的绝对规模也在发生变化，其中约1/4的省（区、市）的绝对规模扩大，而3/4的省（区、市）的绝对规模缩小。

表 3 – 30 全国跨省流动人口流出地的数量分布（2014～2017 年）

单位：人

跨省流出地	2014 年	2015 年	2017 年	2014～2017 年样本人口增减变化
北京市	121	94	115	– 6
天津市	177	152	279	102
河北省	4401	4356	4569	168
山西省	1334	1421	1520	186
内蒙古自治区	1640	1317	1442	– 198
辽宁省	1020	1148	1080	60
吉林省	1721	4650	1565	– 156
黑龙江省	3397	3996	3848	451
上海市	90	86	92	2
江苏省	2981	2965	2709	– 272
浙江省	2919	2936	2251	– 668
安徽省	11293	11723	9230	– 2063
福建省	2493	2654	1938	– 555
江西省	5126	5465	4376	– 750
山东省	5418	5833	4100	– 1318
河南省	10431	11275	9318	– 1113
湖北省	5337	5863	4454	– 883
湖南省	5902	6397	5124	– 778
广东省	1067	1048	845	– 222
广西壮族自治区	2296	3132	1981	– 315
海南省	135	152	80	– 55
重庆市	3376	3718	3419	43
四川省	10834	11996	9125	– 1709
贵州省	3442	3920	2687	– 755
云南省	1480	1808	1276	– 204
西藏自治区	24	29	25	1
陕西省	2409	2752	2206	– 203
甘肃省	3719	3774	3325	– 394

跨省流出地	2014 年	2015 年	2017 年	2014～2017 年样本人口增减变化
青海省	317	408	310	-7
宁夏回族自治区	419	384	335	-84
新疆维吾尔自治区	605	553	152	-453
新疆生产建设兵团	65	107	14	-51
其他	13	51	0	-13
总　计	96002	106163	83790	-12212

注：本表中的样本分布，分别为 2014 年、2015 年和 2017 年全国跨省流动人口，其中"其他"包括台湾、香港、澳门和国外。

从相对规模看，动态监测调查数据显示，2014～2017 年在全国跨省流动人口流出地的空间分布中，跨省流出人口比例呈上升的省（区、市）有 16 个，分别是北京市、天津市、河北省、山西省、内蒙古自治区、辽宁省、吉林省、黑龙江省、上海市、江苏省、河南省、重庆市、西藏自治区、陕西省、甘肃省、青海省，其相对规模的增幅分布在 0.01～1.05 个百分点；而在全国跨省流动人口流出地的空间分布中，其跨省流出人口比例呈下降的有 17 个省（区、市），分别是浙江省、安徽省、福建省、江西省、山东省、湖北省、湖南省、广东省、广西壮族自治区、海南省、四川省、贵州省、云南省、宁夏回族自治区、新疆维吾尔自治区、新疆生产建设兵团、其他，其相对规模的减幅分布在 0.01～0.75 个百分点（见表 3-31）。

表 3-31　全国跨省流动人口流出地的比例分布（2014～2017 年）

单位：%，百分点

跨省流出地	2014 年	2015 年	2017 年	2014～2017 年样本人口增幅变化
北京市	0.13	0.09	0.14	0.01
天津市	0.18	0.14	0.33	0.15
河北省	4.58	4.10	5.45	0.87
山西省	1.39	1.34	1.81	0.42
内蒙古自治区	1.71	1.24	1.72	0.01
辽宁省	1.06	1.08	1.29	0.23

续表

跨省流出地	2014 年	2015 年	2017 年	2014～2017 年样本人口增幅变化
吉林省	1.79	4.38	1.87	0.08
黑龙江省	3.54	3.76	4.59	1.05
上海市	0.09	0.08	0.11	0.02
江苏省	3.11	2.79	3.23	0.13
浙江省	3.04	2.77	2.69	-0.35
安徽省	11.76	11.04	11.02	-0.75
福建省	2.60	2.50	2.31	-0.28
江西省	5.34	5.15	5.22	-0.12
山东省	5.64	5.49	4.89	-0.75
河南省	10.87	10.62	11.12	0.26
湖北省	5.56	5.52	5.32	-0.24
湖南省	6.15	6.03	6.12	-0.03
广东省	1.11	0.99	1.01	-0.10
广西壮族自治区	2.39	2.95	2.36	-0.03
海南省	0.14	0.14	0.10	-0.05
重庆市	3.52	3.50	4.08	0.56
四川省	11.29	11.30	10.89	-0.39
贵州省	3.59	3.69	3.21	-0.38
云南省	1.54	1.70	1.52	-0.02
西藏自治区	0.02	0.03	0.03	0.01
陕西省	2.51	2.59	2.63	0.12
甘肃省	3.87	3.55	3.97	0.09
青海省	0.33	0.38	0.37	0.04
宁夏回族自治区	0.44	0.36	0.40	-0.04
新疆维吾尔自治区	0.63	0.52	0.18	-0.45
新疆生产建设兵团	0.07	0.10	0.02	-0.05
其他	0.01	0.05	0.00	-0.01
总　　计	100.0	100.0	100.0	

注：本表中的样本分布，分别为 2014 年、2015 年和 2017 年全国跨省流动人口，其中"其他"包括台湾、香港、澳门和国外。

由上述可见，与绝对规模相比，全国跨省流动人口流出地样本分布的相对规模并未呈现一致性的变动特征，换句话说，绝对规模有所扩大的流出地，其相对规模并不一定呈扩大状态，而是有可能呈反向变动的趋势。

二 全国跨省流动人口的流入地分布

从绝对规模看，2014～2017 年全国流动人口监测调查的样本数据显示，在被调查的全国跨省流动人口流入地中，其流入地范围覆盖了我国的 31 个省（区、市）和新疆生产建设兵团；其中，作为流入地的有 10 个省（区、市）的流入人口数呈不同规模的增长，而 22 个省（区、市）（包括新疆生产建设兵团）的流入人口数则呈不同规模的减少。具体来看，监测调查统计显示，作为流入地，其跨省流入人口规模呈增长状态的 10 个省（区、市），分别是河北省、吉林省、福建省、山东省、湖北省、贵州省、云南省、西藏自治区、宁夏回族自治区、新疆维吾尔自治区，其跨省流入人口增长数分布在 9～651 人；而作为流入地，其跨省流入人口规模呈减少状态的 22 个省（区、市）（包括新疆生产建设兵团），分别是北京市、天津市、山西省、内蒙古自治区、辽宁省、黑龙江省、上海市、江苏省、浙江省、安徽省、江西省、河南省、湖南省、广东省、广西壮族自治区、海南省、重庆市、四川省、陕西省、甘肃省、青海省、新疆生产建设兵团，其跨省流入人口减少数分布在 42～2967 人（见表 3－32）。

表 3－32　全国跨省流动人口流入地的数量分布（2014～2017 年）

单位：人

跨省流入地	2014 年	2015 年	2017 年	2014～2017 年样本人口增减变化
北京市	7499	8000	6999	－500
天津市	5623	6000	5000	－623
河北省	2032	4217	2163	131
山西省	1970	2216	1641	－329
内蒙古自治区	1144	1208	1102	－42
辽宁省	3018	2965	2839	－179
吉林省	1086	4000	1270	184

跨省流入地	2014 年	2015 年	2017 年	2014～2017 年样本人口增减变化
黑龙江省	1581	780	678	-903
上海市	7499	8000	7000	-499
江苏省	7549	7853	5342	-2207
浙江省	11700	12466	8733	-2967
安徽省	521	508	434	-87
福建省	3669	4142	4027	358
江西省	1381	1480	1118	-263
山东省	848	779	1004	156
河南省	1014	939	801	-213
湖北省	1393	1512	1402	9
湖南省	853	792	618	-235
广东省	8158	10695	6754	-1404
广西壮族自治区	1520	1372	1144	-376
海南省	2962	2923	2151	-811
重庆市	1779	1807	1708	-71
四川省	942	1229	806	-136
贵州省	1241	1413	1796	555
云南省	2139	2177	2790	651
西藏自治区	2649	2694	2771	122
陕西省	1844	1876	1533	-311
甘肃省	1874	1901	1367	-507
青海省	2712	2667	2277	-435
宁夏回族自治区	1634	1593	1686	52
新疆维吾尔自治区	2546	3991	3140	594
新疆生产建设兵团	3622	1968	1696	-1926
总　　计	96002	106163	83790	-12212

资料来源：根据 2014 年、2015 年、2017 年全国流动人口卫生计生动态监测调查数据整理。

从相对规模看，动态监测调查数据显示，2014～2017 年在全国跨省流动人口流出地的空间分布中，其流入地范围覆盖了我国的 31 个省（区、

市）和新疆生产建设兵团；其中，作为流入地的有 16 个省（区、市）的
流入人口比例呈不同幅度的提升，而有 14 个省（区、市）（包括新疆生产
建设兵团）的流入人口比例则呈不同幅度的缩减，此外还有 2 个省份的流
入人口比例保持不变。具体来看，动态监测调查统计显示，作为流入地，
其跨省流入人口比例呈上升状态的 16 个省（区、市），分别是北京市、天
津市、河北省、内蒙古自治区、辽宁省、吉林省、上海市、福建省、山东
省、湖北省、重庆市、贵州省、云南省、西藏自治区、宁夏回族自治区、
新疆维吾尔自治区，其相对规模的增幅分布在 0.1～1.1 个百分点；作为流
入地，其跨省流入人口比例保持不变状态的 2 个省份，分别是安徽省、四
川省；而作为流入地，其跨省流入人口比例呈下降状态的 14 个省（区、
市），分别是山西省、黑龙江省、江苏省、浙江省、江西省、河南省、湖
南省、广东省、广西壮族自治区、海南省、陕西省、甘肃省、青海省、新
疆生产建设兵团，其相对规模的降幅分布在 0.1～1.8 个百分点（见表 3 -
33）。

表 3 - 33　全国跨省流动人口流入地的比例分布（2014～2017 年）

单位:%，百分点

跨省流入地	2014 年	2015 年	2017 年	2014～2017 年 样本人口增幅变化
北京市	7.8	7.5	8.4	0.6
天津市	5.9	5.7	6.0	0.1
河北省	2.1	4.0	2.6	0.5
山西省	2.1	2.1	2.0	- 0.1
内蒙古自治区	1.2	1.1	1.3	0.1
辽宁省	3.1	2.8	3.4	0.3
吉林省	1.1	3.8	1.5	0.4
黑龙江省	1.6	0.7	0.8	- 0.8
上海市	7.8	7.5	8.4	0.6
江苏省	7.9	7.4	6.4	- 1.5
浙江省	12.2	11.7	10.4	- 1.8
安徽省	0.5	0.5	0.5	0.0
福建省	3.8	3.9	4.8	1.0

续表

跨省流入地	2014 年	2015 年	2017 年	2014～2017 年 样本人口增幅变化
江西省	1.4	1.4	1.3	-0.1
山东省	0.9	0.7	1.2	0.3
河南省	1.1	0.9	1.0	-0.1
湖北省	1.5	1.4	1.7	0.2
湖南省	0.9	0.7	0.7	-0.2
广东省	8.5	10.1	8.1	-0.4
广西壮族自治区	1.6	1.3	1.4	-0.2
海南省	3.1	2.8	2.6	-0.5
重庆市	1.9	1.7	2.0	0.1
四川省	1.0	1.2	1.0	0.0
贵州省	1.3	1.3	2.1	0.8
云南省	2.2	2.1	3.3	1.1
西藏自治区	2.8	2.5	3.3	0.5
陕西省	1.9	1.8	1.8	-0.1
甘肃省	2.0	1.8	1.6	-0.4
青海省	2.8	2.5	2.7	-0.1
宁夏回族自治区	1.7	1.5	2.0	0.3
新疆维吾尔自治区	2.7	3.8	3.7	1.0
新疆生产建设兵团	3.8	1.9	2.0	-1.8
总　　计	100.0	100.0	100.0	

资料来源：根据 2014 年、2015 年、2017 年全国流动人口卫生计生动态监测调查数据整理。

三　全国跨省流动人口的区域性分布

区域性分布是人口分布的基本内容，也是考察不同社会群体的重要视角。基于全国动态监测调查数据，我们主要从全国跨省流动人口的地区性分布、经济带分布两个层面进行客观考察。

1. 地区性分布

从绝对规模上看，全国流动人口监测调查数据显示，2014～2017 年在全国跨省流动人口流入地的地区性分布中，其流入地范围涉及我国东部地

区、中部地区和西部地区。具体来看，调查统计数据显示，由于被调查全
国跨省流动人口的总体样本规模缩小（缩减了12212人），因此，各地区
性分布人口的数量也相应地有所减少，其中"东部地区"的跨省流动人口
从2014年的60557人缩减为2017年的52012人，减少了8545人；"中部地
区"的跨省流动人口从2014年的9799人缩减为2017年的7962人，减少了
1837人；"西部地区"的跨省流动人口从2014年的25646人缩减为2017年
的23816人，减少了1830人（见表3-34）。由此可见，无论从总体上看，
还是从东部、中部、西部地区的空间分布上看，2014~2017年全国跨省流动
人口流入地的地区性分布均呈现压缩式缩减的数量特征。

表3-34　全国跨省流动人口流入地的地区性分布（2014~2017年）

单位：人，%

跨省流入地		2014年		2015年		2017年	
		频次	百分比	频次	百分比	频次	百分比
东部地区	北京市、天津市、河北省、辽宁省、上海市、江苏省、浙江省、福建省、山东省、广东省、海南省	60557	63.1	68040	64.1	52012	62.1
中部地区	山西省、吉林省、黑龙江省、安徽省、江西省、河南省、湖北省、湖南省	9799	10.2	12227	11.5	7962	9.5
西部地区	四川省、重庆市、贵州省、云南省、西藏自治区、陕西省、甘肃省、青海省、宁夏回族自治区、新疆生产建设兵团、新疆维吾尔自治区、广西壮族自治区、内蒙古自治区	25646	26.7	25896	24.4	23816	28.4
总　计		96002	100.0	106163	100.0	83790	100.0

　　资料来源：根据2014年、2015年、2017年全国流动人口卫生计生动态监测调查数据整理
而得。

从相对规模上看，2014～2017 年动态监测调查数据显示，在全国跨省流动人口流入地的地区性分布中，其人口在我国东部地区、中部地区和西部地区分布所占的比例不尽相同，且呈现差异化的数量特征。具体来看，全国动态监测调查数据显示，"东部地区"跨省流动人口所占比例从 2014 年的 63.1% 下降到 2017 年的 62.1%，缩减了 1 个百分点；"中部地区"跨省流动人口所占比例从 2014 年的 10.2% 下降到 2017 年的 9.5%，缩减了 0.7 个百分点；"西部地区"跨省流动人口所占比例则从 2014 年的 26.7% 扩大到 2017 年的 28.4%，扩大了 1.7 个百分点（见表 3-34）。不难看出，2014～2017 年，东部、中部地区作为流入地，其全国跨省流动人口在该地区的分布均呈相对规模缩减的态势；而与之相反，西部地区作为流入地，其全国跨省流动人口的地区分布比例则呈逐步扩大的趋势。

2. 经济带分布

从绝对规模上看，2014～2017 年动态监测调查数据显示，在全国跨省流动人口流入地的经济带分布中，其流入地范围涉及我国珠三角、长三角、环渤海和其他经济带。具体来看，监测调查统计数据显示，由于全国跨省流动人口的调查样本的总体规模缩小（缩减了 12212 人），因此，各经济带分布人口的数量也相应有所减少，其中珠三角经济带的跨省流动人口从 2014 年的 8158 人缩减为 2017 年的 6754 人，减少了 1404 人；长三角经济带的跨省流动人口从 2014 年的 26748 人缩减为 2017 年的 21075 人，减少了 5673 人；环渤海经济带的跨省流动人口从 2014 年的 19020 人缩减为 2017 年的 18005 人，减少了 1015 人；其他经济带的跨省流动人口从 2014 年的 42076 人缩减为 2017 年的 37956 人，减少了 4120 人（见表 3-35）。由此可见，2014～2017 年，无论从总体上看，还是从各个经济带的空间分布上看，全国跨省流动人口在流入地的经济带分布均呈现收缩式变化的数量特征。

表 3-35　全国跨省流动人口流入地的经济带分布（2014～2017 年）

经济带分布	2014 年		2015 年		2017 年		2014～2017 年变化	
	频次（人）	百分比（%）	频次（人）	百分比（%）	频次（人）	百分比（%）	人数增减（人）	增减幅度（百分点）
珠三角	8158	8.5	10695	10.1	6754	8.1	-1404	-0.4

经济带分布	2014 年		2015 年		2017 年		2014~2017 年变化	
	频次（人）	百分比（%）	频次（人）	百分比（%）	频次（人）	百分比（%）	人数增减（人）	增减幅度（百分点）
长三角	26748	27.9	28319	26.7	21075	25.1	-5673	-2.8
环渤海	19020	19.8	21961	20.7	18005	21.5	-1015	1.7
其 他	42076	43.8	45188	42.5	37956	45.3	-4120	1.5
总 计	96002	100.0	106163	100.0	83790	100.0	-12212	—

资料来源：根据 2014 年、2015 年、2017 年全国流动人口卫生计生动态监测调查数据整理。

从相对规模上看，监测调查数据显示，2014~2017 年在全国跨省流动人口流入地的经济带分布中，其范围涉及珠三角经济带、长三角经济带、环渤海经济带和其他经济带，但由于全国跨省流动人口在各经济带分布人口所占的比例有大有小，因而其相对规模的变化也不尽相同。具体来看，监测调查统计数据显示，在全国跨省流动人口中，珠三角经济带的跨省流动人口所占比例从 2014 年的 8.5% 下降到 2017 年的 8.1%，下降了 0.4 个百分点；长三角经济带的跨省流动人口所占比例从 2014 年的 27.9% 下降到 2017 年的 25.1%，下降了 2.8 个百分点；环渤海经济带的跨省流动人口所占比例则从 2014 年的 19.8% 扩大到 2017 年的 21.5%，提升了 1.7 个百分点；其他经济带的跨省流动人口所占比例也从 2014 年的 43.8% 提高到 2017 年的 45.3%，提升了 1.5 个百分点（见表 3-35）。由此可见，2014~2017 年，各经济带作为跨省流动人口的流入地，其全国跨省流动人口在该流入地的经济带的分布呈现两种态势：一是全国跨省流动人口在珠三角经济带和长三角经济带的空间分布比例均呈缩减的状态；而与之相反，全国跨省流动人口在环渤海经济带和其他经济带的空间分布比例则均呈扩大的状态，表现出新的空间分布特点。

第三节 全国跨省流动人口的发展趋势

从全国层面看，跨省流动人口未来的发展趋势，既取决于区域经济发展活力的变化，又取决于国家资源配置的转向，还取决于全国梯度格局的改变。事实上，只要区域经济、资源配置、梯度格局中的任何一个要素发生变动，都会不同程度地影响着未来我国流动人口尤其是全国跨省流动人口的规模及变化，也会不同程度地影响着全国跨省流动人口的空间选择与心理取向。

本研究借助历次全国流动人口卫生计生动态监测调查数据，从全国跨省流动人口的规模变化、空间取向、心理取向等方面着手，旨在对我国跨省流动人口的未来发展形势进行初步的研判与分析。

一　全国跨省流动人口的规模变化

作为流动人口的重要维度，空间选择的分布及变化，是探讨流动人口特征的重要内容，也是探讨跨省流动人口未来发展趋势的重要考量因素。而了解跨省流动人口未来发展趋势，需要客观考察跨省流动人口的数量特征及变化。

1. 相对规模的变化趋势

为了更合理地理解和认识跨省流动人口的发展趋势，首先需要探讨的是该群体的相对规模的变化。为此，本研究主要对东部、中部、西部跨省流动人口地区性分布相对规模的变动进行分析，旨在从宏观上把握我国未来跨省流动人口相对规模变化的特征。

调研数据变化表明，在全国跨省流动人口的地区分布中，可以明显看出，东部地区作为全国主要的跨省流动人口的流入地，其所占比重始终较大（超过六成），但是，从整体上看，近年来我国东部地区的跨省流动人口所占的比重呈现波动式下滑的趋势，说明其作为主要流入地的核心地位开始逐步削弱。进一步看，中部地区作为全国跨省流动人口的流入地之一，其所占比重始终较小（占一成左右），近年来，从整体上看，我国中部地区吸纳跨省流动人口的相对规模同样呈现波动式下滑的趋势，说明其作为流入地的地位不仅没有提升反而受到程度不同的削弱。与上述两个地区的情况相反，西部地区作为全国新的跨省流动人口流入地，其所占比重保持在接近三成，从整体上看，近年来我国西部地区的跨省流动人口所占的比重呈现波动式上升的趋势，说明了其作为主要流入地的现实地位开始不断凸显，并占据越来越大的分量（见图3－1）。

上述三大地区作为全国跨省流动人口流入地的相对规模变化与特点，在一定程度反映了我国流动人口未来的新形势。这种新形势集中体现了东

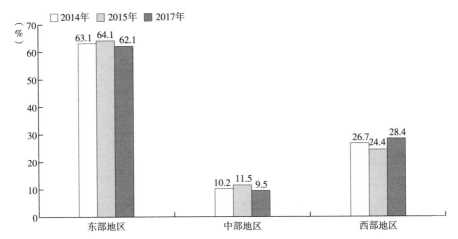

图 3 - 1　全国跨省流动人口地区分布的相对规模及变化（2014 ~ 2017 年）

资料来源：根据 2014 年、2015 年、2017 年全国流动人口卫生计生动态监测调查数据整理而得。在本表中，2014 年、2015 年、2017 年的有效样本分别为 96002 人、106163 人和 83790 人。

部地区吸纳跨省流动人口的能力有所削弱，而西部地区的吸纳能力则不断增强的事实，它将有利于从整体上改变传统中国流动人口的分布格局。

2. 流动范围的变化趋势

从家庭成员看，其流动范围呈现"跨省流动"比例逐年下降、"省内跨市"比例稳定有升、"市内跨县"比例波动式下滑的变动特征。具体来看，调研数据显示，在全国流动人口家庭成员中，其表示"跨省流动"的比例由 2014 年的 49.2% 下降为 2017 年的 48.2%，整体下滑了 1 个百分点；"省内跨市"的比例由 2014 年的 31.4% 上升为 2017 年的 33.5%，整体上升了 2.1 个百分点；而"市内跨县"的比例则由 2014 年的 19.4% 下降为 2017 年的 18.3%，整体下滑了 1.1 个百分点（见图 3 - 2）。

从个体情况看，动态监测调查数据显示，在被调查的全国流动人口中，其选择"跨省流动"的比例由 2014 年的 51.0% 下降为 2017 年的 49.2%，整体下滑了 1.8 个百分点；选择"省内跨市"的比例由 2014 年的 30.3% 上升为 2017 年的 33.0%，整体提高了 2.7 个百分点；而选择"市内跨县"的比例则由 2014 年的 18.7% 下滑为 2017 年的 17.8%，整体下降了 0.9 个百分点（见图 3 - 3）。这表明，与家庭成员选择一样，被调查个体对流动范围的选择整体上呈现"跨省流动"比例逐年下降、"省内跨市"比例稳定有升、"市内跨县"比例波动式下滑的变动状态。

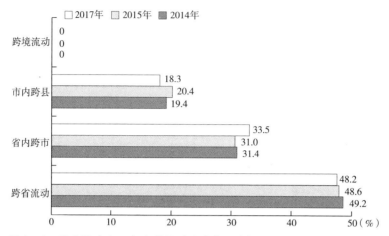

图 3 - 2　跨省流动人口家庭成员对流动范围选择的变化（2014～2017 年）

资料来源：根据 2014 年、2015 年、2017 年全国流动人口卫生计生动态监测调查数据整理而得。在本表中，2014 年、2015 年、2017 年的有效样本分别为 96002 人、106163 人和 83790 人。

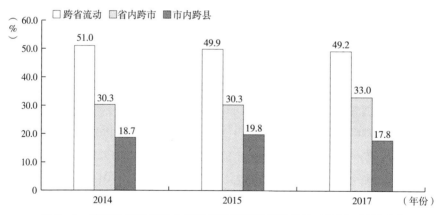

图 3 - 3　被调查跨省流动人口对流动范围选择的变化（2014～2017 年）

资料来源：根据 2014 年、2015 年、2017 年全国流动人口卫生计生动态监测调查数据整理而得。在本表中，2014 年、2015 年、2017 年的有效样本分别为 96002 人、106163 人和 83790 人。

　　基于上述统计数据分析，可以看出，无论是家庭成员，还是被调查个体，其在跨省流动中对流动范围的选择，整体上呈现出一致性的变动趋势与特征。鉴于此，从流动范围的选择倾向上看，可以在某种程度上研判未来我国跨省流动人口发展的可能性，这种可能性主要表现在：第一，"跨省流动"的强劲势头将有所回落；第二，"非跨省流动"的比例超过半数，将成为未来我国流动人口的主体部分。

二 全国跨省流动人口的空间取向

作为流动人口的重要维度，空间选择的取向及分布变化，是探讨流动人口特征不可或缺的内容，也是研判跨省流动人口未来发展趋势的重要考量因素。而了解跨省流动人口的未来发展趋势，除了需要通过客观考察跨省流动人口的数量特征及分布变化外，还必须通过对跨省流动人口未来空间选择的客观考察，去把握该群体流动的基本走向。

1. 地区性流动的空间取向

流动人口的空间选择反映的是跨省流动人口在"流入地"与"流出地"之间的相互关系；不仅如此，流动人口对不同地区的选择走向也将呈现不同的区域性特征，如在相当一段时间内，东部地区仍将是我国跨省流动人口对流入地空间选择的主要区域，选择东部地区的流动人口仍保持较高的比重；跨省流动人口对中部地区的选择，将保持平衡的态势；与之相反，西部地区将成为新时代跨省流动人口对流入地空间的一种新选择和偏好。

具体来看，就地区性流动取向而言，根据全国动态监测调查数据统计，我国流动人口将东部地区作为自身地区流动取向的占比，已经从 2014 年的 63.1% 缩减为 2017 年的 62.1%，整体下降了 1 个百分点；将中部地区作为自身地区流动取向的占比已从 2014 年的 10.2% 下降到 2017 年的 9.5%，整体下滑了 0.7 个百分点；而将西部地区作为自身地区流动取向的占比则已从 2014 年的 26.7% 扩大到 2017 年的 28.4%，整体扩大了 1.7 个百分点（见图 3-4）。

当然，值得关注的是，跨省流动人口对未来空间的选择及取向，将受到多重因素的影响：一是未来农民工尤其是非新生代农民工的返乡潮流的逼近，这一态势将起到削减未来跨省流动农民工膨胀的作用，进而使以农民工为绝对跨省流动人口主体的相对规模有着相对稳定性的特征；二是未来东、中、西部区域发展格局的改变，将直接影响跨省流动人口对未来空间的选择取向；三是国家新型城镇化战略、新西部大开发战略等重大战略布局的调整与优化，将极大驱动未来中国流动人口对新发展平台和空间的选择。

2. 经济带流动的空间取向

从总体上看，未来相当长一段时间里，我国流动人口仍将会把珠三角

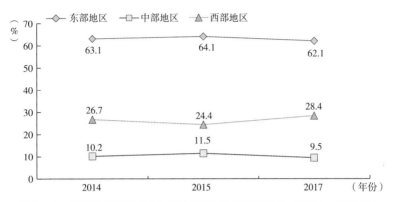

图 3 - 4   全国跨省流动人口对地区性流动的空间取向（2014～2017 年）

注：本表中，2014 年、2015 年、2017 年全国跨省流动人口的有效样本分别为 96002 人、106163 人和 83790 人，其中东部地区包括北京市、天津市、河北省、辽宁省、上海市、江苏省、浙江省、福建省、山东省、广东省、海南省；中部地区包括山西省、吉林省、黑龙江省、安徽省、江西省、河南省、湖北省、湖南省；西部地区包括四川省、重庆市、贵州省、云南省、西藏自治区、陕西省、甘肃省、青海省、宁夏回族自治区、新疆生产建设兵团、新疆维吾尔自治区、广西壮族自治区、内蒙古自治区。

经济带、长三角经济带、环渤海经济带作为自身跨省流动空间上的优先选择，其所占比例仍将保持在半数以上的状态。这不仅因为珠三角经济带、长三角经济带、环渤海经济带仍是全国经济发展活力最足的区域，更因为该地区始终拥有全国较优的资源配置及条件。可以说，只要这种优势资源配置的格局不发生大改变，该地区就始终是最具吸纳能力的区域。事实上，在短时间内，即使是考虑中部崛起战略、西部跨越式发展战略、国家强势资源配置的取向转型，东部、中部、西部之间梯度发展的格局仍将存在，并继续成为决定未来跨省流动人口对发展空间选择的根本性要素。

具体来看，就经济带流动的空间取向而言，全国动态监测调查数据显示，我国跨省流动人口将珠三角经济带作为自身地区流动取向的占比，已从 2014 年的 8.5% 缩减为 2017 年的 8.1%，整体下降了 0.4 个百分点；将长三角经济带作为自身地区流动取向的占比，已从 2014 年的 27.9% 下降到 2017 年的 25.2%，整体缩减了 2.7 个百分点；而将环渤海经济带作为自身地区流动取向的占比，则由 2014 年的 19.8% 扩大到 2017 年的 21.5%，整体上扩大了 1.7 个百分点；将其他经济带作为自身地区流动取向的占比，则由 2014 年的 43.8% 扩大到 2017 年的 45.3%，整体上扩大了 1.5 个百分点（见图 3 - 5）。不难看出，2014～2017 年我国跨省流动人口对不同经济带的空间选择及强度不尽相同，并呈现出两种空间取向：一是全国跨省流动人口对珠三角经济带和长三角经济带的空间选择比例均呈下降状态，表明流动人口对这两大经济带的选择意向有所减弱；二是全国跨省流动人口对环渤海经济带和其他经济带的空间选择比例则均呈扩大的状态，表明流动人口对这两个经济带的选择意向有所强化。

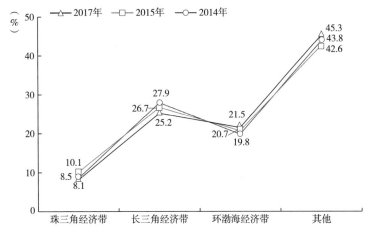

图3-5 全国跨省流动人口对经济带流动的空间取向（2014～2017年）

资料来源：根据2014年、2015年、2017年全国流动人口卫生计生动态监测调查数据整理。在本表中，2014年、2015年、2017年全国跨省流动人口的有效样本分别为96002人、106163人和83790人。

综上所述，2014～2017年，全国跨省流动人口对经济带的空间选择取向，已经呈现出一定的新态势：随着我国新经济带（如中西部尤其是西部地区的快速发展与崛起）逐步形成，其对于未来跨省流动人口将产生直接的拉力，更值得一提的是，以贵州等西部省区为代表的高速发展（如西部地区高铁时代的加速化，将大大缩短时空距离，从而改善人口流动的条件），其自身不仅能留住原本打算跨省外流的人口，也能不同程度地驱动已经跨省外流的人口实现"回流"或"返乡"，还能吸引全国其他省区的流动人口流入西部地区。事实上，当前西部农村地区已经发生了翻天覆地的变化，返乡创业就业的势头越来越明显，特别是村村通、组组通等六个精准的建成，客观上加大了西部地区人口反向流动的可能性。这一系列变化及趋势，值得引起全国层面的关注，更值得引起西部地区各级党政部门的高度重视，并做好预备性顶层设计与应对策略，如此，才能更好地获得庞大流动人口尤其是农民工群体所带来的"人口红利"，为促进各地经济社会快速发展注入强劲的活力与动能。

三 全国跨省流动人口的心理取向

科学把握未来我国跨省流动人口的发展趋势，不仅需要进行流动人口空间取向上的客观考察，也需要进行流动人口心理取向的主观考察。事实上，只有深入把握跨省流动人口的内在动因及心理取向，才能准确研判未来我国跨省流动人口的数量变化与空间分布。这也是制定国家战略措施的重要依据与前提。

1. 未来居住空间的打算

从流入地长期居住看，2014～2017 年全国流动人口卫生计生动态监测调查数据显示，在被调查的跨省流动人口中，明确表示今后"打算"在本地（流入地）长期居住的人口，其比例均超过半数，分别达到 52.5%、53.2% 和 81.2%；而持"不打算"在本地（流入地）长期居住的依次占15.1%、14.4% 和 2.9%；此外，还有部分人表示"没想好"今后是否在本地（流入地）长期居住，其比例分别为 32.4%、32.4% 和 15.9%（见表 3－36）。不难看出，从整体上看，全国跨省流动人口打算在流入地长期居住的主观意愿是积极的、主动的，而且这部分人口的相对规模保持"稳中有升"的基本态势，尤其在 2017 年呈现大幅提升的强劲势头。

表 3－36　您是否打算继续在本地（流入地）长期居住（2014～2017 年）

单位：人，%

是否长期居住	2014 年		2015 年		2017 年	
	人数	比例	人数	比例	人数	比例
打　算	50382	52.5	56477	53.2	68061	81.2
不打算	14501	15.1	15292	14.4	2451	2.9
没想好	31118	32.4	34393	32.4	13278	15.9
总　计	96001	100.0	106162	100.0	83790	100.0

注："长期居住"指跨省流动人口在流入地居住 5 年以上。
资料来源：根据 2014 年、2015 年、2017 年全国流动人口卫生计生动态监测调查数据整理。在本表中，2014 年、2015 年的样本缺失值均为 1 人。

更值得一提的是，2017 年动态监测调查数据显示，在这些表示长期居住的人中，其预计自己将在流入地的居住时间保持在"5 年以上"的比例超过四成，表示将在流入地的居住时间保持在"1～5 年"的比例也接近三成（见表 3－37）。由此可见，作为我国流动人口的主流人群，跨省流动人口仍将保持较大的人口规模，并随着流出地、流入地各级政府有关政策法规的改革与优化，其跨省流动将在今后相当一段时间里继续保持"变中趋稳"状态。

表 3-37　如果打算继续留在本地，您预计自己将在本地留多久（2017 年）

单位：人，%

居住时间	频次	百分比	有效百分比	累计百分比
1~2 年	6915	8.3	10.2	10.2
3~5 年	12524	14.9	18.4	28.6
6~10 年	4516	5.4	6.6	35.2
10 年以上	6586	7.9	9.7	44.9
定居	20220	24.1	29.7	74.6
没想好	17299	20.6	25.4	100.0
合　计	68060	81.2	100.0	
缺失值	15730	18.8		
总　计	83790	100.0		

资料来源：2017 年全国流动人口卫生计生动态监测调查数据。

从户口迁入情况看，全国动态监测调查数据显示，2017 年在被调查的跨省流动人口中，明确表示如果符合落户条件，高达四成以上的人将"愿意"把自身的户口迁入本地（流入地）；而表示"不愿意"把户口迁入流入地的占 1/3 左右；此处还有 1/4 以上的人表示"没想好"（见表 3-38）。这表明，与过去相比，越来越多的跨省流动人口尤其是跨省流动农民工，开始对如何实现自身的市民化充满信心，并将"农业户口"这道最后的保障予以割舍，表现出从未有过的勇气与决判。显然，这一社会行动取向，有利于推动跨省流动人口尤其是跨省流动农民工的市民化进程。

表 3-38　如果符合本地落户条件，您是否愿意把户口迁入本地（2017 年）

单位：人，%

迁户口意愿	频次	百分比	有效百分比	累计百分比
愿　意	34734	41.5	41.5	41.5
不愿意	27565	32.9	32.9	74.4
没想好	21491	25.6	25.6	100.0
总　计	83790	100.0	100.0	

资料来源：2017 年全国流动人口卫生计生动态监测调查数据。

那么，究竟是什么原因吸引跨省流动人口愿意继续留在流入地呢？进一步调查分析发现，在所列举的 11 项原因中，被调查者选择的前四项原因分别是"收入水平高""个人发展空间大""子女有更好的受教育机会""家人习惯本地生活"，其相应比例依次是 21.3%、20.7%、16.8% 和 10.5%，累计比例高达近七成（69.3%）（见表 3 - 39）。这表明，被调查跨省流动人口尤其是跨省流动农民工，其选择打算留在本地（流入地）的原因主要集中在家庭增收、个人发展、代际发展上，表现出一定的层次性特点。

表 3 - 39　您打算留在本地的主要原因（2017 年）

单位：人，%

主要原因	频次	百分比	有效百分比	累计百分比
收入水平高	14472	17.3	21.3	21.3
个人发展空间大	14091	16.8	20.7	42.0
积累工作经验	5366	6.4	7.9	49.9
城市交通发达、生活方便	5156	6.2	7.6	57.5
子女有更好的受教育机会	11439	13.6	16.8	74.3
医疗技术好	405	0.5	0.6	74.9
与本地人结婚	2943	3.5	4.3	79.2
社会关系网都在本地	2531	3.0	3.7	82.9
政府管理规范	412	0.5	0.6	83.5
家人习惯本地生活	7148	8.5	10.5	94.0
其他	4097	4.9	6.0	100.0
合　计	68060	81.2	100.0	
缺失值	15730	18.8		
总　计	83790	100.0		

资料来源：2017 年全国流动人口卫生计生动态监测调查数据。

2. 流动归宿之地的选择

从未来流动看，全国跨省流动人口到底选择返乡还是其他地方，取决于跨省流动者所处的生计发展阶段及主体性意愿。调查显示，在明确表示不打算继续留在流入地的被调查跨省流动人口中，其中有超过七成（70.9%）的人表示会选择"返乡"，而表示打算选择到"其他地方"的比例为 14.8%，此外还有 14.3% 的人表示"没想好"（见表 3 - 40）。这说明，对于不打算继续留在流入地的跨省流动人口来说，"返乡"成为该群体的强烈夙愿与心声。

表 3 - 40　如果不打算留在流入地，您是选择返乡还是去其他地方（2017 年）

单位：人，%

地方选择	频次	百分比	有效百分比	累计百分比
返　乡	1740	2.1	70.9	70.9
其他地方	362	0.4	14.8	85.7
没 想 好	350	0.4	14.3	100.0
总　计	2452	2.9	100.0	
缺 失 值	81338	97.1		
总　计	83790	100.0		

资料来源：2017 年全国流动人口卫生计生动态监测调查数据。

进一步看，调查数据显示，在表示返乡的被调查跨省流动人口中，其中有超过半数的人（56.0%）将自己返乡时间确定为"2 年及以下"，其中表示"1 年内""1～2 年"返乡的比例分别为 37.6% 和 18.4%；而表示"3 年及以上"的比例为 15.5%，其中表示"3～5 年""6～10 年""10 年以后"才会返乡的比例分别为 11.6%、2.5% 和 1.4%；此外，还有28.5% 的人表示"没想好"（见表 3 - 41）。

表 3 - 41　您打算什么时候返乡（2017 年）

单位：人，%

返乡时间	频次	百分比	有效百分比	累计百分比
1 年内	655	0.8	37.6	37.6
1～2 年	320	0.4	18.4	56.0
3～5 年	202	0.2	11.6	67.6
6～10 年	44	0.1	2.5	70.1
10 年以后	24	0.0	1.4	71.5
没想好	495	0.6	28.5	100.0
合　计	1740	2.1	100.0	
缺 失 值	82050	97.9		
总　计	83790	100.0		

资料来源：2017 年全国流动人口卫生计生动态监测调查数据。

进一步看，究竟又是什么原因驱使跨省流动人口打算返乡呢？调研发现，在问卷中所列举的 18 项原因中，在被调查者看来，其中前四项原因依次是"需要照顾老人""需要照顾小孩""返乡创业""年龄太大"，其相应比例分别是 19.4%、16.1%、14.7% 和 10.9%，累计比例超过六成（61.1%）（见表 3 - 42）。由此说明，随着生理年龄的逐步增大，被调查跨省流动人口尤其是跨省流动农民工，对承担家庭的赡养义务与抚养责任也日益迫切，一方面表现在对父辈的赡养义务（若以被调查者平均年龄为 36.78 岁进行推算，其父辈已经进入老年人阶段）的履行，另一方面则表现为对未成年留守子女的抚养责任的担当（大部分留守子女已进入中学阶段这一关键时期）。总之，如何扮演好"子辈"与"父辈"的双重角色，成为该群体这一时期是否返乡的关键因素所在。

表 3 - 42　您打算返乡的最主要原因（2017 年）

单位：人, %

最主要原因	频次	百分比	有效百分比	累计百分比
返乡创业	256	0.3	14.7	14.7
没有特长/技能	13	0.0	0.7	15.5
需要照顾小孩	281	0.3	16.1	31.6
需要照顾老人	337	0.4	19.4	51.0
外面就业形势不好	134	0.2	7.7	58.7
家乡就业机会多	57	0.1	3.3	62.0
年龄太大	190	0.2	10.9	72.9
身体不好	27	0.0	1.6	74.4
与家人两地分居	83	0.1	4.8	79.2
家乡生活成本低	35	0.0	2.0	81.2
家里劳动力不足	11	0.0	0.6	81.8
很难融入流入地	7	0.0	0.4	82.2
家乡自然环境好	50	0.1	2.9	85.1
土地需要打理	32	0.0	1.8	87.0
不习惯外地生活	40	0.0	2.3	89.3
结婚生育	41	0.0	2.4	91.6
本地空气污染严重	6	0.0	0.3	92.0
其他	140	0.2	8.0	100.0

最主要原因	频次	百分比	有效百分比	累计百分比
合　计	1740	2.1	100.0	
缺失值	82050	97.9		
总　计	83790	100.0		

资料来源：2017 年全国流动人口卫生计生动态监测调查数据。其中，有效样本 1740 人。

　　从返乡地点看，监测调查数据显示，在表示返乡的被调查跨省流动人口中，首先，超过六成（63.0%）的人将自己返乡地点确定为"农村"；其次，表示自己返乡地点为"县政府所在地"的比例为 16.0%；再次，将"乡镇政府所在地"作为自己返乡地点的人占 11.4%；最后，还有 9.6% 的人表示对自己返乡地点"没想好"，尚持犹豫、观望的心态（见表 3-43）。

表 3-43　您打算回到家乡的什么地方（2017 年）

单位：人,%

返乡地点	频次	百分比	有效百分比	累计百分比
农村	1096	1.4	63.0	63.0
乡镇政府所在地	199	0.2	11.4	74.4
县政府所在地	279	0.3	16.0	90.4
没想好	166	0.2	9.6	100.0
合　计	1740	2.1	100.0	
缺失值	82050	97.9		
总　计	83790	100.0		

资料来源：2017 年全国流动人口卫生计生动态监测调查数据。

　　从城市取向看，全国动态监测调查数据显示，在表示返乡地点为城镇的被调查跨省流动人口中，明确表示打算去"国内城市"的比例为 61.0%，超过六成；而将"境外城市"作为自己返乡城市地点的比例为 3.9%；此外，还有超过三成（35.1%）的人则表示对自己城市去向"没想好"，尚处于思考与决策的阶段（见表 3-44）。

表 3 – 44 您打算去的城市（2017 年）

单位：人，%

城市取向	频次	百分比	有效百分比	累计百分比
国内城市	221	0.3	61.0	61.0
境外城市	14	0.0	3.9	64.9
没 想 好	127	0.1	35.1	100.0
合 计	362	0.4	100.0	
缺 失 值	83428	99.6		
总 计	83790	100.0		

资料来源：2017 年全国流动人口卫生计生动态监测调查数据。

从城市区域看，调查数据显示，在表示返乡地点为国内城市的被调查跨省流动人口中，其对"国内城市"的地区性取向，依次是"东部地区""西部地区""中部地区"，其所占比例分别为 64.2%、23.1% 和 12.7%（见表 3 – 45）。可以看出，"东部地区"城市成为返乡跨省流动人口对未来城市的主要取向，而"西部地区"城市则成为跨省流动人口选择的第二大地区，其排位已明显比"中部地区"要靠前。

表 3 – 45 您打算流入的城市区域（2017 年）

单位：人，%

城市区域	频次	百分比	有效百分比	累计百分比
东部地区	142	0.2	64.2	64.2
中部地区	28	0.0	12.7	76.9
西部地区	51	0.1	23.1	100.0
合 计	221	0.3	100.0	
缺 失 值	83569	99.7		
总 计	83790	100.0		

资料来源：2017 年全国流动人口卫生计生动态监测调查数据。

第四章

流出与变迁：人口流出地的现实境遇
——以贵州省为例

改革开放 40 多年来，我国经济社会得到空前的发展，成为世界第二大经济体，踏上了中华民族复兴的征程。40 多年来，城镇化发展也进入一个新的阶段，我国成功从一个以农业为主的国家发展成为一个以城市文明为主的国家，2019 年常住人口城镇化率超过 60%，① 全国只有 4 个省区没有超过 50%。伴随着城镇化发展，大量人口从农村流入城市，2014 年达到人口流动的顶峰，全国流动人口达 2.51 亿。虽然这几年人口开始有回流趋势，但流动人口仍在 2.3 亿左右，2019 年为 2.31 亿。人口从农村流入城市仍是一个大趋势，2019 年农民工达到 2.97 亿人，比上年增加 297 万人。经济社会发展进入新时代后，我国体制改革与社会结构转型已经进入关键时刻，经济社会发展取得阶段性成果，产业结构不断趋于合理化。产业格局已经发生了历史性改变，农业产业比例只占 10% 左右，第二、第三产业占主导地位的经济增速明显，对推动农村剩余劳动力进城就业与创业提供了发展机会和空间，农民从费孝通先生指出的"离土不离乡、进厂不进城"模式，变为"离土又离乡、进厂又进城"的新发展模式。农村地区大量劳动人口流动，使政治、经济、文化、风土人情等方面发生了重大变化。

随着中国户籍制度改革，进城农民工子女教育政策、城市医疗卫生与计生、公共产品与公共服务等基本保障体系的不断完善，面对农村地区，尤其中西部人口流出地区与东部发达地区的差距越来越大，城乡之间差距不言而喻，在城市与农村发展不平衡的推拉作用下，越来越多的农村富余劳动力把外出务工作为获取经济收入的主要渠道。落后、资源匮乏、

---

① https：//news. sina. com. cn/c/2020 – 05 – 22/doc – iirczymk2924495. shtml.

内生动力不足等因素也推动着中西部地区地方政府积极鼓励农村劳动力向外流动。一方面，地方政府把劳动力输出作为拓宽就业渠道、推动地方经济发展、减轻当地财政负担等多种问题的可行性措施；另一方面，通过农民外出务工带来的非农性收入，对提高家庭经济收入、提升家庭成员生活质量、促进子女教育以及推动老百姓脱贫致富起到了积极的促进作用。

贵州省作为多民族省份，属于典型的"欠开发、欠发达"地区，资源欠缺，世代从事传统农业种植，如何实现脱贫是当地政府与老百姓都较为关心和重视的问题。在无资源、无资本、无其他收入的"三无境况"下，外出务工获取的经济收入是解决贫困问题的有效途径。2019年全省流动人口接近1000万人，其中跨省流出人口达495万人[①]。青壮年劳动力通过外出务工，不仅促进了家庭经济收入增加，在推动民族地区经济社会发展、实现共同富裕、进入全面小康以及推进乡村振兴和现实城乡一体化发展等方面做出了巨大奉献，但这些向外流动的青壮年劳动力，是民族地区农村的精英群体，是新时代社会主义新农村建设的主力军，是中华民族文化的重要传承人，是推动乡村振兴的重要人力资源。他们流向城市从事第二、三产业劳动，在给农村发展带来一定经济收入的同时，也会使民族地区家庭与社区经济社会发展受到影响，甚至陷入风险与危机，出现"三留守"、村落空心化、农业生产退化等一系列问题，社会经济发展出现疲软。本部分以贵州省少数民族地区的人口流出为例，着重谈论人口流动对流出地经济社会发展的影响。

第一节　人口流出地基本情况

贵州省地处中国西南部高原山地，境内地势西高东低，自中部向北、东、南三面倾斜，平均海拔在1100米左右，高原山地居多，素有"八山一水一分田"之说。世居少数民族较多，民族构成复杂，是中国历史发展过程中少数民族交汇大走廊，全省共有民族40多个，其中世居民族17个。主要包括汉族、苗族、布依族、侗族、土家族、彝族、仡佬族、水族、回

---

① 据贵州省卫生健康委员会人口家庭处提供资料。

族、白族、瑶族、壮族、畲族、毛南族、满族、蒙古族、仫佬族、羌族
等，是典型的"欠发达、欠开发"的"两欠"地区。民族村落大多分布在
远离城市的偏远山区，交通信息封闭，公共基础设施落后，居民世世代代
生活在山区。民族地区村落在 20 世纪 90 年代末期开通公路，直到 2014 年
少数民族村落中仍有 44.4% 的是泥土路，11.1% 的村落只简单铺设了石子
道路。近年来，在国家"村村通"工程影响下，道路改造成硬化水泥路，
可以通往各少数民族村寨，但道路大多在 4.5 米到 6 米，只限小轿车、摩
托车以及小型农用车通行。民族村寨虽然有了公路，但是公共交通工具缺
乏，外出仍需要步行前往村外或镇里的公共汽车站，一些较远的村距离镇
上车站步行需要 5 个小时，最近的也需要 30 分钟。落后的公共交通条件，
给民族地区老百姓在医疗、卫生、计生、教育等公共服务上带来了极大不
便，也限制了当地社会经济的发展。

一 医疗卫生

随着国家医疗救助体制改革的不断完善，公共服务与公共物品供给
改革不断深入，农村医疗条件得到较大改善，新农村合作医疗保险已经
普及到每家每户，"看病难、看病贵"相对以往而言，已经大有好转，
医疗保险的全覆盖给农村地区老百姓带来了实质性的改变。第一，随着
国家对农村地区医疗卫生事业的重视程度不断加强，大部分农村地区开
始建立村级卫生医疗机构，"小病不出门，大病不进城"的医疗保健服
务一步步得以实现，村落基本实现村村有卫生室或卫生服务站（中心），
并配有村级医疗卫生工作者，一定程度上解决了农村老百姓"有病拖"
的问题，实现了"小病不出门"，政府定期组织上级医护人员下乡为符
合条件的老百姓提供医疗巡诊、免费体检等服务。第二，农村基本养老
保险目前已在全国范围内渐渐普及，农村地区已实现大部分乡镇全面享
受养老保险。贵州民族地区农村养老保险已基本实现全覆盖，真正实现
"老有所养"的规划目标。国家一系列民生政策的实施，使老百姓的医
疗、养老等重大问题发生了实质性变化，但针对民族地区而言，这些政
策措施的落实还存在一定的差距，仍有很多不足与现实问题。一方面，
缺医少药现象严重。这些民族村落的医疗卫生机构大多基础设施较差，
医疗设备卫生条件有限，药品品种单一，缺药少药较为常见。另一方面，
专业人员配备不齐。现有医疗救护人员存在"无证上岗或民间郎中"现

象，其医疗水平和技术普遍偏低，缺乏正规医疗执业资质。从统计数据来看，乡村医护人员流动较大，2012～2017 年，乡村医生和卫生人员就减少了 2000 多人（见表 4 - 1）。

表 4 - 1　2012～2017 年贵州乡村医疗卫生情况

指　标	2012 年	2013 年	2014 年	2015 年	2016 年	2017 年
乡村卫生室（个）	21445	21220	20945	20832	20652	20555
乡村医生和卫生人员（人）	37760	36328	36294	36019	34684	35109
乡村医生所占比例（%）	70.06	72.51	71.38	70.50	72.63	71.22

资料来源：贵州省统计局《贵州统计年鉴》（2012～2017）。

二　教育

地处偏远落后地区的贵州，在教育方面与其他中东部地区相比存在较大差异，民族地区农村更是如此。教育资源紧缺，师资力量不足，软硬件落后。自我国 1998 年提出在农村地区实行集中人力与资金的"集中资源办学"模式以来，原来民族村落中存在的很多小学、中学纷纷拆除或者合并，只有极少部分中心村保留下部分小学，其他中小学均统一建在较为集中的乡镇，初级中学均建在乡镇一级行政单位所在地，高级中学则仅建在县级以上地区。从表 4 - 2 可以看出，2012～2017 年，5 年时间里贵州少数民族地区小学学校数量从 614 所减少到 506 所，短短 5 年之内减少了 108 所小学学校。2017 年小学在校生人数与前两年相比出现一个较大的减少现象，这是否与学校的减少存在必然联系呢？民族地区公共教育资源匮乏，基本没有设置学前教育机构，甚至有部分村落（如交河村、老海村、雄跨村）连小学也没有，几乎所有的村均没有中学，在没有公共交通的情况下，孩子们上学是一件十分困难的事情，交通是影响民族地区孩子上学的关键因素之一。把原本分散的教学点集中起来的办学模式，对于国家而言是集中办学，是一种集中资金、师资、基础设施等资源的措施，但相对于受自然环境和地理条件限制的西部地区而言，这种措施忽视了地形地貌复杂、交通设施落后、求学孩童生理条件以及民族地区家庭需要等相关现实问题。农村家庭除了承受接送压力及其伴随的经济负担和相关风险外，还要面临学童在校期间生活、安全、犯病、不适、厌学、辍学等多方面的担心与压力。① 贵州农村地区的居民大都居住于偏远山区、深山或丘陵地带，公共交通不发达，孩子上学只能靠步行，且大多数孩子都是留守儿童，要么是父母在外务工由年迈的爷爷奶奶负责照顾，或者是父亲在外务工由母亲一人照顾，家里人都没有更多的时间或条件亲自接送他们上学，只能由孩子每天自己步行往返于学校与家庭之间，这给年幼的孩子带来了沉重的身心负担。民族地区村落几乎均未设置学前教育机构，小孩如需接受学前教育，只能前往镇上或者更远的地方。所有少数民族村落几乎都没有初级中学，孩子要完成九年义务教育，初中三年必须前往镇或者其他地方。由于离家较远，民族地区的孩子们在初中阶段就开始离开家庭，离开父母独自一人住在学校，学校离家都较远，初级中学离村最近的也有 1 公里，最远的有 13 公里，所以孩子们每周只能回家一次。并且在一些没有小学的村寨，距离小学所在地路途遥远，山路难行，无人照顾使得孩子们不得不从小学便开始独自一人住在学校，不仅失去享受父母疼爱的快乐的童年，同时还要面对完成学习和生活的双重负担和离家的痛苦，这给孩子幼小的心灵增添了烦恼。

表 4－2　2012～2017 年贵州省少数民族地区中小学学校数

单位：所

指　标	2012 年	2013 年	2014 年	2015 年	2016 年	2017 年
普通中学数	205	211	206	205	206	203
小学数	614	605	588	578	538	506

资料来源：贵州省统计局《贵州统计年鉴》（2012～2017）。

三　产业结构

贵州以山地、丘陵为主，平原较少。山地面积为 108740 平方千米，占贵州省土地总面积的 61.7%，丘陵面积为 54197 平方千米，占贵州省土地总面积的 31.1%；山间平坝区面积为 13230 平方千米，仅占贵州省土地总面积的 7.5%。可用于农业开发的土地资源不多，随着非农业用地增多，耕地面积不断缩小，人均耕地面积不到 0.05 公顷。作为西部典型的"两

---

① 娄世桥：《生活政策学视野下的滇中多民族山区学校布局调整研究》，人民出版社，2018，第 4 页。

欠"地区，"天无三日晴、地无三尺平、人无三分银"一度用来形容贵州。贵州农村地区和其他西部地区的社会经济发展有着相同命运的同时，还拥有自己独一无二的"模式"——"山多—地少、石多—土少、人多—才少"。

传统农业仍然是少数民族地区农村的主要产业，种植结构主要围绕水稻、玉米、土豆、红薯等，种植主要是满足家庭基本生存所需，经济效益低下。民族地区第二、三产业发展滞后，农民经济收入渠道单一，受自然因素等外在条件影响较大。加上可耕地资源有限，人多地少，单靠农业种植无法满足老百姓的生存和发展需求，部分人口因生态环境、耕地资源等因素制约，长期在温饱线上徘徊。首先，民族地区在土地资源拥有和使用方面，印证了贵州山多地少的特点，可使用土地资源和人均耕地面积显得尤为稀缺。外出务工收入则成为民族地区农村家庭经济收入的重要经济来源。其次，随着人口流动力度不断加大，老百姓经济收入有所增加，耕地的使用率开始下降，裸耕、弃耕、少耕等开始普及，人口流出家庭在农业种植上大多实行有选择性耕作，只种植一些水稻、玉米、蔬菜等农作物。近几年，在精准扶贫政策影响下，贵州通过土地流转、"三变改革"、党建引领等形式多样的模式探索推动产业脱贫，探索出以蔬菜、食用菌、中药材、生态家禽养殖等为主的民族地区农村产业发展模式，带动农民走产业脱贫发展道路，推动农村产业结构转型发展。

四　组织发展

少数民族地区农村基层组织发展较为滞后，组织设置、组织结构、组织运用情况等存在参差不齐现象。基层政治组织和村民自治组织从基础设施到人员配备与发达地区相比存在较大的差距，组织机构设置单一，组织结构和人员配置不健全，部分少数民族村落连基本的办公用房也没有，村委会主任或支部书记家成了临时办公场所。民族地区基层组织办公设施落后，设备严重缺乏。办公方式主要依靠"人—人"传统模式，只有个别村拥有办公使用的电脑、复印件、打印机、网络等。但是，一方面，这些设备形同虚设，"村支两委"干部基本无人会使用，也只是摆设罢了；另一方面，这些设备大多是乡镇一级淘汰下来或者其他个人或部门捐赠来的，设备已经老化、陈旧，根本无法正常使用；更为重要的是，网络对于民族地区农村而言基本处于瘫痪状态。由于民族地区经济与地理条件限制，移动通信发展还不完善，光纤布置基本是空白，依靠移动数据流量上网，这样一来，数据流量网络使用费用昂贵，在村级经济条件本身有限的情况下，农村存在无人买单或买不起单的问题。受山区自然、气候、地形等多种不可抗拒因素影响，网络速度较慢，无法满足正常办公需求。且大多数民族地区"村支两委"均存在一人多岗、政事不分的情况，工作主要听从乡镇一级或上级政府部门安排，缺乏主动性、创新性和自主性。最为困难的是村级组织基本没有固定的经济来源，只能依靠上级政府的政策性拨款，在经费不足的同时经费使用受到制约，导致基层组织的自治功能和作用不能得到正常发挥。迫于家庭经济压力，大量青壮年劳动力外出务工，基层村组织内大多岗位只能由一些较为年长者或妇女担任，甚至有部分年轻村民虽然担任职务，但常年在外务工，基本不参加村落组织内部事务。

近年来，在国家精准扶贫政策的影响下，部分民族地区发展起来一批经济、文化、社区发展等方面形式多样的地方性组织。从贵州省统计数据来看，在2016年前贵州基本不存在农民专业合作组织，从2016年开始，全省各地纷纷开始组建成立各种农民专业合作组织。2016年全省有农民专业合作组织31986个，2017年为44730个。这些农民专业合作组织的成立，吸引了部分外出务工的农民返乡创业就业。第一，依托外来资源，建立经济合作组织，开展技能培训。如像恒大集团等以经济、技术、产业为基础建立起来的各种农产品种植园，以这些产业园为依托，建立农民技术培训班。第二，以政府为主导，推动少数民族地区特色经济文化组织发展。建立电商平台，使少数民族特色农产品线上线下销售；构建民族特色文化库，以少数民族传统饮食、服饰、艺术等民族特色文化为载体，建立地方文化旅游合作组织，推动民族地区文化旅游产业发展。第三，民间团体或公益组织深入民族地区提供社会服务，推动地方经济社会发展。它们主要针对少数民族地区大量青壮年劳动力外出务工而存在的"三留守"问题，深入社区，为"留守儿童"、"留守妇女"以及"留守老人"提供关爱和支持活动，同时培育民族地区地方基层社会组织。

第二节　人口流动对流出地的积极影响

新中国成立以来，受各种因素影响，经济发展十分缓慢。直到1978年12月十一届三中全会提出实行对内改革、对外开放政策，1979年7月15日，中央正式批准广东、福建两省在对外经济活动中实行特殊政策、灵活措施，我国迈开了改革开放的历史性脚步，对外开放成为中国的一项基本国策。1992年中国改革进入新时期。经济体制改革促使大量外企进入中国，在东部以及沿海地区建厂，大量农村年轻未婚男女青年向城市流动，中国出现了历史上有史以来第一次人口流动大潮，即"打工妹""打工仔"的潮流。随着改革的不断深入，城市化建设步伐持续加快，城市中大量第二、三产业快速增长，尤其是一些劳动密集型产业的发展，急需大量农村劳动力前往城市地区从事工作。随着改革进入深水区，西部农村地区富余年轻劳动力也纷纷进入进城务工浪潮中，不仅是未婚青年男女外出务工，大量已婚人口也纷纷流入中东部发达城市地区，从事非农产业劳动。受"城乡差距、收入'推拉'"等因素影响，自2010年开始，贵州少数民族地区农村大量富余劳动力开始向外流动，进入城市地区的二、三产业，在推动中国城市地区经济社会发展中发挥了积极促进作用。外出务工不仅给农民家庭增加了经济收入，对改善民族地区农村家庭物质生活条件、提高农民生活水平、解决农村贫困问题具有十分显著的效果。同时，对于那些从未离开过大山的农民来说，外出务工对开阔眼界、增长见识、改变落后观念等方面都起到了积极的促进作用。

一　非农收入增加

家庭经济收入低，经济来源单一，农业产品附加值低，区域性贫困等问题是一直困扰西部地区尤其是类似贵州农村发展的难题。贵州农村地区，耕地资源有限，农业产业结构单一，农民经济收入较低。在经济进入消费时代而收入却远远落后的尖锐矛盾下，传统农业收入远远不能满足农民的生活需求，更不可能推动农民实现同步富裕的总体目标。在内在"压力"与外在"拉力"的双重作用下，少数民族地区农村青壮年劳动力开始走出山门，到城市寻找就业、创业的发展机会。在城市从事非农产业所获得的经济收入已远远高于原本在农村从事农业生产的经济收入。这种向外流动带来的经济收入，不仅可以解决少数民族村落人多地少的紧张矛盾，重要的是增加了家庭经济收入，改善了家庭成员的生活质量，实现家庭脱贫致富。2012～2017年数据显示，贵州农村居民家庭现金收入以工资性收入为主，第一产业收入十分有限，年均收入增长幅度不高，而工资性收入则占到家庭现金性收入的绝大部分，且每年都有大幅提高（见表4-3）。

表4-3 2012～2017年农村居民家庭人均现金收入

单位：元

指标	2012年	2013年	2014年	2015年	2016年	2017年
第一产业收入	—	—	971	1161	1297	1295
工资性收入	1976	2572	2520	2895	3207	3630

资料来源：贵州省统计局《贵州统计年鉴》（2012—2017）。

外出务工所获得的非农工资性收入已经大大地改善了贵州农村家庭的生活质量，使农民的生活水平得到很大的提高。2012～2017年，农村家庭耐用消费品拥有数量逐年增加，其中近两年电视和手机已经覆盖所有家庭，而手机的拥有量已经远远超过家庭数量（见表4-4）。和其他地区的农村一样，流动人口家庭中几乎家家户户都装有的电视成了留守人员了解外界、闲暇娱乐的重要工具，所有人口流动家庭都已经使用上了移动电话，大部分流动人口家庭把非农工资收入用来新修或改建住房，民族地区随处可见现代化的小洋楼，大部分家庭已经有了独立的卫生间，45.4%的农村家庭已经安装了电热水器，冰箱、洗衣机等家用电器开始在农村家庭中普及，甚至有部分流动人口家庭购买了电脑、摩托车、小轿车等现代交通通信工具。

表4-4 2012～2017年农村家庭耐用消费品（每100户拥有数）

指标	2012年	2013年	2014年	2015年	2016年	2017年
电视（台）	95.9	96.5	98.9	101.8	103.1	104
冰箱（个）	45.2	50.4	58.6	62.4	77.6	82.3
洗衣机（台）	69.8	69.6	75.2	77.8	89.8	92.0
热水器（个）	12.0	13.8	19.6	21.6	37.4	45.4
摩托车（辆）	39.0	41.4	48.4	54.9	55.7	54.2
手机（部）	173.3	190.1	218.1	227.3	240.6	255.5

资料来源：贵州省统计局《贵州统计年鉴》（2012～2017）。

二　子女教育受到重视

近年来，子女教育在贵州民族地区农村越来越受到重视，传统封建思想观念正在发生变化。以前外界对少数民族地区所贴的"野蛮、落后、保守、男尊女卑"等传统标签，已经逐渐发生变化，人们的思想越来越倾向于开放、平等、自由、民主。随着民族地区大量人口流动，他们在中东部发达地区或其他城市地区从事非农业劳动，并长时间生活在这些经济、文化、科技相对发达的地区，长时间的非农村生产促使他们越来越认识到知识的重要性，他们在思想观念和子女受教育等方面也逐渐产生变化。"女子无才便是德"的封建教育思想逐渐被"男女平等"的现代教育理念取代。人们开始意识到孩子上学越多越好，并且大部分家长希望子女学业到大学及以上，至少也应该要到初中或者高中。从这些反应可以看出，子女教育问题在民族地区农村的重视程度已发生了巨大的变化。其他研究中指出的因人口流动带来的新一轮"读书无用论"在贵州民族地区并不存在，与此相反的是，这些流动人口在与外界交流合作和工作过程中，发现只有重视对子女的教育，才能不像自己一样吃文化少的亏。在这些人口流动的少数民族家庭中，教育开支占据了家庭经济收入的绝大部分，并且在部分人口流动家庭中，当前并无子女上学，他们选择把钱存在银行，为孩子将来上学做准备。他们表示："孩子要是考上高中或者大学，花钱更多，现在年轻多挣点存着，将来孩子上学才不愁。"这既体现了少数民族家庭对子女教育的重视，同时也反映出贵州少数民族地区农村家庭子女教育负担的沉重。虽然国家在九年义务教育阶段做出明确要求免除学杂费，地方政府也纷纷响应号召，在农村义务教育阶段学校实行免收学杂费和补助公用经费政策，使农村义务教育得到保障，同时强化了政府对农村义务教育的保障责任，普及和巩固九年义务教育。与此同时，贵州省委省政府、省教育厅、各地州市教育部门也制定了相应的实施方案，给农民减轻教育重担。但是自国家实施集中资源办学后，原有村落中、小学纷纷拆除，中心小学、初级中学以及高级中学等离家都比较远，受贵州地理条件和民族地区农村交通设施等限制，学生往返学校十分不便，同时，小学阶段的孩子年龄较小，自行上下学十分困难，只能选择中餐在学校吃，这给农村家庭在饮食、住宿、往返交通等方面额外增加了不少经济负担。

三 农村产业结构转变

1. 带动第二、三产业融合发展

民族地区农村大量富余劳动力集中向外流动，对推动地方经济社会发展、产业结构转型和社会结构转变以及城乡一体化建设发挥着十分重要的作用。一方面，少数民族地区大量青壮年劳动力集中向外流动，导致地方人力资源缺乏，"迫使"留守农民使用机械化进行耕种，减轻劳动力缺乏压力。牛是以前少数民族家庭在农业生产劳动中的主要生产工具，如今牛已经从生产工具转变成餐桌美食。耕牛已经不再是农户农业生产的必需品，大量劳动力向外流动，留在家的大部分是老人、小孩或妇女，养牛这种需要占用一个劳动力专门照顾的工作便变得较为困难，绝大部分人口流出家庭放弃饲养耕牛，改为购买小型农机或租借机械耕种工具进行农业生产。中国传统少数民族农耕文明，遵循着"人畜合作"即"牛耕＋人种"的种植模式。这种传统耕种方式需要消耗大量的时间和人力成本，并且生产效率低下。耕牛的养殖成本较高，农闲时需要专人伺候耕牛，农忙时更要对其细心照顾，加强营养，一旦耕牛生病或劳累将会影响农户一年的农业种植和粮食收成，具有较大的不可控风险。如今，随着大量劳动力外流，家庭劳动力成员减少，促使大多数少数民族家庭不再饲养耕牛。部分经济条件较好的或可以操作农机的家庭开始自己购买农机用具取代传统耕牛，实行机耕种植；部分家庭因资金原因或技术原因，没有自家购买农机用具，他们采取租借方式完成农业生产。租借完成农业生产有两种方式，一种是单纯只向有农机用具的家庭租借，待拥有机器的家庭完成自己家农业生产，不再使用工具时，工具方可租借出去；另一种情况是，农机用具和劳动力一起租借。即按每天150～200元的工资，工具和人一起租借。他们一般针对那些家庭青壮年劳动力均在外务工、家里只有留守老人的家庭提供耕地、播种、收割等一系列农业生产服务，进而形成了"劳动工具＋劳动力出租＝收取工钱"的"现代职业农民"服务模式。随着越来越多的农村人口流入城市地区，他们从传统的农业生产中脱离出来，到城市地区从事二、三产业，获取非农工资性收入，这不仅推动了少数民族地区留守人员的职业转变，更重要的是，这些向外流动人员本身同时也发生了变化。调查数据显示：贵州少数民族地区农村向外流动人员，在城市地区所从事的职业主要集中在二、三产业中的建筑、服务、加工业等非农产业，部分流动人口在城市从事水果经营、杂货销售等个体经营活动。无论是从流出人员的身份转变来说，还是从留守人员的职业转变而言，少数民族地区的人口流动事实证明了农村的经济收入结构从以传统农业收入为主，转向农业收入、非农收入并存，并出现了以非农工资性收入为主的"职业化"经济多元收入格局。显然，这一格局变化，不仅拓宽了少数民族地区农村家庭的经济收入渠道和来源，而且减少了单纯依靠传统农业收入的风险。"专业化""民族性"服务模式与商业机构的诞生，不仅使留守人员从传统单一的"农民"身份中剥离出来，开始向服务农业、服务农村、服务农民的职业型劳动者转化，同时也催生农村职业结构向多元化方向发展，为推动农业现代化、农民职业化、城乡一体化提供了有利的基础与条件。

民族地区大量劳动力向外流动，家庭农业生产从业人员减少，部分流动家庭开始对现有耕地面积和内容进行有选择性的种植，以减轻家庭成员劳动压力。与此同时，部分家庭在农业生产繁忙季节雇用劳动力，以解决家庭男性劳动缺乏带来的重体力劳动问题。这不仅解决了劳务输出家庭因劳动力缺乏影响农业生产问题，同时也减轻了留守家庭成员的劳动负担，把留守家庭成员从繁重的体力劳动中解放出来，使他们有了一定的赋闲和自由支配时间。部分留守妇女开始利用这些赋闲时间去参加唱歌、跳舞、刺绣等民族传统文化艺术的学习和表演，在提高自己知识、技能的同时满足精神需求，填补因丈夫长期不在身边带来的情感空虚和寂寞；部分留守人员会利用孩子假期，带着孩子去家庭成员务工地旅游，享受全家团聚带来的精神喜悦，促进家庭成员精神生活质量的提高。

2. 加快农民职业转型

职业结构转变不仅仅体现在以男性为主的职业农民的诞生方面，部分留守妇女也从人口向外流动中发现商机。人口流动导致农村劳动力缺乏，但同时家庭经济收入增加，农民消费水平提高，一些头脑较灵活、有胆识和商业头脑的留守妇女开始抓住商机，带头组建"农村家政服务队"即当地人称"一条龙服务"。她们大多数由一个村或一个村民组的某一个或几个留守妇女牵头，几户人家集体出资购买从事家政服务需要的工具，包括锅、碗、瓢、盆、筷、桌椅以及一些简单的可移动式家用餐具，以按天为单位计算工资的"餐具＋厨师＋服务员"的一条龙餐饮服务模式，主要针对农村有"婚丧嫁娶""乔迁满月"等各类酒席的家庭提供上门服务。一般主要负责人一天收入在400元左右，主要负责人就是家政服务队的牵头人，是家政资产的主要购买者，同时也是对外联络人，一般村里有酒席需要办，村民就会主动联系她，由她负责召集前去服务的人员。当遇到她们自己的人手不够时，比如在春节的时候，外出务工人员纷纷回家过年，村里会出现一种集中办酒席的现象，这时家政服务队就会特别忙，她们需要临时找服务人员前去帮忙，这些帮忙的人员工资按天计算，每天在 100 ~ 150 元，由家政负责人给付，办酒席的家庭只需按与家政服务负责人谈好的价格付给负责人就好。这些从事家政服务的留守妇女们，她们大多并没有经过专业的厨师、餐饮服务培训，也并未在工商、税务或食品卫生等部门登记注册，她们根据主人所提供食材做一些家常菜。与此同时，部分留守妇女利用民族文化资源，开启了文化产业服务社，她们把传统少数民族手工技艺、文化遗产以及民族特色等进行商业化运作，通过开办民族特色手工刺绣合作社、民族特色食品加工店、少数民族歌舞表演队等获取非农收入。

四　储备人力资源

民族地区农村人口流动是当地村民自身发展的需要，也是我国实现共同富裕和小康社会发展的迫切需求，同时更是工业化、城镇化、现代化进程中的必然趋势。自 20 世纪末 21 世纪初开始，贵州民族地区农村的少数民族同胞们在快速城市化建设发展和民族地区发展滞后的双重推拉作用下，放弃原本传统单纯农业生产劳动，从第一产业中走出来，从最初的流动到中东部沿海发达地区，到现在遍布全国城市地区，甚至部分人员到国外从事第二、三产业劳动。与传统农业耕作方式相比，他们在城市地区的第二、三产业劳动，无论是在劳动分工还是在技术要求方面都比传统的农业生产种植要精细，为了适应城市地区的工作、生活以及环境需要，更是为了提高经济收入，他们会主动或被动地学习新知识、掌握新技术，以适应所在劳动领域的需求。他们在这种非农产业中通过理论知识的学习和实践技能的不断训练，基本掌握部分现代化工具的操作和使用，成为民族地区农村新知识、先进技术的引领者和精英人才，是民族地区社会经济发展的储备人才，对将来民族地区经济社会发展起到举足轻重的作用。

流动人口进入发达地区或其他城市地区工作生活，受到现代都市多元文化的熏陶和感染，在思想上与城市文明和异文化产生碰撞。日常生活中不得不与其他民族人口进行交流互动，了解和认识非本民族文化，并受城市地区的同化和影响,逐渐转变自己传统的思想观念、文化习俗、行为方式等,为融入城市而努力学习和使用普通话,用非民族语言与其他民族的人们交流。随着现代信息技术的不断推广,计算机、人工智能等现代通信工具的普及,电脑、智能手机已经成为日常生活中必不可少部分,流动人口通过互联网络与远隔千里的家人视频聊天,利用丰富的互联网与媒体资源了解相关求职招聘信息;在长时间与城市人的交流互动中,他们渐渐适应快节奏的城市繁华生活,在城市文明的影响下,他们开始改变陈规陋习,学会遵守城市的文明行为规范;在与城市社区文化活动的互动中,他们已慢慢被现代文明的城市生活同化,学会并掌握了现代先进的科学技术。调查显示,大量进城务工人口,他们表示进城后主动或被动地学习第二、三产业中生产所需技能,一些流动人口在企业内部提供的专业技术培训中获取现代生产技术。与此同时,年轻的外出务工人员开始认识到技术、知识、问题以及能力的重要性,自己主动掏钱去学习新技术,部分外出务工人员还参加过染布、车床、汽车驾驶等技能培训,这些技能的掌握对将来他们返乡就业或创业创造了条件,为民族地区社会经济发展提供人才资源储备。

五　拓宽就业渠道

农村社区一直以来都是以血缘、地缘为纽带建立起的社区共同体,在这个共同体中,人们依靠习俗、信仰、情感等初级社会网络维系着,大家守望相助,农业是他们世世代代赖以为生的职业。从业人员没有严格或明确的分工,子承父业循环反复,基本没有离开过自己的职业和岗位。随着20世纪末人口流动在民族地区开展后,长期固守第一产业的单一工作模式被打破,大量农村富余劳动力流向城市,在第二、三产业中从事着建筑、加工、服务、个体经营等职业,与流动前的纯农业种植相比,他们的职业构成和家庭收入结构都发生了很大的变化。他们的收入结构已经从传统的以农业收入为主,转向以非农收入为主、农业收入非农收入并行的多元收入结构。人口流动在增加家庭经济收入的同时,减少了单纯依靠传统农业收入的风险,农村人口的身份也从传统的农民身份转变成为农民工。这种职业类型的转变,对于民族地区流出人口本身和民族地区地方经济社会发展而言具有十分重要的意义。一方面,对人口流出农户体而言,改变了传统单一的家庭从业模式,增加了家庭成员的就业渠道,拓展了职业选择路径，增强了家庭抗风险抵御能力，提高了家庭经济收入。另一方面，这些劳动者通过在城市地区企业、工厂等工作场所工作，本身的知识、业务能力、人际交往能力、经营管理理念、服务意识等，为将来的职业选择和自身发展提供了良好基础。从民族地区社会经济发展而言，改变传统经济收入单一格局，为民族地区经济社会朝着多元化发展创造了条件。

第三节　人口流出给流出地带来的困境

民族地区农村大量劳动力人口向外流动，在增加家庭经济收入、提高家庭成员物质生活水平、拓展就业渠道以及推动民族地区农村经济社会结构转型、促进中国城乡一体化建设等方面发挥了十分重要的作用，具有重要的现实意义。但是，在承认职业转型与非农收入带来好处的同时，我们也必须面对民族地区农村大量人口流动所带来的卫生、计生、医疗、教育等公共服务与供给的现实困境。民族地区农村大量劳动力向外流动，导致少数民族精英群体流失，少数民族村落出现"空心化"，"三留守"问题突出，即"留守老人、留守妇女、留守儿童"困境严重，"老、弱、病、妇"成为当前农村地区的主要群体，从而导致农村地区因劳动力匮乏而影响农业生产，少耕、弃耕、裸耕等现象普遍存在。大量人口流动，尤其是已婚男性劳动力的流出，使传统家庭结构发生巨大变迁，家庭功能发生改变，少数民族文化传承后继无人，家庭面临潜在危机，也使民族地区政治、经济、文化发展受到不同程度的影响。

一　人力资源缺乏

农村人口流出与农户农业生产之间的关系会随时间和环境的改变而变化。农村劳动力流出会给农户的农业生产带来复杂影响。[①] 贵州民族地区农村受各种社会经济条件的限制，地方组织发展严重不足。从目前组织发展情况来看，虽有部分地方有社会经济组织，但其运行情况不容乐观。农村社区治理依然是以传统的"村支两委"为主，参与治理主体较为单一，

①　梁海艳：《中国流动人口之矛盾：空间集聚与生活隔离》，经济管理出版社，2018，第61页。

与十九届四中全会提出的实现国家治理体系和治理能力现代化存在较大差距。与此同时，随着民族地区大量青壮年劳动力向外流动，民族精英流失严重，少数民族村落自身人力资源存量不足，留守人员对于投身民族地区经济社会建设与推动村落计生卫生公共服务建设显得力不从心。在非农家庭经济收入增加带来的家庭成员物质生活质量有所改善的同时，民族地区农村社区却出现了整体衰败的景象。基础设施较为落后、公共产品供给不足、公共服务不到位、交通通信欠发达、建设资金投入单一且严重不足等问题凸显。

1. 公共服务管理人才匮乏

在经济利益触动和收入差距的影响下，民族地区农村大量党员干部，特别是那些有文化、有技术、有思想的本土精英群体集中向外流动，"村支两委"人员和地方领袖缺乏，只有以老人、妇女、儿童为主的"386199部队"看守故土。地方基层组织建设严重缺乏领军人才，自发优势和动力严重被削弱，"村支两委"基层组织已处于"软、散、瘫"的非正常状况，村落公共事务无人管理，停滞不前。村落社区基层组织基本停留在"等、靠、要"的状态，严重缺乏自发内驱力。"村支两委"组织结构不合理，班子成员身兼数职，一人多岗，政事不分，职责分工不明确是较为普遍现象。工作主要以"应付上级，完成任务"为目标，中心任务和落脚点只针对上级党政部门下达的各种事务性工作，缺乏自主创新意识，更没有社区发展的长期谋划布局。基层社区自治性组织活力未被激发，自治组织能力难以体现，既没有体现少数民族群体利益的代表性，也没有发挥自治组织作为政府与村民之间的桥梁纽带作用，居民参与社区治理积极性严重不足，社会治理困境重重。

农村大量富余劳动力向外流动，尤其是民族精英的流动，"老、弱、妇"留守群体成了农村主力，开展村级自治、村务管理以及地方卫生计生公共服务等方面工作是一件极为困难的事情。首先，留守老人们思想观念较为传统、受教育程度有限，在管理上缺乏新知识、新思路，想问题、办事情的能力远不能适应市场经济快速发展的要求，加上他们年岁已高，身体也吃不消公共事务管理相关的烦琐工作。其次，一些年轻的、受过一定教育的、思想开放的留守妇女成了少数民族地区农村"村支两委"的骨干力量，是村落"参政议政"的主力军。但少数民族地区农村妇女总体受教育程度低，文化水平有限，对市场的认识、研判能力有限，思想比较保守，民主法制意识不强，参政热情和能力不够，难以带领村民走自我发展之道。再次，村落基础设施无人修缮，公共服务无人关心。大量劳动力向外流动，一些公共水利、乡村公路、公用照明等基础设施常年无人管理而破败不堪。青壮年劳动力流出，每家每户自身劳动力都较为匮乏，对于集体公共事务显得力不从心，越来越少有人去关心和修缮公共设施。最后，基层建设经费来源单一，主要依靠政府专项拨款或转移性支付，几乎没有其他任何经费来源，基层组织活动开展困难，无法加大村落公共建设投入，基本公共服务设施十分落后。如学前教育机构，只有在乡镇一级才设有公立幼儿园；公共计生卫生服务机构也只有乡镇一级才有。大量人口流动，导致农村人力资源缺乏，一方面，使村落公共事务无力管理，公共设施无人管理。另一方面，村落的衰败加速推进农村人口向外流动，周而复始，形成一种恶性循环。

2. 农业生产能力减弱

已有的大多数学者研究发现，劳动力外出务工所带来的劳动力流失和汇款流入对农户的农业收入、农业发展资金投入、现代农业发展观念、土地集约经营规模产生积极影响。但大量农村人口流出，也造成了农村土地大量闲置、劳动力资源紧缺、现代农业技术推广困难等问题。[①] 贵州民族地区农村地形、地貌特征较为复杂，家庭可利用土地资源分布大多都处于山坡或峡谷地带，部分耕地处于乱石之中，土地较为分散，基本不存在集中连片，农业生产只能以户为单位，依靠人工劳动，维系传统种植，无法进行大面积的现代化机械农业种植。[②] 随着农村人口向外流动，特别是已婚男性劳动力向外流动的增多，留守人员基本是以"老、弱、病、残"为主的弱势群体，他们本身无法进行繁重的农业生产劳动，只能采取结构单一、操作简单的"毛种"（土地不用耕、翻，直接将种子或种苗种在未经任何处理的土地里，任其自然生长）模式，或者只针对那些距离较近、相对较容易耕作的田地种植，主要以水稻、玉米或蔬菜等生活所需农作物为种植对象，种植面积大大减少。无论是选择部分种植还是全部种植的家

① 梁海艳：《中国流动人口之矛盾：空间集聚与生活隔离》，经济管理出版社，2018，第61页。

② 虽然村里有部分家庭购买小型农机用具实行机耕种植，但不是每家都有，如要实行机耕，则需要支付机器的租金和机器操作人员的报酬，成本较高，一般家庭很少采取雇工机耕的模式。

庭，他们的种植模式和种植内容都发生了很大变化。如今种植只是为了补充家庭成员生活需要，而不是作为家庭经济收入来源。从而选择降低农业生产成本投入，造成农业产值低投入、低收获现状。部分家庭选择放弃土地耕种，主要依靠在外务工人员的非农经济收入来购买粮食、生活必需品维持家庭成员生计，家庭成员逐渐开始脱离农业生产，过上与城市居民一样的生活。1996 年第一次农业普查时，我国 50 岁以上的农业人员比重为18.1%，2006 年第二次农业普查时上升至 32.5%，10 年上升了 14.4 个百分点。2016 年第三次全国农业普查时，农业劳动力中 50 岁以上的从业人员所在比重超过一半。① 农业劳动力老年化，必然影响农业生产。民以食为天，某一地区粮食匮乏不仅会影响到该地区粮食危机，同时也会影响到其他地区甚至全国的经济社会发展和社会稳定。农民不种植粮食作物，依靠到市场上购买来维持生活，这不仅会影响到农村地区农业生产发展，危及农业生产的可持续性发展和粮食安全，也会影响流动人口所在区域自身，同时还会影响其他地区的粮食安全和社会稳定。

二 家庭结构与功能变迁

自古以来，家对中国人而言有着十分特别的意义。每个人对家都存在无比依恋，家是心灵的港湾和温暖的依靠，尤其是在中国传统的农村。家不仅是情感的纽带，更是政治、经济、文化以及社会关系的重要象征。正如费孝通先生笔下所言，"在中国的乡土社会，生于斯、长于斯，生老病人都没有离开过那片土生土长的故土"。可自改革开放以来，尤其是近 20 年来，中国农村家庭结构发生了巨大变迁，城乡二元结构差距下，农村大量人口流动进城务工，形成了中国有史以来最大规模"人口流动"大潮，使家庭成员被迫分离，使农村完整的家庭"支离破碎"。原本一个完整的家庭成员被分割为以流入地为依托的流动家庭和以流出地为依托的留守家庭的"二元家庭"结构模式，② 导致传统家庭结构和家庭功能发生巨大变迁，并产生很多家庭矛盾和危机。

---

① 梁海艳：《中国流动人口之矛盾：空间集聚与生活隔离》，经济管理出版社，2018，第64 页。
② 梁海艳：《中国流动人口之矛盾：空间集聚与生活隔离》，经济管理出版社，2018，第73 页。

1. 婚恋观念转变

费孝通先生曾在《乡土中国　生育制度》的研究中指出：中国的家庭主轴是在父子之间，夫妻关系是配轴。[①] 2000 年以后，贵州民族地区农村大量人口流动，特别是已婚男性劳动力流动，导致家庭结构中的重要角色缺位，家庭关系轴心开始发生改变。从传统社会中以亲子关系、血缘关系为纵向关系发展的"纵轴式代际交替关系"向"平行式姻缘关系"转变。单亲、未婚同居以及丁克等新型家庭结构在农村已初见端倪，视婚姻为两性关系契约的少数民族传统婚姻家庭观念被打破。大量未婚青年男女进入城市地区，受城市多元文化、开放思想、潮流因素等影响，其婚恋观念、择偶行为、婚礼仪式等开始转变，传统文化和道德习俗约束逐渐失去效力，离婚、未婚先孕、未婚同居等思想理念和行为方式逐渐在他们生活中呈现。离异、未婚生育、未婚同居以及丁克等新型家庭结构在农村家庭中已不再是新鲜事。婚恋观念转变在打破传统封建思想的同时，也给农村计生卫生公共服务工作带来了新的挑战。

2. 居住方式多元化

以男性为主轴，传宗接代、养儿防老、随夫居是传统少数民族家庭一直以来的风俗习惯。随着人口流动，受城市文明、新婚恋思想影响，婚后居住方式也呈现多元取向。婚后居处是指婚姻当事人在成婚之初的居住形式。少数民族地区农村大部分实行夫方父系家庭制度，男女双方结婚时，只要条件具备，一般情况都是从夫居，即在结婚之初，夫妻一般都随男方的父母居住。只有十分特殊情况下才会选择从妻居（做上门女婿）。少数民族地区传统意义上的新婚夫妇是和父母居住一起，几年后，要么等孩子出生，要么是家里其他兄弟姐妹成家，便另立火塘，算分家。之后便是各自小家庭独自居住，但居住地往往离男方父母家的距离都不会太远，并在家庭重大决策和参与社区活动中依然要听取或征求父亲或长兄意见，并不能随自己意愿行事。如今，随着少数民族地区农村未婚青年男女进城务工，受城市新思想影响，他们在对待婚恋观念、家庭居处及居住方式等方面已经发生较大变化。新婚夫妻在居住地和居住方式的选择上倾向于自由、自愿和随意。他们不一定必须跟随传统选择从夫居，同男方父母一起居住。部分新婚夫妇选择婚后双双前往城市打工，远离父母，在城市中租

---

① 费孝通：《乡土中国　生育制度》，北京大学出版社，1998。

房居住，虽从家庭关系上看仍然是从属于父母大家庭，但他们在城里都拥有了较为独立的经济、生活以及人际关系，实际意义上也算独立的家庭。部分夫妇会选择从妻居，婚后妻子与女方家父母住在一起，丈夫继续外出打工，每隔一年或几年回到男方父母家中探视亲属。这部分夫妻大多属于在外打工认识，且妻子或丈夫并不是本地人。当然也有一部分向外流动青年，遵循传统，回到男方所在民族地区举行结婚仪式并选择从夫居的居住方式，与男方父母一起居住，婚后丈夫继续外出打工，妻子与公婆一起在家生活。

3. 教养、赡养功能弱化

随着新生代流动人口的比重不断上升，"80后""90后"青壮年劳动力已经成为农村人口流动的主要群体，占到50%以上。这些青壮年都已经结婚并育有子女，是农村家庭的核心力量，在家庭中本应该承担养育抚育子女、赡养老人的重要角色。他们向外流动，使家庭核心成员缺位，传统抚养、教育以及赡养功能减弱，民族文化传承出现危机。贵州是西部内陆地区，教育资源较为薄弱，民族地区农村的教育发展更是普遍落后，90%以上的村落都没有小学，村落均无幼儿教育机构等公共服务设施，孩子们的学前教育完全依靠家庭自行完成。家庭在孩子的初级社会化、语言形成、道德规范、习俗信仰以及文化认同等方面发挥着十分重要的作用。父母本应是孩子学前教育阶段的重要"老师"，也是孩子最好的游戏伙伴与榜样。通过日常生活中角色的扮演与训教，孩子们掌握本民族与社会所需要的基本的语言、规范、习俗、传统文化，从而塑造孩子正确的价值观，引导孩子积极健康成长。特别是在传统技艺方面，通过言传身教，孩子们在游戏、玩耍中学习与模仿，自然地掌握民族技艺、民间文化、习俗规范、生活技能等，自觉成为民族文化的家庭继承人。随着大量已婚男性的流动，父亲这一重要"导师"角色长时间缺位，隔代教育（grandprening - eduation）或母亲的"单一"教育成为主要教育方式，孩子们的教育处于一种"放养模式"。初级社会化中"导师"缺位，使孩子在角色认知、价值判断、文化认同等方面出现模糊，民族文化传承上出现断裂问题。居家养老仍然是当前中国农村地区的主要养老模式，尤其是少数民族家庭更是如此。"养儿防老"的观念仍然根深蒂固，家庭仍是老人的重要归属之处，就算养老机构足以满足老人的基本需求，老人也不愿意去养老机构，更愿意由子女赡养。随着大量劳动力大量向外流动，为了帮助家庭解决农业生产活动中劳动力紧缺问题，60 岁以上的老人不仅仍然从事着农业生产劳动，而且还要代替子女抚养孙辈，老人们没有享受应有的天伦之乐。留守老人、空巢老人在当前民族地区农村越来越多，越来越普遍，家庭养老功能减弱，养老问题已成为农村家庭面临的重大问题。

三 潜藏风险与危机

1. 家庭抗风险能力减弱

贵州农村属于喀斯特地形地貌，受自然条件影响较明显，基本是"靠天吃饭"，家庭自身抗风险能力差。随着家庭主要劳动力外流，遇到干旱、水涝、泥石流等自然灾害，老弱幼小的留守成员根本无法抵御，在外务工人员因家庭陷入困境而显得进退两难。2008 年贵州曾遭受严重的自然灾害——干旱以及凝冻，当年农村家庭颗粒无收，老百姓基本生活用水也成问题。那些人口流动家庭，家里只剩老、少、弱等家庭成员，无法步行到数公里甚至几十公里以外的大山里去寻找生活用水。为了解决家庭成员的生活困难，外出务工人员只有放弃工作，纷纷返回家乡，帮助家人解决生活用水。他们离开城里就无法继续从事非农产业劳动，也就失去了家里的主要经济来源，加上家里又遭自然灾害，农作物没有收成，从而导致家庭生活陷入双重困境。受突如其来的新冠肺炎疫情影响，城市地区停工、停产，一直在外务工的流动人口，不得不滞留在家，失去工作的同时也就失去了经济来源，给家庭生活带来巨大压力。与此同时，在外务工人员工作流动性较大，风险高，稳定性差。大部分务工人员的工资结算方式都是用工单位或老板个人说了算，没固定的时间规定，如果遇到工程问题、老板拖欠或意外情况，务工人员则会面对分文无收的现象，家庭成员生活又会面临危机。

2. 家庭稳定性受影响

父母与子女、夫与妻这两种关系是家庭组织的基本轴心，在中国所谓的家，父母与子女的关系更为重要。[1] 家庭关系是家庭成员之间的关系，如夫妻关系、亲子关系、婆媳关系等，它表现了家庭分子间不同的联系方式和互动方式[2]。改革开放以后，随着大量农村人口向城市流动，农村的

① 费孝通：《江村经济——中国农民的生活》，商务印书馆，2001，第 43 页。
② 潘允康：《家庭社会学》，中国时代经济出版社，2002，第 183 页。

家庭结构开始发生变化，传统的主干家庭、联合家庭逐渐减少，而隔代家庭、分离的核心家庭越来越多，传统家庭原有那种稳定的"三角关系"（见图 4 - 1a）或以"三角关系"为轴心发展而来的"双三角形关系"（见图 4 - 1b）因家庭结构中核心人物的流出导致失去了平衡，导致支撑的主轴和联系纽带空缺，只有缺位的"虚三角关系"（见图 4 - 1c）或"虚双三角关系"（见图 4 - 1d），稳定和平衡被打破，传统家庭变成现在的空间隔离的分居式家庭。

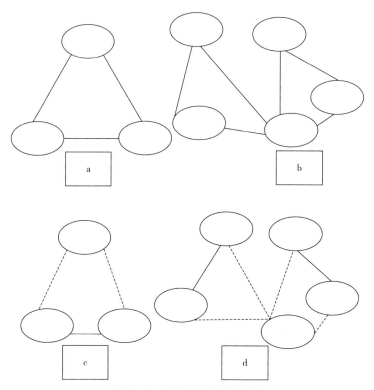

图 4 - 1　家庭关系结构示意

　　传统的民族地区农村家庭大多数以主干式家庭为主，父权制在民族地区农村家庭中较为普遍。农村家庭仍遵循着"男主外，女主内"的传统家庭管理模式。家庭成员中男性地位较高，是家庭中的核心角色，对于那些已婚的成年青壮年男性更是如此。他们在家庭中扮演着儿子、丈夫、父亲等十分重要的角色（贵州民族地区农村，外出务工人员年龄主要集中在18～40 岁这一年龄阶段，这个年龄阶段他们绝大多数已成家），在调节家庭关系平衡上，已婚成年男性是家庭中的决策者和发言人。但当这些家庭核心成员外出务工后，传统家庭结构则发生了变化，导致家庭核心角色缺位，维系家庭关系的纽带从核心成员转移到边缘地带，这种长期的家庭成员缺失，使留守妇女肩负起了既是"儿子"又是媳妇，既是母亲又是"父亲"的多重角色。她们往往应接不暇，心有余力不足，以此作为家庭维系平衡的新纽带，家庭稳定性难以保障。

第四节　加强人口流出地建设的对策建议

农村大量劳动力人口集中向外流动，在促进民族地区经济社会发展方面起到十分重要的作用；为民族地区农村家庭增加经济收入渠道、提高物质生活水平、摆脱贫穷问题等提供了一条快速发展之道；对推进农村地区整体经济发展、推动乡村振兴与城镇化建设、实现城乡一体化与同步小康具有十分重要的意义。但是，从民族地区农村长远经济社会发展来看，大量劳动力资源外流，特别是那些受教育程度高、已经熟练掌握农业生产技术、作为少数民族文化继承者与传承人的青壮年男性劳动力流出，给民族地区自身经济社会发展带来极大影响，导致农村人力资源不足，地方组织发展受限，计生卫生公共设施和公共服务发展受影响，文化传承与保护困难，家庭功能下降，农业生产退后，子女教育、老人赡养等一系列问题，使农村社会治理陷入多重困境。当务之急，政府要加强政策引导，调动各方力量参与社会治理，引导外流人员回流，解决因人口流动带来的经济社会发展问题。

一　加强政策引导，激发社区活力

自然环境恶劣，资源匮乏，基础设施比较落后，公共产品与服务提供不足，农村基层组织资金来源渠道单一，单独依靠国家宏观普适性政策和普惠性资金支持远远不够，地方政府需承担起推动地方经济发展与社会治理的主体责任，加强政策性引导，加大资金扶持力度，结合民族地区农村特色优势资源，因地制宜地制定农业、农村以及农民发展的政策措施，引导民族地区"三农"发展。

1. 加大基础设施建设，完善公共服务体系

贵州民族地区农村基础设施薄弱，尤其是公共交通、通信、教育、医疗卫生、计生、养老等公共服务设施等比较落后，无法满足当地居民生产生活与发展需求，与中东部地区以及非民族地区相比存在较大差距。首先，民族地区农村基层自治组织主要依靠财政支持，资金来源渠道单一，在提高交通、通信、教育、医疗卫生等基础设施建设水平上，只能依靠政府加大对基础设施建设的资金投入力度。政府要加大资金支持力度，改善农村地区基础设施条件，为民族地区农村、农业、农民发展提供基础保障，解决老百姓发展的基本需求问题。其次，政府必须结合民族地区在自然条件、文化习俗、生产生活方式以及地方特色等方面的独特性，有针对性地加大对民族地区农村基础教育的投入，加强硬件与软件方面建设与支持。根据民族地区特点，充分考虑民族地区自身情况，在学校布点、住宿、交通等方面充分考虑民族地区农村特殊性，不能一概而论地实行集中资源办学模式。实现民族地区农村家庭孩子"有学可上，有学能上，上学不愁"。加大在民族地区农村医疗卫生方面的建设投入，为民族地区农村人口提供身心健康基本保障性服务。虽然民族地区农村人口已经普遍实现了"新农合"，很大程度上减轻了家庭医疗负担。但当前，在农村生活的绝大多数是"老、弱、幼、妇"等弱势群体，出门看病也是一个十分困难的事情，加上民族地区交通条件有限，更加限制了老百姓出门看病的可能性。而民族地区村落医疗卫生条件落后，专业医务人员缺乏、医疗器械设备缺少或落后，属于较为严重的缺医少药状况，难以满足当地老百姓基本公共医疗卫生需求。

2. 加强组织建设，优化计生卫生服务

加强村级基层自治建设，积极发展社会组织，加强乡里、亲友之间的自治社会网络建设，为积累和培育社会资本提供有效载体。充分发挥非政府组织的力量，让更多的企业和其他社会力量参与到民族地区村落发展中。通过举办各种社会活动，扩大民族地区人们接触外界的机会，让外界拥有资源和爱心的人士深入了解民族地区的真实情况和处境，培养当地民族精英发展民族经济，推动民族地区卫生计生公共服务发展，推进村落自治。第一，可以加大外界对民族地区人们的了解，消除对少数民族的负面印象，达到各民族协调发展与和谐相处。改变民族地区政府管理的单一模式，加大对民族地区农村居民自治的思想培育和宣传引导，引导民间力量组建各种有益的社会团体和组织，强化公众参与性，让民族地区最广大群众参与到社区的自我发展和建设中来，提高民族地区公共服务水平，推动村落自治。第二，有针对性地引导民族地区农民工回乡创办服务团体和组织，特别是那些从民族地区走出去，在城市地区发展并取得一定成绩的流动人口。加强对他们的引导和鼓励，激励他们回到家乡，投入社会资本，为民族地区社会经济发展和公共服务事业奉献力量。第三，积极鼓励当地村民根据民族地区特色优势组建各种非政府团体，搭建招商引资平台，吸引外来资本参与。如组建旅游、文化、影视娱乐等组织，发展民族特色文化产业。吸引外来专业性社会团体入驻民族地区，为民族地区提供专业性服务，提升少数民族群体社会福利待遇，协助民族地区开展社会活动，优化公共服务。

3. 引进社会工作人才，整合社区资源

社会工作者可以通过整合各种资源，为困难群众、需要帮助的人以及社区发展提供物质、精神、咨询等方面的支持和帮助，以促进个体、家庭以及社区能力提升，适应外在社会，更好地生存和发展。社会工作凭借其专业性、非营利性以及服务性，不仅可以通过社会工作者来帮助民族地区的困难人员、家庭和有需要的群体，同时还可以通过地方政府购买服务等形式，来弥补政府人力紧缺、服务不够专业等不足，从而解决民族地区因人口流动带来的一系列问题。实施政策引导，吸引社会工作机构协同民族地区社区治理。通过专业组织，实现整合资源，提供服务，开展活动，协同促进民族地区农村社区经济社会发展。民族地区大量人口流出，留守在家的老人、儿童、妇女，他们无论在身体、生理还是心理方面都承受着巨大的心理、精神压力。自身能力有限，在处理家庭教育、赡养老人、生产活动、人情世故等事项中，会遇到这样或那样的困难。首先，专业社会工作者在这些问题上，可以通过个案、小组、社区等专业方法，为不同的个人、家庭以及群体提供咨询或服务，解决留守人员的现实困难，减轻在外流动人员的压力，维护流动人口家庭权益，对社区发展将起到十分重要的作用。其次，专业社会工作者可以根据民族地区农村社区情况，整合社区资源，为社区规划、发展提供政策咨询和行动方案。最后，社会工作者可以利用其专业优势，整合本社区以及社区以外其他资源，为社区发展提供帮助。通过对所在社区进行专业评估，了解社区人口及社区本身需求，为社区发展提供策划方案和行动依据。

二 调整产业结构，打造民族品牌

农民要富裕，农村要发展，必须依靠农业产业结构转型，从传统农业向现代农业转变。民族地区要发展，必须得打造符合民族地区农村实际情况的特色农业产业，实现民族地区农村经济社会全面发展。民族地区农村必须加大产业结构调整，优化产业结构，推动特色产业和优势产业发展，实现主导产业与特色产业同步发展，统筹兼顾，带动地方经济社会健康有序发展。民族地区多处于山区地带，人多地少，自实行家庭联产承包制以来，土地包产到户，实行分散自营，产业结构单一，农业种植分散，不成规模，处于自给自足发展状态。如何引导民族地区农村结合实际情况，形成农业产业化、现代化、多元化发展模式，走出一条适合民族地区农村自身发展的产业化发展道路，是民族地区农村经济社会发展的必然要求。实行农业产业化发展，可以尝试主导产业与特色产业统筹兼顾，由点到线、由线到面的产业带建设。从个别村示范性建设，再到整体推广发展，实施区域性连片开发。发展山地生态畜牧业、原生态坚果种植、绿色有机农业种植等，如种植核桃、马铃薯、茶叶、蔬菜、中药材等。在民族地区实行商业化服务运作模式，构建农业产业化合作社模式。即政府引导民族地区群众积极组建农业合作社，由政府提供政策、技术以及销售方面的帮扶，把村民手中分散的土地集中起来进行连片，有规划、统一地种植，实行规模化种植模式。邀请专业技术人员在种植技术方面进行全程指导，村民按土地数量入股，所得收入按股分红，按劳获取薪酬，村民不用走出村寨便能在自己的土地上就业和创业。引导群众因地制宜发展产业经济，转变传统种养殖结构。贵州大多地处山区，气候湿润，海拔较高，森林覆盖率高，空气质量优良，比较适合发展花椒、茶叶、核桃、中草药材等经济作物。民族地区特殊气候和山区地形地貌，也较适合养殖黑山羊、土鸡、野猪等绿色养殖业。

1. 创建民族特色产业链

少数民族群众对自身品牌意识薄弱，缺乏民族文化产品开发与保护意识。随着流动人口的增加，在城市文化与市场经济的冲击下，一些民族地区的人口开始主动放弃民族文化、传统习俗、民族技艺等的学习和传承。政府应加强引导，让少数民族群体深化对民族传统文化的认识和了解，大力宣传少数民族文化，激励人们开发利用好民族文化资源，挖掘发展具有各族文化风土人情的文化产业，结合不同民族间的优势特色创建民族品牌，利用苗族、侗族、布依族等不同民族之间在服饰、语言、习俗、传统工艺等方面的优势，创建不同民族自身的品牌，如苗族银饰、服饰、刺绣等实物品牌；侗族的天籁之音的音乐作品等。其他民族也可以根据自身的特点分别创建自身民族特色品牌，不仅可以把民族文化传承发展下去，而且可以让外界知道、了解、购买民族文化产品，推动民族地区经济社会可持续发展。加大民族地区地方产业发展扶持力度，培育民族地区优势产业和特色产业，带动贫困人口增产、增收，充分利用乌蒙山区丰富的优势特色资源，抢抓国家和地方大力实施产业化扶贫的优惠政策，实现民族地区人口脱贫致富、经济社会快速健康发展。实行"政府引导、市场运作、群众参与、企业带动"的发展模式。把民族地区个体或家庭特色民族特色食品、服饰资源等集中起来，运用市场理念进行品牌化经营，形成集中资源、合理配套的科学、合理发展模式。避免恶性竞争、产品种类重复单一、产品质量低劣状况发生。做到"区域化布局、特色性生产、合理化运作、国际化发展"的民族特色产业发展模式，推动民族地区经济发展。加强对民族地区现存产品和开发产品进行科学合理规划，针对不同区域特点形成独具特色的民族产品，打造合理布局和风格各异的产业发展链，形成区域经济和特色经济带，引导民族特色产业发展道路，走出山区，面对国际国内市场需求，用好民族品牌优势。

2. 引导流动人口回乡创业

民族地区农村人口大量集中向外流动，流向中东部发达地区或其他城市地区就业或创业，虽然与城市地区强大的吸引力有着重大关系，但根本原因还是农村自身发展滞后，劳动力无法实现就地就业、创业，发展受到制约的无奈选择。如果能针对流动人口在返乡就业、创业方面制定相应的优惠政策和奖励措施，鼓励和吸引外出务工人员返乡就业、创业。民族地区农村流动人口，他们绝大部分是受教育程度相对较高、已经熟练掌握农业种养殖技术、具有开放思想和了解城乡发展趋势的青壮年精英群体，是推动地方经济社会发展的重要人才。他们回乡就业或创业，对于民族地区实现乡村振兴、推动城乡一体建设将起到十分重要的作用。第一，政府和相关职能部门可以有针对性地在民族地区制定返乡农民工就业、创业资金投入和技术支持等政策，从政策上给予支持和优惠，降低就业、创业成本，减轻劳务输出人员经济和心理负担，激发流动人口回乡就业与创业热情；第二，民族地区地方政府引进适合民族地区本土发展的相关项目，有针对性和倾向性地为返乡就业、创业青年提供资源和机会，增加流动人口返乡动力；第三，培养民族地区先进典型人物，发挥示范效应。政府加大对地方人才培养在资金上的投入，每年由财政拿出部分专项资金派遣部分返乡就业、创业优秀青年外出学习考察。学习其他地区在农业相关产业发展中的技术、观念、方法等，为地方社会经济发展培养部分先进典型人物，发挥示范作用。

3. 培养农村技术性人才

民族地区科学技术应用滞后，交通、通信、网络建设相对不发达，教育资源与教育条件有待改善，农民接受教育程度有限，掌握现代科学技术能力不足。要想推动民族地区农村实施乡村振兴、社区自治，实现农业转型必须加强思想引导和技术指导。民族地区农村发展仍然处于第一产业占主导地位的状态，绝大多数农村仍然采用简单农业种植模式，当地居民基本未接受过相关农业技术培训，对于现代化农业种植和农业发展知之甚少，对于经济社会发展十分不利。要推动地方经济社会发展，实现后发赶超，推动城乡一体化建设和全面实现小康社会的总体目标，就必须实现民族地区社会经济结构转型。首先，要转变对民族地区农业、农村、农民的传统认识，提升民族地区人口综合素质，转变种植、养殖理念，培养地方现代化农业种植、养殖的领军型人才。民族地区农村民族构成复杂，各民族有着不同的文化和习俗，只有培养和发展本民族人才才能充分了解本民族特点，发挥民族自身优势，推动民族地区经济社会发展。其次，探索性地培养一批少数民族人才。可以在民族地区各少数民族群体中选取一部分有一定知识文化、思想开放、有实干精神的优秀青年，对他们进行有针对性的培训，政府部门加强引导，指派相关部门的专业人员进行对口教育、引导、培训，让他们了解和掌握现代农业、农村发展所需相关知识，学会现代农业发展的基本技能，带动当地少数民族人口走上现代农业的发展道路。最后，应加大引导和宣传力度，转变民族地区群众传统思想观念。民族地区信息渠道闭塞，交通不便，对于外界的了解有限，它们在农业发展方面仍然依靠老一代人传下来的传统思想。政府应加大在民族地区进行现代农业发展、新农村建设、科学致富、科学种植养殖等方面宣传力度，引导群众转变思想观念，采用科学合理的方法进行农业耕作以及配套养殖。

小　结

　　随着我国政治经济体制改革的不断深入，城市化建设步伐的不断加快，贵州这样的少数民族地区农村，依靠单一农业种植养殖已经无法实现家庭经济增收。面对提高家庭成员物质生活水平、摆脱贫困等一系列现实问题，经济发展快速的城市地区为农村提供了一条增加非农经济收入渠道，促使大量农村人口流动，流向城市地区从事第二、三产业劳动。人口流动带来的非农经济收入，在增加流动人口家庭经济收入，提高家庭成员物质生活水平，推动村落产业结构转型、职业结构变迁以及摆脱贫困等方面发挥了十分重要的作用。但是，农村大量人口流动，在增加经济收入的同时，也给人口流出地的家庭、村落以及地方社会发展提出了新的问题与挑战。受政治、经济、文化因素影响，以及民族地区农村流动人口在语言、习俗、宗教、传统思想等方面主客观因素制约，流动人口家庭要实现举家迁移或定居城市，短时间内不太可能，必然会继续出现人口流动带来的"候鸟"家庭、留守家庭、隔代家庭、空巢家庭以及单亲家庭等。家庭成员长期流动，使家庭核心成员缺失，不完整的家庭结构必然会影响到民族地区农村的生产、生育、养老、教育、文化传承。尤其是大量青壮年劳动力流动，导致农村人力资源紧缺，势必会影响民族地区村落发展，也会影响城乡一体化建设进程和区域整体经济社会发展。因此，民族地区人口流动所带来的家庭结构变迁、卫生计生公共服务落后、村落整体衰败萧条、家庭赡养教育功能减弱以及传统文化技艺断裂等一系列问题，应引起政府以及相关部门重视。

第五章
关爱与保护：人口流出地的留守群体

改革开放 40 多年来，随着我国城镇化和现代化进程的推进，大量的农村剩余劳动力从农村进入城市，人口流动逐渐成为社会的一个普遍现象。流动人口从 20 世纪 90 年代的几千万人增加到 2014 年的 2.41 亿人。这几年虽然流动人口的数量有所回落，但常年流动人口数量在 2.31 亿人左右。① 中国成为世界上人口流动数量最多的国家。伴随着"天量"人口的流出，中西部（人口）流出地区农村出现了大量的以留守老人、留守妇女、留守儿童为主的留守群体，即所谓的"389961"部队②。"农村'三留守'问题，是在城乡二元结构体制下发生大规模人口流动迁移背景下的阶段性产物，是城乡发展不均衡、公共服务不均等、社会保障不完善等问题的反映。能否有效地解决好农村'三留守'问题，直接关系到流动人口的家庭幸福，直接关系到社会的和谐与稳定，直接关系到乡村振兴和新型城镇化的推进，直接关系到全面建成小康社会宏伟目标的实现。"③

党和政府十分关心留守群体，把解决留守现象作为实现城乡一体化和城乡融合发展的有效路径。习近平同志《在中央农村工作会议上的讲话》（2013 年 12 月 23 日）中指出，要"重视农村'三留守'问题，搞好农村民生保障和改善工作。让农村留守人员生活得踏实、安全、无忧，是各级党委和政府特别是基层党委和政府的重大责任。要抓紧完善相关政策措施，健全农村留守儿童、留守妇女、留守老年人关爱服务体系，围绕留守人员基本生活保障、教育、就业、卫生健康、思想情感等实施有效服务"。④ 十九大报告指出，要"健全农村留守儿童和妇女、老年人关爱服务

---

① 2019 年流动人口数量为 2.31 亿人。
② "38"指妇女，"99"指老人，"61"指儿童。
③ 徐水源：《解除流动人口进城后顾之忧的关键点》，《中国人口报》2019 年 8 月 26 日。
④ 《十八大以来重要文献选编》（上），中央文献出版社，2014，第 681 页。

体系"。习近平总书记强调，要关心留守儿童，"让他们都能感受到社会主义大家庭的温暖"。

第一节　农村留守儿童①

留守是我国在城镇化进程中在人口流出地出现的一种社会现象，我国主要的人口流出大省分布在中西部地区。其中，河南、安徽、湖北、湖南、江西、四川、贵州、重庆是我国人口流出的主要省（市）。人口大量流出导致农村剩下了大量的留守老人、妇女和儿童。也可以说，人口流出大省也是留守群体存在的大省。据《我国农村留守儿童的现状报告——2016年全国农村留守儿童摸底排查贵州情况汇总》，截至2016年8月底，"全国共有农村留守儿童9017794人，占不满16周岁的农村户籍未成年人总数的5.7%。其中江西省的留守儿童数量最大，人数为108万人；其次是四川省、贵州省、安徽省、河南省、湖南省和湖北省。这7个省的留守儿童总数占全国总数的67.7%"。② 在全国的地级市中，贵州省毕节市的留守儿童最多，达26万人。毕节市也是全国留守儿童事件发生最多的市，基本上全国所有的大案都发生在贵州省毕节市，如2012年11月的5名流浪儿童在垃圾箱生火取暖中毒身亡事件，2015年的4个留守儿童自杀事件等。也正是这些留守儿童事件，引起党和政府对留守儿童群体的重视，引起全社会对留守儿童问题的关注。

2015年的毕节市留守儿童自杀事件直接催生贵州省出台《关于进一步加强留守儿童困境儿童关爱救助保护工作的实施意见》，在此基础上，国家于2016年出台了《国务院关于加强农村留守儿童关爱保护关注的意见》，全国各地也出台了相应的实施意见，对农村留守儿童的保护和关爱形成全社会共识。截至2018年底，31个省份全部出台具体实施方案，将农村留守儿童关爱保护纳入经济社会发展规划，进一步完善政策规定和保障措施。2018年，全国农村留守儿童和困境儿童信息管理系统全面启用，31个省份全部完成农村留守儿童信息采集及数据录入工作。2019年5月

---

① 此报告获时任贵州省委记记赵克志、时任贵州省省长陈敏尔、时任贵州省副省长陈明鸣的肯定性批示，并获贵州省第十一届哲学社会科学优秀成果研究报告一等奖。

② 《农村留守儿童关爱保护政策法规一本通》，民政部社会事务司，2017。

27 日，民政部、教育部等十部门联合印发《关于进一步健全农村留守儿童和困境儿童关爱服务体系的意见》。十个部门联合发出的关怀，使我国农村留守儿童的关爱服务体系更加健全，为打通关爱留守儿童的"最后一公里"提供了制度保障。

贵州省是我国西部欠发达、欠开发的省份，是我国的人口流出大省，是流出人口占比最大的省份，也是我国留守儿童较多、留守儿童问题最为突出的省份。在此以贵州省对留守儿童的关爱保护为典型个案，分析我国人口流出地区的留守儿童问题。

一 贵州省农村留守儿童关爱保护的具体做法

2015 年的毕节留守儿童事件引起贵州省委、省政府和全社会对留守儿童问题的重视，贵州省出台了《关于进一步加强留守儿童困境儿童关爱救助保护工作的实施意见》，建立起省、市、县三级党委联动，政府主导，民政牵头，部门联动的留守儿童工作领导机构，将对留守儿童的关爱保护工作纳入脱贫攻坚的重要内容，出台《贵州省未成年人家庭教育促进条例》。

近年来，贵州省坚持以习近平新时代中国特色社会主义思想为指导，认真贯彻落实党中央、国务院关于留守儿童困境儿童关爱救助保护的决策部署，主动作为，狠抓落实，构建家庭、政府、社会履职尽责，社会力量积极参与的儿童关爱保护工作体系，织密"家庭监护、教育管护、社区关爱、源头干预"四张网，使留守儿童的关爱保护工作制度化、规范化、常态化，留守儿童数量从 2015 年的 109.6 万人减少为 2018 年的 52.4 万人①，困境儿童保障面进一步扩大，全省留守儿童困境儿童获得感、幸福感和安全感明显提升。

1. 坚持儿童利益优先，关爱救助保护措施进一步落地扎根

各地各相关部门儿童利益优先意识得到进一步加强，围绕留守儿童困境儿童关爱救助保护工作中的重难点，着力维护好留守儿童困境儿童权益，帮助解决他们在身份、学习、生活等方面的突出问题，尤其通过大力加强监督检查和考核奖惩，有效推动各项工作部署和政策措施的落地生根、开花结果。按照习近平总书记"精准发力，全面解决无户口人员户口登记问题"指示，省公安厅制定下发了《关于开展农村留守儿童无户口摸

---

① 《2015 年至今，贵州省留守儿童减少 57.2 万人》，贵阳网，2018 年 10 月 22 日。

底排查的通知》等一系列文件，按照"不符合计划生育政策的无户口人员、未办理'出生医学证明'的无户口人员、未办理收养手续的事实收养无户口人员等"进行无户口人员分类，依法依规对无户口未成年人逐一进行户口登记工作，公安机关为 2.5 万名留守儿童办理了户口登记。教育部门全面落实"控辍保学"长效工作机制，加强入学率、巩固率、辍学率等几个核心指标的监控，有针对性地开展在校留守儿童"控辍保学"和关爱服务，保障适龄留守儿童受教育权利。帮助 6000 余名失学辍学和不在学留守儿童重返校园。民政部门整合城乡低保、医疗救助、临时救助、儿童福利、未成年人社会保护、慈善关爱等政策资源，形成政策互补联动，有效解决了留守儿童的"两不愁，三保障"问题。截至 2019 年 5 月，全省累计解决了 4.1 万余名留守儿童的低保救助、6 万余名留守儿童的医疗救助、1.3 万名留守儿童家庭住房救助等问题。省民政厅、省财政厅联合报请省政府同意连续 2 年提高孤儿基本生活最低养育标准，集中供养孤儿基本生活最低养育标准由每人每月 1200 元提高到 1500 元，散居孤儿每人每月由600 元提高到 1000 元。省民政厅组织对全省事实无人抚养儿童开展摸底排查，摸清了事实无人抚养儿童的底数。铜仁市在全省率先出台了《事实无人抚养儿童救助帮扶暂行办法》，将事实无人抚养儿童基本生活纳入特困供养范畴。毕节市建立常态化暗查暗访调度通报约谈问责制度，对工作情况实行量化评估，对工作不力、问题突出的严肃追究责任，2018 年以来追责 162 人、单位 11 个。

2. 坚持问题导向，家庭监护主体责任进一步强化

各地持续推进"合力监护、相伴成长"专项行动、脱贫攻坚春风行动、夏秋攻势行动，及时妥善解决留守儿童困境儿童突出问题。从近两年全国发生的极端事件来看，留守儿童无人监护或监护不力依然是极端事件发生的主要原因。不解决家庭监护缺失问题，就难以避免极端事件的发生。通过对监护失职的留守儿童家长实施教育、训诫、处罚，采取签订"委托监护责任确认书"等干预方式，形成了依法打击、依法保护的鲜明导向，无人监护留守儿童、父母一方外出另一方无监护能力的留守儿童全部落实有效监护。部分地区司法行政部门联合教育行政部门举办家长培训班，纳入《未成年人保护法》《预防未成年人犯罪法》等法律法规内容，对家长进行法治教育，提高家长法律意识，更好地配合学校开展对未成年人和留守儿童困境儿童的法治教育，形成互补效应。贵阳市结合妇联开展

的科学家教宣讲活动及留守（流动）儿童家长培训班，通过加强法制宣传教育来引导父母履行监护义务，进一步增强了家长作为监护人的责任意识。六盘水市制定出台了《留守儿童困境儿童管护办法》，促进了家庭监护和儿童管护责任的有章可循和措施的科学规范。公安机关将查处监护人不履行监护职责、实施家庭暴力、虐待留守儿童等违法犯罪案件作为维护关爱留守儿童的重要措施。自 2018 年以来，共接到群众举报侵害未成年人违法犯罪线索 300 余条，接到涉及留守儿童困境儿童警情 400 余个，出动警力 6000 余人次，通过工作发现、劝诫、制止父母或受委托监护人不履行监护职责事件 200 余起。

3. 坚持系统治理，关爱服务网络进一步健全

留守儿童困境儿童关爱救助保护工作是一项系统性的社会工程，需要政府、家庭、社会的共同参与，必须统筹调配各方力量，综合运用各方资源共同开展。一是根据机构改革情况，在请示省政府和充分征求各单位意见基础上，报请省政府分管领导同意，适时充实领导小组成员，成员单位从 17 家单位扩至 26 家，组织保障进一步强化。二是实施社工专业人才"三区"支持计划、社工服务机构"牵手计划"、社工服务"社工黔行"项目，不断拓展社工参与留守儿童关爱的深度和广度。配备儿童督导员、儿童主任 1.5 万名，开展留守儿童关爱保护业务培训累计达 2.5 万人次。关爱救助保护工作队伍的业务素质和能力水平进一步提升。三是推进完善农村寄宿制学校、未成年人保护机构、儿童福利机构、儿童之家等关爱服务设施体系建设，为留守儿童困境儿童提供集中学习及娱乐场所，降低其脱离监护独自外出活动可能性，降低安全事故发生概率。各地深入开展"四在学校·幸福校园"活动，建成农村寄宿制中小学 3000 余所、学生食堂 1.5 万个、学生宿舍 400 余万平方米，明显改善义务教育阶段留守儿童在校期间的吃、住、学、乐条件。累计投入 6.4 亿元，新建未保中心 5 个，打造村级儿童之家 4933 个，协调教育部门增加 3700 多个学校"留守儿童之家"开放实践，推动留守儿童校内管护与校外关爱保护有效衔接。福泉市实现了"儿童之家""庇护站"建设全覆盖。各级工会组织、团委、妇联等群团部门积极参与关爱留守儿童保护工作，建设"儿童快乐家园"15所，援建希望童园 316 所，1.3 万名农村学龄前儿童得以免学费入园；建设"工会爱心之家"260 个，投入资金 1068.77 万元；省民政厅引入"童伴计划"和"爱佑安生"公益项目投入资金 2000 万元，打造村级儿童之

家 203 个。

4. 坚持防患未然，风险管控能力进一步提升

各地结合留守儿童困境儿童安全保护的特点及规律，通过建立风险评估、强制报告、干预、回访等工作制度，有效降低留守儿童困境儿童风险发生率。毕节市建立常态排查和重点时段排查相结合机制，通过"父母不返家过节留守儿童困境儿童大排查""暑期留守儿童困境儿童大家访"等活动，对留守儿童居住环境、校园及周边环境、人身安全隐患和心理健康状况、矛盾纠纷等进行全面排查整治，2018 年以来共排查消除安全隐患2.5 万余个。公安机关将校园及其周边区域、城乡接合部、城中村等区域作为防范重点，2018 年以来，全省共破获发生在校园及周边的刑事案件420 起，抓获违法犯罪嫌疑人 703 人；查处治安案件 442 起，打击校园及周边涉黄涉赌涉毒人员 341 人，有力维护了校园及周边良好的社会治安秩序。六盘水市通过乡、村包保干部、教师、医生定期不定期对监护情况进行回访，对风险等级较高的适时增加回访次数。检察机关加大对教师、监护人等负有特殊职责人员实施侵害留守儿童犯罪的惩治力度，提出就业禁止的检察建议。平塘县利用县第三中学青少年法律道德教育基地，组织县城留守儿童共 490 余名参观警示教育展厅，进一步提高留守儿童自防自救能力，使其懂得尊法、守法、用法，学会用法律保护自己。舆情监测、预警、联动处置机制进一步健全。2019 年 6 月 26 日网上报道关于"贵州孤儿院儿童疑遭性侵"的舆情后，省公安厅、省民政厅及时发声，立即对儿童福利院、在民政部门登记的幼儿园开展排查，公安机关及时抓获造谣生事的嫌疑人，快速成功处置舆情。同时注重挖掘和宣传工作中的先进典型，发出好声音，传递正能量。2018 年以来，国家、省级主流媒体深度报道贵州工作概况和关爱保护典型事例 100 余篇。中央电视台《新闻调查》栏目专题报道了贵州省绥阳县"童伴计划"经验做法。

5. 坚持助力脱贫攻坚，关爱源头进一步拓展

各地深入实施"雁归兴贵"行动计划，贵州省人社厅、省总工会通过开展"春风行动""就业援助月"等就业服务专项活动，搭建农村劳动力与企业供需平台，促进农民工返乡创业就业行动计划实施，扶持 5.66 万名农村留守儿童父母返乡就业创业。全面实现异地扶贫搬迁安置点儿童之家、卫生室规范化建设全覆盖。省司法厅、省民政厅将在异地扶贫搬迁安置点建立儿童之家纳入"依法治省"的实事之一。贵州省卫健委、省财政

厅、省移民局联合开展中央专项彩票公益金支持易地扶贫搬迁安置区卫生室或安置社区卫生服务机构医疗设备配置项目，保障了易地扶贫搬迁的留守儿童困境儿童享有同等质量的基本公共卫生服务。对全省 2732 所深度贫困村卫生室开展村卫生室的规范化建设，投入 769.98 万元，支持 14 个深度贫困地区农村中小学校医务室规范化建设 3081 所。省慈善总会在援建 26 个深度贫困、易地扶贫搬迁安置地区儿童之家的基础之上，与北京字节跳动科技有限公司、深圳"壹基金公益基金会"形成战略合作，在全省 354 个易地扶贫搬迁县城安置区复制推广"益童乐园"品牌项目，集中优势资源，更大力度助力易地扶贫搬迁儿童融入社会，助推脱贫攻坚公益实践。

二 贵州农村留守儿童面临的主要问题与困境

受经济、政治、文化、社会等多重因素影响与制约，当前贵州省农村留守儿童仍处于"生存"向"发展"转型的过渡阶段，其面临的社会化环境不容乐观，尤其在教育、学习、生活、心理、情感等方面存在不少问题与困境。

1. 政府主体责任缺位现象仍然存在

监护责任落实还有短板。如部分父母和委托监护人只注重留守儿童的生活保障，忽视了情感沟通；部分困境儿童的监护人监护能力薄弱；部分村寨位置偏远、居住分散，基层包保人员、驻村干部及教师等对留守儿童困境儿童回家后的工作难以做到精细到位，监护难度较大。

部分地方关爱保护内容衔接不够精致。如一些地方只满足于建台账，在信息核查工作完成后，没有针对核查结果及时加以分析应用、对存在的风险隐患盲目乐观，转介不够及时主动；部分区县、乡镇虽然建立相关工作机制，但更多地停留在政府和有关部门活动式帮扶，只满足于一般性救助，开展的关爱活动多为简单的、传统的"送书包""送油米"等扶贫式救助关爱，缺乏精神层面针对性的关爱措施。

部分地方干部儿童权益优先意识淡薄，基础工作不扎实。片面地强调农村劳动力转移和增收，落实强制报告、应急处置、强制干预和帮扶等政策措施不够积极主动，没有及时动态更新留守儿童困境儿童数据，采集不规范，有缺项漏项。

"缺人少岗"难保留守儿童工作常态化。基层儿童工作队伍建设滞后，虽然已配齐专兼职儿童福利主任和儿童福利督导员，但专业性较低，难以满足关爱保护服务专业化、个性化的需要。

关爱设施平台建设还较为滞后。儿童之家覆盖率低，未能达到90%以上，各县（区）发展不平衡。

留守儿童困境儿童家庭劳动力创业就业能力偏低。留守儿童困境儿童家庭劳动力技能素质和创业能力较低，竞争力较弱，创业稳定性差。

对学龄前留守儿童的"关注不够"。调研发现，目前全省各市（州）所关注的留守儿童，仍主要停留在义务教育阶段在校留守学生，而对学龄前留守儿童关注甚少。无法得知该部分留守儿童的规模、比例、入园率等数据。事实上，与农村留守学生相比，学龄前留守儿童更需要党和政府以及社会的关注。

"趋于乏力"的农村公共文化供给。长期以来，城乡公共文化的差距与失衡，客观上制约了农村公共文化服务的有效供给，而农村劳动力大量外流则又程度不同地加深了农村公共文化的"空洞化"，进而造成农村留守儿童文化生活的"荒漠化"。主要表现在：第一，"趋于断裂"的传统文化记忆；第二，"趋于缺席"的农村公共文化活动；第三，"趋于不利"的乡村公共舆论（参见个案1、2、3）。

> 个案1：在贵州黔南州、安顺市、毕节市等农村地区，"读书无用论"呈蔓延之势，不仅突出表现在农村家庭中，还蔓延到学校的老师中，包括乡镇和县城里的一些老师。所有这些，不仅抹杀了农村孩子走出大山的希望，更把农村留守儿童逼到"绝路"的境地。
>
> 个案2：蒙某，男，都匀市某村寨的村民，是1名长期外出务工的农民工，也是留守儿童的父亲，其经常对自己的孩子说"现在读书是没有用的，你们看我们村从2001年以来虽考上了2名大学本科生，但这两名大学生中，有1名毕业6年了还在待业，有1名毕业1年了却只能当自愿服务西部计划人员，还不如村里外出打工的人员"。这一套"口头禅"，也成为蒙某鼓励村里其他孩子早日放弃读书、加入打工队伍的说辞。
>
> 个案3：小贵（化名），男，都匀市某乡镇中学初三学生，在初中毕业填报志愿的时候，学校老师包括校长都在极力劝说他填报中职学校，不提倡填报高中，老师们的解释是，因为即使上了高中、考上了

大学，最后也还得去打工，不如早日上中职，学点技术，将来好就业。

2. 学校建设面临"三大"困境

(1) "供给不足"的寄宿制学校

"十二五"期间，全省农村中小学生宿舍建设计划投入 48 亿元，已投入 34.2 亿元，完成规划建设尚需投入 13.8 亿元。由于资金问题，贵州省农村寄宿制学校学生宿舍建设标准较低，均按 3m²/生规划建设，如要达到国家建设标准（小学 5m²/生、初中 5.5m²/生），需要的投入更大。调研发现，寄宿制学校及相关配套建设仍不能满足农村学生尤其是留守学生的强烈需求。主要表现在：第一，寄宿制学校及相关配套设施建设不足；第二，寄宿制学校食堂建设不足；第三，寄宿制学校学生公用经费标准偏低；第四，农村寄宿制学校的宿管、安保和校医等人员配置不齐（参见个案 4、5）。

> 个案 4：普定县播改中心小学，该校共有 160 个农村留守学生，但因经费缺乏，校舍不足，目前只能安排一间教室用来解决部分留守学生寄宿，而 80% 的农村留守学生只能继续走读，其中离学校最远的超过 15 公里。

> 个案 5：毕节市某乡镇的农村寄宿学校，在不足 20 平方米的宿舍里，有 15 个农村学生寄宿；该校共有近 200 名农村寄宿学生，但只有 3 名管理人员，难以确保农村寄宿学生在生活、起居、卫生、健康等方面的安全。

(2) "配置不齐"的师资队伍

调研发现，当前农村学校缺编、少编现象不同程度存在，心理学专业和生活管理老师配置还不到位。据不少学校负责人介绍，当前农村留守儿童规模大、问题多，急需一批心理学专业教师，但目前因没有专门的岗位职数，难以引进相关专业教师。问卷调查显示，在被调查的学校中，表示没有"专业心理教师"的比例超过 8 成（86.1%）。调查还发现，农村学校中部分教师素质不高、教学思想不端正，缺乏对留守儿童学习生活的关心（平均每学期家访次数仅 2.97 次），甚至出现歧视留守儿童的现象。

（3）"趋于放任"的校外生活

对于非在校期间的农村留守学生而言，其放任自流、无人监管的生活状态是危险的，也是有害的。调研走访中，据不少农村学校负责人反映，由于寒假暑假时间较长，加上"学校管不着、家庭不太管、社会管不到"，农村留守学生不仅极易产生安全隐患，而且容易养成不良行为与习惯。普定县提供的资料显示，该县因意外事故死亡的90%是农村留守儿童，其中很大部分便是处于放假期间的农村留守学生；而寒暑假期间农村留守学生不同程度出现赌博、吸烟、迷恋游戏等不良行为。事实上，"9个月学校教育"减去"3个月假期生活"等于零的现象，在农村留守学生中较为普遍，也是一个较突出的问题。

3. 留守家庭"三缺"问题突出

由于父母外出比例大、时间长、距离远，加之返乡回家成本高、时间短，因此，留守儿童问题随父母外出就产生了。调研发现，当前贵州省农村留守儿童家庭主要面临"缺失、缺位、缺陷"三大问题。

（1）亲子互动缺失

家庭是一个人社会化的重要环节，儿童在生活依赖期都应由父母陪伴度过。然而，遗憾的是，父母的外出，使其对留守子女的关爱、鼓励、呵护、陪伴等亲子互动行为中断。问卷调查显示，当前农村留守儿童父母外出时间长（平均3.75年）、回家次数少（平均1.32年1次）、回家停留时间短（一般不超过1个月，最短的不足1周）、联系次数少（平均18.3天才联系1次，最长的多达半年之久）的现状严重制约了留守儿童与父母之间的亲子互动，造成了留守儿童家庭亲情的严重缺失，导致父母与子女之间关系的疏远、冷漠。

（2）家庭教育缺位

由于父母外出比例较大，难以提供有效的家庭教育，而现行监护人所提供的监护行为则呈现"三无"状态，即隔代的无奈、长辈的无心、同辈的无力。所有这些，都直接导致留守儿童家庭教育的严重缺位。问卷调查显示，在农村留守儿童的监护人中，64.4%的是"隔代监护"，65.5%的监护行为仅停留在"照顾基本生活"，79.1%的监护人"从未参加过"留守儿童家庭教育培训，75.7%的监护人"极少了解或从不了解"留守儿童在学校的情况，48.3%的监护人"极少过问或从来不管"留守儿童学习。

（3）身心呵护缺陷

无论是亲子互动缺失，还是家庭教育缺位，都不利于农村留守儿童身心健康成长，也错失了孩子社会化的关键期，造成该群体人格、品行、观念等方面的扭曲与畸形。调研发现，由于得不到家庭身心健康的呵护与引导，留守儿童对于营养知识与食品安全知识的了解非常少，加之家庭经济条件差和能力不足①，留守儿童尤其是留守女童严重缺乏生理健康保护意识，成为遭性侵害的高发人群，未婚早育现象突出。隔代照顾使留守儿童的心理健康问题、安全问题遭到忽视。所有这些，极可能演化成为农村留守儿童对未来家庭生活恐惧，对社会的敌视，并进一步影响其未来的正常社会化过程及水平。

4. 社会参与水平仍呈"偏低"状态

关爱留守儿童是一项庞大的社会工程，需要全社会的共同参与和支持。调研表明，当前贵州省社会力量支持、关心、关爱、援助农村留守儿童的整体状态不理想，其参与水平较低。

（1）社会组织参与不足

调研发现，从整体上看，社会组织的自发性特征，客观上影响了组织与组织之间的关系，造成关爱农村留守儿童的社会活动分散，缺乏统筹协调性，呈现"雪中送炭"少与"锦上添花"多的矛盾。据普安、荔波、威宁等县相关负责人介绍，目前需要获得社会组织支持的学校尤其是留守儿童学校还很多，因此，对于大部分学校不求"锦上添花"，只盼"雪中送炭"。

（2）企业社会责任体现不够

调研发现，不少企业虽能够参与到关爱农村留守儿童的活动中来，提供一定的物资、捐款等方面援助，但企业对农民工及家庭的人文关怀体现不够，尚未从制度、待遇等方面为务工者提供带薪休假、探亲或子女探望、随迁保障等。

（3）民办学校发展缓慢

目前，全省范围内已有部分民办农村留守学生寄宿制学校逐步发展起来。但从整体上看，这类学校发展仍面临不少问题：一是政策不明，造成民办留守学校的难度增加；二是数量较少，尚未真正成为公办教育的有益补充；三是办学条件有限，难以适应留守学生增长的需求；四是办学资金

---

① 《流动人口卫生服务调查分析报告》，中国协和医科大学出版社，2016。

不足，难以实现学校环境条件的改善；五是师资力量薄弱，教育质量亟待提高。

5. 留守学生自身面临"成长"困境

从总体上看，农村留守儿童问题是多方面的。就自身而言存在的突出问题表现为学习成绩欠佳、行为习惯不良、心理健康失衡、失范行为高发和权益受侵突出。

（1）学习成绩欠佳，"中等偏下"比例超过6成

调查表明，由于受父母长期外出而缺乏必要监督、引导等方面影响，96.1%的农村留守儿童表示平时在学习上是"有困难"的。由此造成农村留守儿童的整体学习成绩不佳，在班级中处于"中等偏下"水平，其比例高达67.7%，而成绩处于"优良"水平的比例不足3成（28.4%）。

（2）行为习惯不良，超过5成有"不诚实"行为

由于长期不能与父母在一起，农村留守儿童一些错误行为得不到及时纠正和引导，加上受隔代监护中管理不力、观念落后、方法欠妥、溺爱娇惯的影响，极容易养成一些不良行为和习惯。调查显示，在被调查农村留守儿童中超过半数（达50.6%）的人有"不诚实"行为，如"考试作弊""抄袭作业""伪造签名"等；47.4%的留守儿童存在经常"上学迟到"的现象；近三成（27.3%）的留守儿童在上学时出现"旷课"或"逃学"的行为。

（3）心理健康失衡，"孤独无助"成为主要感受

大多外出父母能考虑到外出务工会给孩子的生活和学习带来影响，但却很少意识到家庭不完整还会对孩子的心理健康产生影响。调查结果显示，父母外出打工后，农村留守儿童中高达53.7%的人表示"孤独无助"是最主要的心理感受；表示"痛苦""恐惧""绝望""忧虑""被遗弃""压力大"的合计占到25.9%；而表示感到"自由开心""没感觉，无所谓"的比例分别仅为2.3%和5.7%。

留守儿童心理行为问题比例较高。随着年龄增长，留守儿童心理问题逐渐显现，小学四年级和初中一年级留守儿童心理行为问题发生率分别为10.5%和11.7%，高于非留守儿童。留守儿童感到孤独、沮丧、想离家出走、自我伤害的比例都高于非留守儿童[1]。

---

[1] 《中国流动人口发展报告（2018）》，中国人口出版社，2018，第214页。

（4）失范行为高发，社会越轨风险增加

调研发现，当前农村留守儿童已成为贵州省未成年人犯罪的高发人群。问卷调查显示，在被调查农村留守学生中，39.0%的人在校期间存在"打架""偷盗""赌博"等失范行为。而在调研走访过程中，据不少农村学校负责人介绍，与农村非留守学生相比，当前农村留守学生有着更多的失范行为与危机，并成为学校管理的一大难题（参见个案6）。这表明，当前贵州省农村留守儿童存在较突出的失范行为及倾向，而这些行为又极易演变成社会越轨行为，增加社会违法犯罪的风险与危机。

> 个案6：普定县提供的数据显示，在"带管制刀具上学"的学生中70%的是农村留守儿童；在"有打架、盗窃、撒谎等不良习气"的学生中70%的是农村留守儿童；在"每个班级成绩最后10名学生"中70%的是农村留守儿童。显然，这"3个70%"理应引起政界、学界、社会界的高度关注。

（5）权益受侵突出，留守儿童成为主要受害对象

一方面农村留守儿童成为未成年人犯罪的高发人群，另一方面也容易成为受害人群。调查显示，在父母外出打工期间，高达37.9%的农村留守儿童遭受过人身伤害（包括身体受欺辱）。而调研走访时发现，随着贵州交通枢纽等诸多工程项目建设的推进，外来流动人口不断涌入贵州农村，不仅打破了该地农村的宁静，也给该地农村学校及学生带来了安全威胁及隐患。

三 农村留守儿童发展的对策建议

要切实解决好农村留守儿童问题，必须从省情实际出发，注重顶层设计，明确对策思路，制定工作措施，真正构建起政府、学校、家庭、社会"多位一体"的综合服务管理体系。

1. 加强留守儿童关爱保护工作的顶层设计

（1）进一步督促落实家庭监护责任

加强法规和政策宣传，帮助监护人增强其法律意识和责任意识，并依法严肃惩处未尽责的监护人或受委托监护人，教育警示广大监护人或受委托监护人切实履行监护责任。切实发挥儿童主任、儿童福利督导员的指导作用。对于处于无人监护或受委托监护人无监护能力状态的农村留守儿童，要及时转入未成年人救助保护机构或儿童福利机构进行临时监护。

（2）进一步夯实基层工作力量

各地要持续推进不同层级儿童福利和未成年人保护基础设施建设。加大对儿童主任、儿童督导员工作人员的培训、指导力度，让广大儿童督导员和儿童主任清晰自己职责所在、明白应该如何开展工作，切实打通基层儿童关爱服务的"最后一公里"。积极引导动员社会慈善公益组织、社会工作服务机构等社会力量参与留守儿童困境儿童关爱救助保护工作，进一步聚焦聚力，实现与易地扶贫搬迁安置等脱贫攻坚工作深度融合发展。

（3）进一步加强信息共享

继续完善全省留守儿童困境儿童关爱救助保护信息系统，督促各地进一步规范信息采集、动态管理、风险评估、分类管理、帮扶转介等工作环节，加大跟踪督查和协调力度，确保精致施策。

2. 优化制度带出去，从根本上减少留守儿童

解决现有农村留守儿童问题的首要出路在于优化各种政策，消除制度藩篱，让儿童能随父母一起迁入城市而不再留守。显然，这既是贵州省城市化进程的必然选择，也是经济社会发展的客观需要。事实上，随着城市产业的发展，农村劳动力不断流往城市是经济社会发展的一般规律。在随迁子女进城后，城市公共服务资源特别是教育资源将面临考验与挑战，必须切实解决这一问题，这有助于加快农民工及子女的城市融入。

（1）加大城市公共服务投资

在当前和今后相当长一段时期，必须顺应中央积极稳妥扎实推进城镇化的要求，立足贵州省情，切实解决上百万进城常住农业转移人口落户城镇和城镇棚户区、城中村改造等问题。如通过政府购买公共服务，实施安居工程，修建一批进城务工农民能买得起、住得下的经济适用房，让进城务工农民在城里扎下根，给随迁子女一个固定的家，并平等享受当地义务教育，实现就近入学，真正融入城市。

（2）加大公办学校接纳能力

坚持"两为主"政策，充分挖掘公办学校办学潜力，为接纳更多随迁农民工子女入学创造条件。一是强化政府职能，消除多重因素的不利影响；二是加大教育经费投入，加快建设一批城镇义务教育学校，扩大公办学校办学规模与容量，缓解进城务工人员随迁子女入学困难；三是整顿非公办学校资源，建设好民工子弟学校；四是充分挖掘公办学校教育资源潜力，适当增班扩容；五是加快城乡义务教育均衡发展，推动基本公共教育

服务进程。

（3）加强职能部门监管

特别是教育部门应加大对接收进城农民工子女学校的监管督导，对一些违规学校要进行严厉查处和处罚，从根本上杜绝城市学校对进城农民工子女的歧视性待遇和违规收费，确保流动儿童教育政策实施。

3. 创造条件回来陪，解决农村剩余劳动力就近就业

解决农民工外出造成的留守儿童问题，一个关键措施就是创造条件鼓励农民工返乡创业就业或从事农村生产。事实上，只要让更多的农民就近就地就业，能留在家里陪在孩子身边，其留守儿童的问题自然就减轻了。为此，这就需要全省切实做好以下几方面的工作。

（1）增加就业创业渠道

进一步推进留守儿童困境儿童家庭劳动力返乡创业就业。以"雁归兴贵"计划为抓手，不断完善创业优惠政策措施，着力优化创业就业环境，加大留守儿童困境儿童家庭劳动力创业培训力度，强化创业培训与创业政策、创业服务的综合运用，不断提升农民工创业能力。通过加速推动工业强省和农业产业化进程，大力培育工业园区、生态科技农业园区、返乡农民工创业园；通过政策、项目和资金，大力扶持农村专业合作社、生产大户，引进外来企业投资；通过深化土地改革，以合法流转、合租等方式，振兴和壮大村级集体经济组织等发展规划，不断增加就地就近就业的渠道与平台。以上措施，有利于吸引外出农民工返乡创业就业，减少跨省区外出务工人员比重，进而缩小留守儿童规模。

（2）大力发展第三产业

为了顺应贵州工业强省战略、城镇化带动战略等"四化同步"战略的发展需要，必须深化经济体制改革，优化产业结构，不断拓展第三产业的就业容量及比重，为吸纳贵州省更多农村剩余劳动力创造条件。如利用良好的自然环境及生态资源，贵州可以大力发展旅游业、地方民族特色产业如刺绣、编织等手工产业等。所有这些，有利于农村富余劳动力尤其是农村妇女实现居家就近就地就业或创业，既可减少跨区域迁流，又可促进脱贫致富。

（3）完善农民生产和创业条件

加强对农民的技能培训和就业指导；提供各种惠农性政策支持，让农民在农村也能获得满意的收入。这也是保障农民在农村留得下、待得住、

能增收的重要前提。

4. 教育帮扶助成长，帮助留守儿童健康成长

学校环境条件、教育理念、教学管理等方面，都会对留守儿童的学习、成长产生重要的影响。为此，如何进一步完善校园硬件、软件环境，努力营造一个帮助、扶持、关心农村留守儿童健康成长的幸福校园，是贵州省农村学校尤其是留守儿童学校面临的一项重要任务。

（1）妥善安排学龄前子女入园

学龄前教育对一个人的成长与发展，都是至关重要的，其影响是终身的。政府需要建立健全进城务工随迁子女接受学前教育的教育机制，并将进城务工农民工随迁子女入园纳入各级政府学前教育规划。政府要继续加大对农村学前教育的投入，扩大公办幼儿园和普惠性民办幼儿园资源，创造条件使留守儿童"有园上""上好园"。事实上，妥善安排农村学龄前子女入园不仅是促进家庭代际发展的保证，也是缩小城乡文化差距的前提。

（2）打造全新教育模式

实现教育、教学的科学发展，关键在于打破传统教育模式，加快推进教育部门在理念、制度、机制等方面的改革与创新。从长远发展看，贵州各类学校尤其是留守儿童学校，需要抓好四方面的创新工作：一是进一步加快农村寄宿制学校标准化建设，积极开展"四在学校·幸福校园"活动；二是切实加强学校在教育、教学、服务等理念上的创新与提升；三是建立健全针对留守学生的各项规章制度，包括建立有关留守儿童家访、代理家长、结对帮助、心理疏导与矫正等方面制度；四是建立有效的教育发展激励机制，提升整个学校的发展活力。

（3）构建良好师资队伍

对学校发展而言，真正办好学、提高教育质量的关键在于不断强化内功，着力建立起一支结构合理、素养良好、责任感强、乐于奉献的师资队伍。稳定现有师资队伍，提升教师素质；大力实施校长、教师轮岗交流制度，增加农村学校优质师资；尽快引进心理学专业老师，建立完善学校心理咨询室，保障寄宿制学校的生活管理及后勤队伍。

5. 社会助力共抚育，构筑留守儿童社会关爱体系

"带出去""回来陪"是解决农村留守儿童问题的根本出路，但不能解决好所有的留守儿童，因此，对于仍须留守的儿童，则必须借助社会多方合力，共同予以帮扶、关心、关爱，促进其正常社会化。

（1）强化群团组织功能

工、青、妇等群团组织作为社会的重要力量，需重新审视自身的职能定位，以改革创新为动力，以拓展工作网络为平台、以整合社会资源为手段，不断发挥好联系、关爱、援助留守儿童的桥梁纽带作用。对策建议是：第一，建立健全基层群团组织，加强对农民工尤其是留守儿童父母家庭观念、教育观念、思想观念等方面的教育与引导；第二，开展多形式社会关爱活动，认真做好农村留守儿童的心理疏导与失范行为矫正工作，帮助留守儿童自我管理、自我调适、自我约束；第三，继续提升"品牌"效应与影响，实现全省普及"留守儿童自立自强中心""留守儿童之家"的发展预期。

（2）增强企业"社会责任"意识

企业在追求利益的过程中，应自觉履行好社会责任，积极投身社会公益事业，主动关心、关爱、帮助农民工子女。在保证农民工基本权益和工资报酬的同时，应积极关心农民工家庭及子女生活，充分体现企业人本关怀，营造一个"尊重人""关心人""发展人"的企业环境和文化氛围，增强企业员工归属感，激发企业活力。对策建议是：第一，建立企业员工回家探亲制度；第二，提供员工家庭成员亲情互动平台；第三，积极投身社会公益事业。

（3）发挥社会组织补充作用

当前，受主客观因素的限制，单凭政府、学校、家庭的力量难于全部解决好农村留守儿童问题，因此，积极"挖掘潜力"，整合和促进社会性组织及力量（如社区、民间组织、国外 NGO 等），共同支持、关心、关爱、援助农村留守儿童工作，是一种有效的路径与选择，具有极大的拓展空间与潜力。这也是弥补政府、学校、家庭留守儿童工作不足的客观需要。

第二节　留守妇女"三空"问题

一　问题的提出

改革开放四十多年，中国经济社会迅猛发展，伴随而来的是我国大量农村劳动力的向外流动，劳动力的大量转移导致"空心村"的产生。空心村是由农村经济和就业结构以及农村劳动力、资源的大量转移而导致农村发展缓慢、发展主力人口减少。① 在人口流动的过程中，由于种种原因，外出务工的往往是有一定文化水平或掌握一定技能基础的人，且外出打工的男性多于女性，年轻人多于年长的人。主要劳动力的流失造成了农村的留守家庭，导致"三空"问题的产生，即"空床"、"空心"和"空村"。家庭主要成员的外出，对留守老人、留守儿童及留守妇女而言意味着儿子、父亲和丈夫等角色的缺位，从而引发留守群体、留守家庭在心理、经济、情绪等方面上的困境。特别是留守妇女，她们是负担最重、对农村发展影响最大，但受到的关注却最少的群体。留守妇女指由于丈夫长期在外务工而留守家庭中的农村妇女，她们肩负着本应由夫妻双方共同承担的生产劳动和家庭抚养、赡养责任，同时扮演着多种社会角色。② 作为赡养老人、养育子女、支撑家庭并且建设村落的主力，丈夫的缺位对她们身心发展带来的影响最大。她们一方面承担起了子女的照料和维系家庭社会关系网络的责任，另一方面通过继续耕种土地为家庭生计做出部分贡献。

"留守"这一概念是伴随着"流动"而出现的，也是中国农村社会的普遍生活状态。流动人口对社会发展做出了直接的生产性贡献，这种贡献在一定程度上是建立在他们个人甚至家庭切身权益牺牲的基础上，在付出与贡献的同时承受着劳动力资源和社会福利的双重被剥削。③ 无论是流动群体还是留守群体，都未能享受到均等化的公共服务和社会保障资源。党的十八届三中全会明确了基本公共服务均等化的改革目标，一是推进城乡基本公共服务均等化，二是促进城乡基本公共服务常住人口全覆盖。促进基本公共服务均等化是切实改善民生、化解社会矛盾、促进社会公平的现实着力点。留守妇女关爱服务也是国家高度重视的民生问题，国务院于2015年11月29日颁布了《中共中央国务院关于打赢脱贫攻坚战的决定》④，决定指出，实施精准扶贫方略，加快贫困人口精准脱贫，健全留守儿童、留守妇女、留守老人和残疾人关爱服务体系，对农村"三留守"人员和残疾人进行全面摸底排查，建立翔实完备、动态更新的信息管理系

---

① 何晓红：《城乡一体化进程中的空心村治理探讨》，《理论月刊》2014年第10期。
② 吴惠芳、饶静：《农村留守妇女研究综述》，《中国农业大学学报》（社会科学版）2009年第2期。
③ 叶敬忠、王维：《改革开放四十年来的劳动力乡城流动与农村留守人口》，《农业经济问题》2018年第7期。
④ 《中共中央国务院关于打赢脱贫攻坚战的决定》，新华社，2015。

统。十九届四中全会也提出，要完善农村留守儿童和留守妇女、留守老人关爱服务体系，坚持和完善促进妇女全面发展的制度机制。由此，关注人口主要流出地留守妇女现状与困境，研究主要人口流出地留守妇女关爱服务水平，分析人口流出带来的"三空"问题对留守妇女的影响及留守妇女公共服务需求，对促进公共服务均等化建设，提升流动、留守人口群体服务水平，推动留守妇女关爱服务建设具有重要意义。

二 主要人口流出地推动留守妇女问题解决的相关政策措施

劳动力流失是造成农村留守问题的一大主要原因，据国家卫生健康委员会发布的《中国流动人口发展报告2018》，2017年底我国流动人口数量为2.44亿人。其中，主要的人口流出地为安徽省、四川省等，安徽省流出人口962万人，居于全国首位，四川省891万人，随后是湖南省723万人和江西省579万人。主要人口流出地往往留守人口较为集中，为了给外出务工人口缓解留守家庭压力，提升留守妇女关爱服务水平，缓解"三空"问题对留守妇女带来的在家庭负担、经济收入、家庭关系等方面的影响，重视并积极发挥留守妇女在乡村建设中的作用，推进乡村建设和发展。部分人口流出地提出并总结了留守妇女关爱服务措施的有效做法与经验。

（一）逐步推出相关政策举措出台

早在2010年前后，安徽省、四川省、湖南省等地方政府便先后出台《关于进一步发挥"留守妇女"在新农村建设中的作用的建议》、《关于农村留守妇女儿童关爱行动的通知》以及《关于进一步推进留守妇女互助组工作的通知》等文件，将关爱留守妇女工作作为参与社会管理创新的重点工作，对地方开展关爱留守妇女工作提供了行动指南。贵州省人民政府于2015年出台《关于进一步做好农村妇女关爱服务工作的实施意见》，意见提出提升留守妇女就业技能、支持留守妇女就业创业、完善农村留守妇女生活保障和社会救助机制、加强关爱服务平台建设等举措。中央与地方都十分关注留守妇女发展建设，2019年民政部、公安部、司法部等13个部门出台《关于加强农村留守妇女关爱服务工作的意见》，意见指出要针对农村留守妇女在生产生活中面临的困难和需求，推进各地各相关部门进一步完善农村留守妇女关爱服务体系、健全工作机制、提升关爱服务能力，特别是结合当地实际，面向有困难、有需求的农村留守妇女提供相应关爱服务。要求制定完善提升农村留守妇女关爱服务水平的政策措施，充分发挥农村留守妇女在社会生活和家庭生活中的重要作用。

（二）"双轨策略"实现留守妇女有效社会管理

有学者基于湖南、河北、安徽、四川等四省的调研总结发现，有效的关爱留守妇女的社会管理模式呈现"双轨"特点。[①] "双轨策略"即主流化和专门化方法相结合的模式，一方面相关党政部门采用主流化的方法，将留守妇女议题纳入日常工作，并将其上升到社会管理和政策议程。另一方面妇联组织和留守妇女自发组织等采用专门化的方法，根据留守妇女所面临的部分特殊困境提供专门的社会支持与服务。四川省建立了党委牵头的工作领导机制，成立省委常委任组长的"关爱农村留守妇女儿童工作领导小组"，建立妇联、教育、民政等十余个相关部门参与的关爱农村妇女工作联席会议制度，推动相关职能部门将关爱留守妇女纳入社会管理日常工作中。针对留守妇女面临的特殊议题和特殊困难，需要利用专门化的策略与服务进行解决与支持，四川省于 2012 年将"妇女之家"建设纳入"十二五"社会管理创新规划中，在全省范围内积极推进村居按规范化、标准化管理项目的要求建设"妇女之家"。以"妇女之家"等阵地为依托，了解留守妇女生活状况，进行远程教育培训，开通心理咨询、法律援助等热线。加强对农村留守妇女群体的关注和援助，建立完善留守妇女社会支持网络和公共服务体系，关注留守妇女的身心健康发展，着力解决日常生理、心理及生活等方面的问题。

（三）"锦绣计划"推动留守妇女就业创业

贵州省 2013 年 7 月下发《关于实施妇女特色手工产业进修计划的意见》，旨在全面提升全省妇女手工技能，促进妇女创业就业，增加人民群众收入，通过创建妇女手工产业创意、制造、交易基地，壮大全省特色手工产业规模，形成"小商品大产业""小企业大集群"的发展模式。[②] "锦绣计划"通过优先发展民族刺绣、蜡染和民族服装服饰业，落实税收优

---

① 杜洁：《探寻关爱留守妇女的社会管理有效模式——"双轨策略"的路径解析》，《山东女子学院学报》2013 年第 5 期。

② 张波：《新时代贵州妇女特色手工产业的发展、探索与启示——以锦绣计划为例》，《贵州民族研究》2019 年第 3 期。

惠、奖励等多项政策措施，增强妇女创业能力。在实践过程中，推广"公司＋农户""能人＋基地＋农户"等模式，引导妇女手工产业从分散生产转向产业化、规模化、市场化发展。帮助农村妇女实现创业就业，特别是农村留守妇女，通过手工技能培训上岗，就近解决就业问题，实现家庭增收。"锦绣计划"把提升全省农村妇女手工技能与脱贫攻坚相结合，实施以来已建成"巧手脱贫基地"1000 余个，培育发展妇女特色手工企业和专业合作社 1300 余家，从业人员达 50 万人。"锦绣计划"成为服务全省大扶贫战略行动、促进贫困妇女增收致富的重要平台和品牌。产业带动使妇女实现了家门口增收，通过推动留守妇女就业创业以提升留守家庭生活水平，一定程度上缓和了"空床"问题，使留守妇女能够实现自我发展和社会参与。帮助留守妇女提升自我，加大对家庭的经济支持力度，从而提升留守妇女的家庭地位与社会地位，保障妇女相关权益。

三 人口流出地留守妇女 "三空" 问题剖析

"留守"这一概念中包含"留"和"守"这两种动态，对于农村留守妇女而言，她们或主动或被动地选择了"留"下来，但更为漫长和困难的状态是"守"，如何守住本心、守住家庭和守住村落。"三空"问题是随着农村劳动力大量流失而导致的"空床"、"空心"和"空村"。对留守妇女而言，与丈夫长期分离所带来的婚姻异质性和由此产生的担忧感，使农村留守妇女长期处于一种紧张感和不安全状态。这种状态下留守妇女既要赡养家庭，也要承担家庭劳作和村落建设的双重责任，肩负着沉重的劳动负担和精神负担。农村的劳动模式已由男主外女主内逐渐演变为农村留守妇女既主内又主外，她们存在劳动强度高、身心健康受损的情况。① 与留守儿童和留守老人相比，对留守妇女的关注比较有限，尽管各地陆续出台各种政策措施开始关注留守妇女身心发展，但"空床"、"空心"和"空村"的"三空"问题仍然不容忽视。

（一）个人需求的"空床"

"枕边人"长期外出导致的"空床"生活状态使许多留守妇女产生孤

---

① 喻培萱：《留守是一种成本选择——对贵州农村留守妇女问题的思考》，《当代贵州》2011年第 8 期。

独感、寂寞感及无助感等情绪。"留守"这一身份背后所隐含的意义也在一定程度上对农村妇女造成标签化，加之农村妇女实际上可获得的社会支持水平有限，丈夫的缺位使整个家庭、劳作、养育乃至社交压力都集中到妇女身上。

1. 空间距离剥夺下的生理需求无法得到满足

丈夫外出务工，使家庭中老人与子女的养育压力都转移到妻子一个人身上，同时妻子还肩负着整个家庭的土地劳作和社会关系的维系，多方的压力也使得留守妇女常常会感到心理压抑。与丈夫的长期两地分离，心理上的压力得不到缓解，各方面的压抑得不到寄托。留守妇女一边是法律意义上的为人妻，一边是生理、心理乃至社会意义上的守活寡。特别是作为婚姻关系基础和纽带的性，被空间距离所剥夺，在生理心理的双重压抑下，引发了诸如性压抑、婚外情、性冷淡等一系列问题，造成留守妇女的性困境。①

2. 家庭劳作压力下的心理慰藉需求得不到寄托

农村留守妇女并没有因为担负其农业生产的重任而减少了原有角色所承担的家务劳动重任，劳动强度的加大和多重角色的责任对她们的身心健康都产生了负面影响。农村社会原本就缺乏有利于妇女休闲的公共设施，加上农业职业病以及妇科病得不到及时治疗，农村留守妇女身心健康得不到保障，进而危及农业生产的顺利开展。现实的生活状态给很多留守妇女带去了各种不良情绪，如孤独感、寂寞感、无助感等，从而影响到留守妇女的精神状态。有学者研究指出，农村留守妇女在孤独感、抑郁得分均高于正常水平，心理健康状态较差。② 子女数量越多的农村留守妇女越容易产生孤独感和抑郁，与子女数量增多伴随的是更多的养育责任和更大的经济支出，这样的情况使农村留守妇女更感压力、无奈和孤独。

3. 留守身份下的自我发展需求难以实现

"留守"并不仅仅是农村妇女生活方式的一种状态，同时也代表了某种身份。出于本能的排斥和对于自尊心的维护，现实生活中部分农村留守

① 卢信朝：《中国农村留守妇女：性困境、性权利与性赋权》，《山东女子学院学报》2015年第6期。
② 李丽娜、刘霄、马会霞、吕少博、王晓燕、罗红格、张郢、于晓宇、张美航、崔向军：《城镇化进程中留守妇女安慰寻求、孤独感与抑郁的相关性》，《现代预防医学》2016年第7期。

妇女对"留守妇女"这一概念和集体身份符号并不认同，具有抵触和抗拒心理，认为这一身份是一种社会弱势的标签。[①]与此同时"留守"这一身份也时常伴随各种流言蜚语，留守妇女需得"洁身自好""保持距离"，才能够"守"得体面。农村妇女对于"留守"这一身份的不认可，限制了妇女们的自我发展，这种对于集体身份的抵触使农村留守妇女不易出现留守妇女的结社或其他群体性行动，也难以在集体之间产生互助行为，其参与行动的主观意愿也并不强烈。

4. "枕边人"外出下的社会支持需求得不到回应

农村留守妇女因为丈夫出门在外，因而来自各方的压力比一般妇女大，对情感交流的需要显得更强烈。丈夫外出务工期间，留守妇女在遇到困难时，首先考虑的是在血缘和姻缘网络中寻找可以帮助她的对象。受我国农村社区传统文化的影响，我国农村社区人口的社会关系首先是建立在以血缘和姻缘的关系网络基础上的。丈夫、公公婆婆、娘家人和其他亲戚等都处在留守妇女的血缘和姻缘关系网络中，这是留守妇女最信赖，也是最可靠的网络关系资源。在这个关系网中，娘家人扮演着重要角色，闲暇时间与娘家人、公公婆婆等亲人聊天是最常见的一种消遣。农村留守妇女的情感支持和社交网络都是以非正式社会支持体系为主，有学者调查研究发现，仅有0.4%的留守妇女会在遇有困难或不愉快时寻求妇联、村干部等正式社会支持体系的帮助，没有人与村干部有联结感，也没有人在闲暇时参加村委会或妇联组织的活动。妇联组织、村委及政府这类正式社会支持体系在留守妇女的情感支持系统中处于"缺位"的状态，其主观寻求帮助的意愿并不强烈。

（二）家庭与信念的"空心"

1. "留"下的家庭结构失衡

家庭成员的离开，意味着家庭中"儿子"、"丈夫"和"父亲"等角色的缺失，留守妇女难以依靠一个人的力量去弥补这些缺失。父亲这一家庭角色在子女教育中的缺位也给留守妇女对子女的管理带来一些困难。虽然大多数留守妇女的家庭在子女教育问题上仍然是夫妻双方共同协商，但

[①] 黄粹：《农村留守妇女生存困境：身份认同与组织化发展》，《华南农业大学学报（社会科学版）》2018年第5期。

由于现实的原因，父亲实际上对子女教育的影响作用是有限的。农村留守妇女肩负着教育子女的职责，同时又要赡养老人，在子女教育问题上极易与老人教育理念产生冲突，丈夫外出使得家中缺少"润滑剂"和实际上的"决策者"，导致农村留守妇女的家中代际关系较为紧张。此外，长期的异地分居使留守妇女在婚姻关系中感受到了不安全感和焦虑感，焦虑具有代际传递性，儿童能观察父母对环境刺激的恐惧、忧虑反应以及焦虑情绪，父母的焦虑情绪和紧张感会通过代际传递给儿童，[1] 农村留守妇女的生活压力、焦虑情绪和紧张感，会在生活中传递给儿童，使儿童也产生焦虑感。留守妇女的不安全感一方面来自城市与农村发展的巨大差异，丈夫在城市打工感受到了不同于村落的生活和环境，这种差异留守家中的妇女难以体会到，夫妻双方在认知上产生了落差，相关问题的讨论就难以形成共识。

2. "守"住的信念濒临崩塌

"丈夫"这一角色的缺位，导致留守妇女在家中进一步承担了这样的角色，她们要守住家庭，守住村落，为外出打工的丈夫减去后顾之忧。外出务工的丈夫往往一年回家一次甚至更久，在这过程中婚姻关系受到了空间和时间的双重挤压。尽管现代通信技术的发展部分弥补了留守妇女对于丈夫的思念之苦，尤其是手机的迅速普及，使得农村留守妇女与丈夫的即时通信成为可能。但网络通信始终不如本人那样的生动灵活，在具体的重大的家庭事件和留守妇女自我的需求中，即时通信也并不能有效解决问题。外出打工的丈夫并不能在妻子或家庭有即时需要时提供支持和援助，支撑家庭发展的往往是留守妇女自身或是公婆等亲属。另一方面，一部分妇女对于丈夫在城市工作生活并不了解，距离阻碍了她们对自己丈夫的认知和了解，使这部分对丈夫外出打工生活一无所知的妻子具有强烈的不安全感和焦虑感，而这种不安全感随着时间的推移越来越强。丈夫外出打工，社会流动性的增强打破了农民过去婚后异性交往的单一性，尤其对于外出务工的丈夫来说，随着外界社会交往的扩大，两性间相互结识和沟通的机会递增，他们的婚姻替代资源比以往更丰富了。时间和空间上的距离导致留守妇女的焦虑感和无力感，使得婚姻关系发生变化，城市新鲜事物

---

① 赵金霞、赵景欣、王美芳：《留守妇女与儿童焦虑的代际传递：有调节的中介效应》，《心理发展与教育》2018年第6期。

的吸引与留守状态下的空虚导致夫妻双方之间的互相猜忌。在这漫长的"守"的过程中，留守妇女原本留守后方的坚定信念也逐渐开始崩塌。

（三）劳动力与文化的"空村"

1. 劳动力的大量外流

农村青壮年劳动力是乡村振兴的主体力量，由于外出务工的往往是劳动力较强、有一定文化水平，或是掌握一定技能基础的农民，且以年轻群体和男性居多，导致留守群体中多为儿童、老人和妇女，且大部分文化水平较低。传统村落发展下家庭中男性成员的话语权更大，在村落发展与建设、重大事件决策等事件中，妇女的参与率并不高。男性劳动力流动后，"空村"导致的人才流失使得新农村建设的主体缺失，村落发展建设进程变得缓慢。留守妇女既是大量闲置农地的实际使用者，同时也是农民工阶层与户籍所在地的联系纽带，是他们社会保障的最终来源，留守妇女担负着乡村振兴方向和目标的发展重责。① 然而受婚迁风俗、文化程度、经济地位、性别歧视等多方因素的影响，在实际的农村社会参与中，尤其是政治参与，留守妇女处于一个较为弱势的位置，处于农村政治资源分配的边缘地位。② 村落发展建设过程中没有能够真正发挥出留守妇女的巨大作用，挖掘妇女潜力，发挥留守妇女的主体作用。

2. 传统村落文化的扬弃

费孝通认为，在乡土社会里，村与村之间是相对孤立的，即人口的流动率低，社区间的往来也较少。③ 在传统中村民对村落文化的认同感是村落文化传承的先决条件，这些传统文化在日常生活中通过生活实践、口口相传等方式进行代际传递。因而，村落文化的传承和再生产需要相对稳定的村落人口结构，老人是传统村落文化的创造者和维系者，青年则是村落文化传承的主角，儿童不仅是村落文化的参与者，更是未来的传承者，缺失任何一部分人口，村落文化的传承都面临危机。④ 然而随着大量中青年

---

① 李娟：《我国农村留守妇女参与村级治理研究》，华中师范大学，2015。
② 韩玲梅、黄祖辉：《"政策失败"、比例失衡与性别和谐——农村妇女参与村民自治的新制度经济学分析》，《华中师范大学学报（人文社会科学版）》2006 年第 4 期。
③ 费孝通：《乡土中国》，北京大学出版社，1998。
④ 郭占锋、张红：《农村劳动力结构变迁对村落文化传承的影响》，《西北农林科技大学学报》（社会科学版）2013 年第 3 期。

劳动力的流失，农村人口结构发生重大变化，传统村落文化的传承机制产生断裂。农村老人掌握着传统文化的命脉，中青年出现断层，妇女与儿童对于城市生活更期待与向往，对于留守妇女而言，随着丈夫外出打工的时间越久，她们的心就变得越来越"空"，随着丈夫的离开也一并离开了。伴随着对丈夫在外出务工生活的揣测与想象，留守妇女也对城市生活有着期盼与向往，是与村落生活完全不同的另一种景象与感受。对于城市文化的向往，背后隐含的是对传统村落文化的扬弃，使传统文化的传承产生冲击。

四　进一步促进留守妇女 "三空" 问题解决的对策建议

（一）关注个人需求，使"空床"变"暖床"

1. 维护留守妇女性权利

有学者将留守妇女的性权利界定为：为了实现生理和心理上的性满足，在不妨碍社会秩序和他人性权利正常行使的前提下，个人有自主决定其性生活的资格，有表达性欲、追求生理和心理上的性快乐的资格，有排除各种形式的性强迫、性剥夺、性辱虐的资格，有接受全面的性教育和实现良好的性保健的资格。[1] 通过村委、妇联、妇女之家或是专业社工等组织结构和相关个体，充分保障留守妇女实现和维护性权利的权利，增强留守妇女的性主体意识、增加其性知识促进其性健康等，增强留守妇女的性防范意识，有效防范性侵犯，保障妇女性安全。另外，解决或减轻留守妇女与丈夫长期两地分居的问题，增加夫妻会面的机会，特别是为留守妇女进城探亲提供方便，使留守妇女能够获得与丈夫见面的"主动权"，而不是被动地在家等候丈夫。

2. 保障留守妇女心理健康

加大对农村留守妇女心理健康状态的关注程度和支持力度，积极开展心理健康科普宣传，增强农村留守妇女心理自助能力，利用网络培训、海报宣传、文化讲座、心理电影展等线上线下多种形式，进行心理健康科普宣传。同时，建立健全专业心理疏导机制，建立心理热线、咨询工作台等

---

[1]　卢信朝：《中国农村留守妇女：性困境、性权利与性赋权》，《山东女子学院学报》2015年第6期。

服务平台，对基层妇联工作人员进行专业的心理辅导培训，通过面对面谈话、电话咨询等方式及时解决农村留守妇女心理健康问题。还可以通过短信等方式及时向农村留守妇女传播心理健康知识，帮助她们自我调适，自我宣泄不良情绪。丰富农村文娱生活，愉悦留守妇女身心。加强农村文化基础设施建设，通过组织各种活动丰富农村文娱生活，如组织电影下乡、文艺节目"三下乡"等，也可以组织当地的留守妇女成立文艺队，在平时能够实现自娱自乐，以排解留守妇女的焦虑情绪，促进留守妇女身心健康发展。

3. 提升留守妇女身份认同

基层政府或妇联组织可适当将发展良好的社会组织，特别是留守妇女互助组织等作为示范组织，将其发展模式和服务范式作为典型经验提供给留守妇女，从现实层面直接增强该群体的自我效能感和结社成功的信心。[①]通过结社与组织发展，促进留守妇女的集体身份认同，正视留守现实，对"留守妇女"这一身份去污名化或去标签化，它只是一个客观表征，并不一定标志着"社会弱势"这一标签。鼓励留守妇女成立自助或互助组织，构建留守妇女综合支持系统。鼓励与加强邻里之间的相互交流、相互支持。生产互助组织，能够在生产上相互帮扶，利用临时性帮工、季节性互助、常规性合作等形式，减轻留守妇女的劳动强度，解决农忙时节劳动力短缺的问题。生活互助组织则能够在日常生活中进行邻里相帮，提供情感支持和功能性支持，有效地增进村民之间和留守妇女群体之间的感情交流与沟通。建立"留守妇女之家"，提供给农村留守妇女一个情感交流的场所、学习技能知识的场所，拥有共同话题的留守妇女可以在这里相互交流，互相倾诉倾听，化解不良的情绪。

4. 构建留守妇女社会支持网络

进一步构建农村留守妇女的社会支持网络，丰富其情感支持体系，特别是要加大正式支持系统对留守妇女的支持力度。要充分发挥基层村政府、妇联组织的作用，由于留守妇女主动寻求帮助的意愿并不强烈，因而基层妇联要主动把握农村留守妇女所处的环境、面临的问题与真实的需求等各种信息，为有需求的留守妇女提供援助与支持。加强妇联组织在农村

---

① 黄粹：《农村留守妇女生存困境：身份认同与组织化发展》，《华南农业大学学报》（社会科学版）2018 年第 5 期。

留守妇女中的宣传工作，增强社区组织的社会支持功能，针对留守妇女的特殊议题提供有针对性的多样化的服务，村委会要动员党组织、妇联、社区组织等多元主体组建服务团队，关注留守妇女的日常生活，及时解决生活中的难题，并在这一过程中逐渐转变留守妇女的固有思维，使其化被动为主动，在遇有困难时学会主动寻求组织帮助。

（二）稳定家庭与信念，变"空心"为"安心"

1. 维护"留"下的家庭

保障留守妇女的家庭结构稳定，一方面是要避免"家庭分裂"式迁移，实现举家迁移。推进城镇化、工业化战略，增强城镇承载能力，以城镇化带动战略为契机，制定相关政策，加速农民向市民转型，实现举家迁移，推进统筹城乡发展，以大城市为主，以中小城市为重点，大力发展一批区域性中心城市，培育快速铁路网节点城市，调整公路网节点中小城市。城市的承载能力、吸纳能力将大幅提高。引导和鼓励在城镇有固定工作和相对固定住所的农村居民加快转化为城镇居民，实现举家迁移。关注留守妇女家庭关系和睦和亲子关系稳定，减轻留守妇女在家庭养育方面的压力，完善社会保障体系。通过村委妇联等组织开展亲子活动或亲子互动，加强留守妇女与子女之间的代际沟通，减少亲子矛盾。进一步扩大农村医保、养老保险的覆盖面，做到应保尽保。将老年人的养老、疾病治疗等问题交给社会保险，减轻留守妇女的压力。尝试实行农村家政服务社会化，成立由农村妇女组成的农村家政服务公司，实现家政服务专业化、社会化、市场化，将留守妇女从繁杂的家务劳动中解放出来。提高公共服务水平以减缓留守妇女的家庭生活压力，缓解代际紧张关系，促进家庭和谐稳定。

2. 重拾"守"住的信念

帮助留守妇女重拾"守"的信念，并不是使留守妇女继续坚持"无望"的守候，而是加强夫妻间的沟通与交流，完善基础设施建设等，或是鼓励年轻劳动力积极参与城镇化建设，减少家庭成员的外出，使夫妻团聚成为可能。保障农民工的带薪假期，严格执行《劳动法》等相关法律法规，确保农民工的探亲权与休假权，逐步制定农民工"探亲假"制度，并予以法律的保障。发挥手机、网络等通信手段作用，手机、短信已成为留守妇女与丈夫联系的主要方式，因此可以为农民工和留守妇女提供一定的电话补助或者网络补助，鼓励他们通过这些方式加大交流，相互了解对方的生活，相互提供情感的支撑。引导和鼓励农村劳动力留在当地参与本地城镇化建设，避免家庭成员外出，留住劳动力建设新农村。城镇化进程本身将为农村劳动力提供大量的就业岗位，如基础设施的建设、新增服务需求等，这些都为农村剩余劳动力的就地转移提供了条件。因此，各地应引导和鼓励农村劳动力留在当地参与本地城镇化的建设，并能够在本地实现农民到市民身份的转化，减少农村劳动力的外出与流失，从而缓解农村妇女留守状态。

（三）促进乡村振兴，让"空村"成"实村"

1. 充分发挥留守妇女的劳动力主体作用

党的十九大报告提出要"实施乡村振兴战略"，为留守妇女社会参与创造良好的社会环境与条件，积极鼓励留守妇女参与到村落发展与建设中来，充分发挥留守妇女在乡村振兴中的积极作用。留守妇女作为实质上的农民主体、现阶段农村的"守候者"和农业的"生产者"，要充分发挥留守妇女在乡村建设中的"半边天"作用。开展技能培训，发挥留守妇女潜力，帮助留守妇女平衡好生产与再生产角色，促进产业发展中的性别平等，实现留守妇女增产致富。鼓励符合条件的妇女积极参与社区管理与基层自治，提高妇女的政治参与能力。充分发挥农村留守妇女的社区管理作用，鼓励农村留守妇女参与社区管理，在生态保护、乡风文明建设中提升留守妇女的参与程度，提高留守妇女的政治参与能力。加强职业技术培训，提高农村妇女就业创业能力。加强农村劳动力转移"阳光工程"、"雨露计划"培训、新型农民科技培训等培训项目，全面提升农村妇女的就业能力；加强进城女农民工的培训，特别是家政等一些适合女性的岗位，要加强进城女工就业技能提升，使她们顺利融入现代产业体系中。

2. 引导留守妇女传承村落优良文化传统

留守妇女作为实质上的农民主体、现阶段农村的"守候者"和农业的"生产者"，要充分发挥留守妇女传统文化传承中的作用。正确引导留守妇女传承村落优良传统文化，由村级组织、妇联等带动留守妇女进行学习，鼓励留守妇女成立文化组织，在闲暇时通过留守妇女组织村落成员开展文化活动，如秧歌、剪纸、手工刺绣等比赛，并在此基础上进一步将剪纸、手工刺绣等传统技艺发展成为文化产业，促进村落产业和传统文化发展。

同时，政府也要加大对传统村落文化的扶持力度，为村落文化发展创造一个良好的社会环境与氛围，支持和建设村落公共文化中心，积极构建村落文化空间。

结　语

流动人口为城镇化推进做出了直接贡献，留守妇女群体则是庞大的流动人口数据背后的有力支撑，她们为中国城镇化的发展做出了巨大牺牲，肩负着沉重的家庭养育和劳动生产压力，是留守家庭的中坚成员，也是实际上农村地区的常驻人员。但劳动力的大量流失也带来"空床"、"空心"和"空村"的"三空"问题，给留守群体的身心发展造成了一定影响，留守妇女作为留守家庭的中流砥柱，如何缓解留守妇女身心压力，促进留守妇女自我发展，解决留守妇女面临的生理与心理困境等，是党和国家重点关注与解决的民生问题，也应是学术界、各级政府及各类社会组织要纳入主流的重要工作内容。推动乡村振兴、促进正式组织建设、构建公共服务均等化机制等，使农村留守妇女能够享有社会经济发展的成果，实现自我发展与自我建设，是促进农村地区社会经济文化发展的关键。正如习近平总书记在2015年全球妇女峰会上指出，"在中国人民追求美好生活的过程中，每一位妇女都有人生出彩和梦想成真的机会"，"中国将更加贯彻男女平等基本国策，发挥妇女半边天作用，支持妇女实现人生理想和梦想"。

第三节　留守老人

一个国家或地区60岁及以上人口占总人口比重达到10%，或65岁及以上人口占总人口比重达到7%，通常在国际上被认为是进入老龄化社会的标准。据《2019年国民经济和社会发展统计公报》数据，截至2019年末，我国60周岁及以上人口为25388万人，占全国总人口的18.1%；65周岁及以上人口17603万人，占全国总人口的12.6%。我国人口老龄化速度快、来势猛，人口老龄化贯穿我国21世纪的基本国情，不仅是养老问题，而是涉及国家经济、政治、文化、社会及生态文明建设的全局性问题。尤其是在农村地区，在我国长期的城乡二元结构下，农村地区经济发展落后，社会资源不足。随着经济、社会的飞速发展，城市化快速推进，大量农村劳动力流入城市务工，据国家卫计委发布的《中国流动人口发展报告2017》，近年来，我国新生代流动人口的比重不断上升，2016年已达到64.7%，成为流动人口中的主力军。农村年轻劳动力的外流，导致家庭日渐空心化，出现了大量的留守老人。留守老人是指户口在本村的子女每年外出务工时间达6个月及以上，自己留在户籍所在地且60岁以上，身边没有赡养人或者赡养人没有赡养能力的农村老年人。据2018年12月第二届中国农村养老高峰论坛发布的《中国农村留守老人研究报告》，截至2018年，我国尚有1600万农村留守老人，约占我国老年人口的6.4%。由于年轻劳动力的流失、农村普遍的公共资源稀缺、不完善的社会保障系统和设施等，许多农村老人无人照顾，呈现"被迫自养"的特点，农村留守老人养老问题面临巨大的挑战。有研究表明，农村留守老人目前最普遍也是最主要的方式是个人自养，80.9%的留守老人通过自己的当期劳动收入来维持生活，其中80.6%的留守老人仍在耕种土地、从事农业生产。

党的十八大指出，要加快形成政府主导、覆盖城乡可持续的基本公共服务体系，并提出到2020年基本实现公共服务均等化的目标。十八届三中全会明确了基本公共服务均等化的改革目标，一是推进城乡基本公共服务均等化，二是促进城乡基本公共服务常住人口全覆盖。促进基本公共服务均等化是切实改善民生、化解社会矛盾、促进社会公平的现实着力点。而留守老人问题是党和国家高度重视的重要民生问题，国务院于2015年11月29日颁布了《中共中央国务院关于打赢脱贫攻坚战的决定》，决定指出健全留守儿童、留守妇女、留守老人和残疾人关爱服务体系，对农村"三留守"人员和残疾人进行全面摸底排查，建立翔实完备、动态更新的信息管理系统，对低保家庭中的老年人、未成年人、重度残疾人等重点救助对象，提高救助水平，确保其基本生活。由此，在脱贫攻坚决胜期，对农村留守老人公共服务均等化的研究具有重要意义。农村留守群体的主要形成原因是农村青壮年劳动力的大量流失，对于留守老人问题的研究更应聚焦于我国主要的人口流出地。贵州省是我国西南地区的重要枢纽，与发达地区相比，西部地区城乡二元差距更为明显，贵州省农村地区基本公共服务亟须完善。据《贵州省2018年国民经济与社会发展统计公报》，截至2018年底，贵州省60岁以上老人有578.88万人，占比16.08%，老龄化程度较深。贵州作为一个贫困大省，是我国主要的人口流出地，劳动力向外大量输出，导致许多留守老人家庭空巢化，因此本章以前人的研究成果为基础，总结人口流出对留守老人的影响及留守老人公共服务需求与问题，并辅以典型个案贵州省×县留守老人的实践调研，尝试提出留守老人公共服务均等化推进机制的对策建议。

一　人口流出大省关爱留守老人的相关政策措施

据 2018 年 12 月第二届中国农村养老高峰论坛发布的《中国农村留守老人研究报告》，截至 2018 年，我国尚有 1600 万农村留守老人，约占我国老年人口的 6.4%。据国家卫生健康委员会发布的《中国流动人口发展报告 2018》，截至 2018 年底，安徽省共有 60 周岁以上老人 1159.7 万人，占比 18.34%，其中约 80% 的为农村老人，农村老人占比多。四川省 60 周岁及以上老年人口 1762.5 万人，占常住人口的 21.13%，位居全国第二，其中农村老年人口约占 70%，65 岁及以上老年人口 1181.9 万人，占比 14.17%，老龄化程度十分严峻。安徽省和四川省是我国人口流出的主要省份，老龄化程度都较深，且留守老人居多，为解决留守老人问题先后进行过许多尝试，努力探索新的方法和模式。在国家相关正式文件出台前积极开展了许多针对农村留守老人关爱服务的工作，为其他地区留守老人服务问题解决和国家政策的出台提供了宝贵的参考经验。

1. 关爱留守老人的相关政策

四川省 2015 年起便大力推进农村留守老人关爱服务体系的建设，在全国率先开展依托乡镇中心敬老院建立农村区域性养老服务中心试点工作，规划 2015～2016 年在全省范围内建设 400 个农村区域性养老服务中心；积极推行农村互助养老，通过采取村级主办、政府扶持的方式，建设农村互助幸福院，为农村留守、孤寡、失能等老年人提供日间照料等服务，截至 2015 年底，全省已建成 5070 个互助幸福院；积极推动农村社区养老和居家养老，将"农村社区日间照料中心建设"纳入省委、省政府民生工程和民生大事建设，建成农村社区日间照料中心 1600 个，并通过政府购买服务等形式，在社区为居家老年人提供养老服务；建立完善"三项补贴"制度，即 80 周岁以上低收入老年人高龄津贴制度、居家养老服务补贴制度和老年人长期护理补贴制度。

正式文件出台后，各地区也相继印发推出了与地方实际情况相结合的实施意见及办法。安徽省民政厅、财政厅等9个部门联合印发《关于推进农村养老服务体系建设加强农村留守老年人关爱服务工作的若干意见》，要求切实加强对农村留守老人关爱服务工作，并强调建立完善农村老年人家庭赡养协议签订制度、农村留守老年人联系登记制度和农村特殊老年群体探视走访制度等三项制度。家庭赡养协议签订制度强化家庭养老主体责任，在充分尊重老人意愿前提下，在被赡养人与赡养人协商一致的基础上签订，其内容包括经济供养、生活照料、疾病医护和精神慰藉等，协议签订情况会及时在老年人户籍所在地公开。留守老人登记制度是对子女或其他赡养义务人全部离开县域范围外出半年以上、留在农村生活的60周岁以上老年人进行信息标注，并补充进行联络人登记，及时了解留守老人的生活状况、家庭赡养责任落实情况，定期做好留守老人关爱服务工作等。特殊老年群体探视走访制度是对于分散居住的特困供养老人、农村留守老人、失能老人、独居老人等特殊老年群体的帮扶机制，开展定期探视走访，鼓励通过政府购买服务、社会组织介入、村干部结对帮扶等形式为这一类老人群体提供帮助。四川省正式发布《关于加强农村留守老年人关爱服务工作的实施意见》，强调要落实赡养义务人主体责任、发挥村委会权益保障作用、整合社会力量广泛参与，加大农村社会工作专业人才培养力度，建立健全农村留守老人救助保护机制，对风险较高的农村留守老人及时进行干预，实施关爱救助。

2. 关爱留守老人的相关措施和做法

建立"基层老年协会"促进留守老人发展。安徽省铜陵市义安区以"基层老年协会"作为农村留守老人关爱服务体系中的重要一环。从2003年起便开始基层老年协会的建设工作，到2009年村级老年协会建成率近100%，构建了区、乡（镇）、村三级老年工作组织网络，实现了党委领导、政府主导、老龄委组织协调、相关部门各司其职的工作体制和运作机制，基层老年协会广泛开展的老年人维权、为老服务、文体活动等，成为联系政府和老年人之间的桥梁。各级老年协会通过凝聚政府、市场、社会志愿服务、家庭等方面的资源为农村留守老人提供服务，并争取村集体经济加大对养老服务的投入。如动员组织左邻右舍为行动不便、独居的农村留守老人提供物品代购和应急救助等服务；鼓励老年互助，身体健康或低龄老人为行动不便或高龄老人提供陪医、陪聊、助浴等服务；老年协会也会定期上门为留守、高龄、失能老人等提供生活服务、突发事件处理等服务。为了有效回应农村留守老人的需求，结合实际，义安区 2013 年起逐步在全区 7 个村创新开展了农村日间照料服务试点工作，为 70 岁及以上留守、独居及生活有困难的老人提供养老服务，为降低运营成本，结合农村老年人居住分散的特点将照料中心改为日间照料服务队伍，采取购买服务和公益服务相结合的形式，并根据老人的不同情况实行分类服务。同时，将老龄工作经费列入财政预算，从 2006 年以来，每年老龄工作活动经费按照每人 5 元的标准，每年都在 20 万元左右列入财政预算，经济条件一般的乡镇活动经费安排在 2 万元左右，经济条件比较好的乡镇每年安排 3.5 万元，经济条件困难的在 1 万元左右，活动经费的落实，保证了义安区老龄工作的正常开展。

"日间照料中心 + 基层老年协会建设"提供养老服务。四川省金堂县是在日间照料服务中心的基础上，推动基层老年协会的建设，鼓励基层老年协会参与日间照料服务中心，并开展其独立的服务活动，为农村留守老人提供关爱服务。金堂县是农业人口大县、外出务工大县，截至 2017 年底，金堂县共有 60 周岁以上老人 17.5 万人，占全县总人口的 19.6%，其中农村留守老人超过 3 万人，全县农村留守现象突出。但由于金堂县大多数村落面积大，农村老年人居住散、分布广，政府提供养老服务成本较高。因此，为在财力、资源有限的前提下解决农村留守老人养老问题，金堂县自 2013 年起，通过体制机制创新，构建"一中心、多站点、重巡防"农村居家养老服务新模式，初步探索出一条符合金堂县实际情况和现实需要的农村居家养老新路子，并基本实现城乡养老服务全覆盖。以基层老年协会规范化建设为牵引，降低基层老年协会组织注册门槛，积极引导基层老年协会参与养老服务。通过基层老年协会参与日间照料中心和农村居家养老服务中心的运营管理，延伸建立农村互助养老服务点，组织老年协会上门探访、巡防，并为农村留守、失能、独居等老人群体提供代购、助医、助洁等服务。对于全县农村老年人进行摸底，建立老年人的健康档案，对于留守老人、残疾老人、失能老人等特殊老年群体进行数据统计，实行动态采集、动态管理，有针对性地提供服务。建设城乡日间照料中心，为老人提供日间照料、文娱活动等公共服务，以"六室一房"为标准，搭建亲情服务室、温馨阅览室、趣味棋牌室、关爱康复室、爱心理发室、细心洗浴室以及贴心洗衣房等。配备简易文娱活动用具和设施，建立社区互助养老服务站点，实现 1 公里范围内就地养老，为路途较远及行动不便的老人提供延伸服务。由村干部、老年协会、青年志愿者等成员构成巡防人员，建立寻访探视制度，重点针对农村留守老人及经济困难的失能老人等，为其提供上门服务。

二　人口流出对贵州留守老人问题的影响

2015 年 12 月 30 日，贵州省人民政府办公厅印发《关于进一步加强农村留守老人关爱服务工作的实施意见》（以下简称《意见》），《意见》提出要摸清关爱服务对象基本情况，对农村留守老人进行全面排查，做到精准界定、精准排查、精准识别。强调农村留守老人赡养主体责任在家庭，子女或其他赡养义务人要依法履行赡养义务，不依法履行赡养义务或虐待老人，构成违反治安管理行为的要依法给予治安处罚。加大农村留守老人社会救助制度建设，切实解决农村留守老人突发性、紧迫性、临时性基本生活困难。提高留守老人社会保障水平，将符合条件的农村留守老人全部纳入最低生活保障范围并按当地低保标准的 10% ~30% 增发特殊困难补助金，有条件的村集体应对农村留守老人参保缴费给予补助，逐步建立高龄补贴制度。《意见》指出要为农村留守老人家庭劳动力返乡创业就业创造条件，依托"雁归兴贵"行动计划、"全面创业行动计划"等载体，积极引导和鼓励农村劳动力就地就近转移就业。动员社会力量开展关爱服务，特别是社会组织、社会工作者积极参与农村留守老人关爱服务工作。同时，《意见》提出要提高留守老人社会保障水平、加强留守老人平安守护工作、加快农村养老服务设施建设和大力提升农村养老服务能力等内容。随着我国老龄化程度的加深，国家及地方政府对于老年人养老问题及老年保障的资金投入都在逐步加强，城乡居民基本养老金最低标准以"中央财政补贴 + 地方政府补助"的形式，逐年提高。贵州省 2018 年两次提高城乡居民养老保险基础养老金标准，惠及全省 488 多万 60 岁以上城乡居民，预计补发基础养老金 10 亿多元，2018 年 1 月 1 日将养老金最低标准由每人每月 70 元提高至 88 元，2018 年 10 月 1 日，将每人每月 88 元提高至 93 元。遵义市委群工办会同民政等部门 2018 年制定出台了农村留守儿童、留守老人、留守妇女和农民工的界定标准，规定农村留守老人是指长期生活在农村，因其赡养义务人全部离开本县（市、区）行政区域，连续外出务工或从事其他工作三个月以上，留守在户籍所在地生活的 60 周岁以上老人。这一标准的制定是为了实现农村留守老人的精准排查、精准统计、精准关爱，进一步健全关爱服务体系。

贵州省早在 2003 年就步入人口老龄化，且老龄人口增速快，是典型的"未富先老"省份，加上农村劳动力的大量流失和人口流出，农村留守老人比例急剧增长，农村老龄化、高龄化、留守化趋势明显。截至 2018 年底，贵州省 60 岁以上老人有 578.88 万人，占比 16.08%，流出人口 405 万人，是全国排名第八的省份。遵义市位于贵州省北部，黔川渝三省市结合部中心城市，在 2018 年全国人口流出城市中遵义市位居第九，流出人口173.49 万人，约占全省总流出人口的 42.8%。据遵义市卫健局统计，截至2018 年底，全市 60 周岁以上老年人 119.1 万人。×县是遵义市下辖县，位于贵州北部，地处川黔渝结合部的枢纽地带，大量的劳动力流出，加剧了×县的养老负担和农村留守老人现象，是贵州省"未富先老"，农村人口老龄化、高龄化、留守化的典型代表城市。由于贵州属于高原山地，山陵居多，许多农村偏远地区服务及物质供给困难，再加之年轻劳动力外出、村民居住分散、专业人才匮乏等原因，农村地区也难以实现集中供养和高质量的养老服务供给，政策实施在长期性及细节层面存在一定的困境。因此，在×县的实地调查和访谈过程中发现，尽管贵州省早在 2015 年就出台"留守老人"相关服务政策和文件，但年轻劳动力的大量流失，对调研地留守老人仍然不可避免地产生了如下影响。

1. 身心健康缺乏关怀

部分留守老人属于"五保老人"，由于长期独自生活，其性格较为孤僻，少与人交流。长久以往内心积压的孤独感无法得到释放，负面情绪得不到舒缓，容易产生各种心理问题。地处偏远山村的留守老人实际上几乎无法意识到自身存在的心理问题，也苦于条件限制无法获得专业的心理咨询。部分留守老人心理的长期压抑使其产生轻生的念头，对其自身危害巨大。同时，偏远地区农村的医疗资源极为匮乏，×县的偏远村落亦是如此。一方面，部分留守老人身体健康状况比较糟糕，需要得到长期的治疗；另一方面，交通的不便利和患病老人经济困难以及医疗资源的缺乏，导致"看病难"的现象产生，许多留守老人根本没有条件医治。身患疾病的留守老人只能用身体去"扛"病，其基本的生理健康难以得到保障。

2. 生活条件艰苦

留守老人大多居住在偏远的村落，居住条件较差，交通、水电、网络均不便利，基础设施建设不完善。居住的房屋较为简陋，随处可见破损的痕迹，房屋内部阴暗、潮湿，并且"家徒四壁"，呈现一片"萧条"的景象。"留守"在偏远山村的老人大部分经济拮据，"五保老人"月平均收入在 400 元左右。有"本事"的外出青年赚到钱后会把老人接到城里，而没有"本事"的外出青年则还需要"啃老"。但凡还留在村子里的老人几乎都需要从事体力劳动，"靠山吃山""靠地吃地""靠政府救助"成为他们大部分人维持生计的方式。部分老人的思想相对比较落后，几乎没有任何理财的意识，"有饭吃、有酒喝、有烟抽"是他们的"追求"，"赚一分花两分"是他们的"原则"，加上其本身经济拮据，导致部分留守老人"吃完上顿没下顿"。经济收入提升的需求是留守老人的基本需求，以保障基本的生活。

3. 家庭关系紧张

在调研过程中发现，长时间的"留守"生活使老人家庭关系疏离，老人的子女们大多一年只回一次家，有老人诉苦说自己的子女已经很多年没有回过家了。维系亲情的唯一方式就是打电话，而电话里相互之间的问候较少，更多的是谈论一些"正事"，呈现一种家庭关系的"冷漠"。而对于"五保老人"来说，他们的家庭关系不和则体现在"财产"的争夺问题上，部分"五保老人"愿意入住敬老院进行养老，但其旁系亲属却不愿意让他们入住，原因是老人入住敬老院后，虽然可以由政府来负责赡养，但他们的"财产"需要归政府所有，老人去世后他们的亲属无法继承老人的"财产"。为了"争夺"老人的"财产"，亲属对老人入住敬老院百般阻挠，表面上向政府承诺愿意赡养老人，实际上却没有很好地履行相应的赡养义务，导致部分"五保老人"与其亲属之间的关系十分紧张，濒临破裂。

三　留守老人公共服务均等化存在的问题

1. 公共服务需求难以满足

随着年龄的增长，人们在老年期身体各个机能与器官也在逐渐老化退化。现阶段我国人均预期寿命是 77 岁，而健康预期寿命却是 68.7 岁，意味着老年人将有 8 年左右的时间带病生存。相比起较为健康的老人，大部分患病的老年人都需要定期服药、去医院做检查，尤其是高血压、心梗、糖尿病等疾病。而农村留守老人由于其子女外出务工，生活与疾病照料质量不高，对于基本卫生服务的需求比普通农村老年人更高。与非留守老人相比，农村留守老人的整体健康状况较差；留守老人疾病患病率顺位较为特殊，椎间盘疾病更为严重，这可能与留守老人日常劳动负荷较大有关；留守老人的健康问题比较严重，尤其是不与任何子女共居家庭的留守老人。与老人的高需求相比，农村留守老人卫生公共服务急待完善。农村社区卫生服务建设不完善，社区难以提供基础的医疗卫生服务和康复服务，农村留守老人难以在社区享受疾病与康复照料。此外，由于我国医疗保险制度其自身的局限性，看病难、看病贵、因病致贫等成为医疗保障常见问题，而农村留守老人由于其经济困难、医保保险手续烦琐等，在患病后常常选择不就诊。

2. 养老保障二元分化

改革开放以来城市发展迅速，城乡经济差距大，农村居民难以享受到与城镇居民等同的养老公共服务。与一般城镇老年人相比，农村留守老人的选择面更窄，当家庭养老支付能力难以支撑时，城镇老年人仍能通过社区、政府及社会等层面的帮助和保障获取养老资源，尤其是部分职工退休老人还拥有职工退休金和职工医保等政策保障。农村留守老人主要依赖传统的家庭养老和土地养老形式，保障程度十分脆弱，尤其是随着土地和家庭养老功能的下降，现阶段我国农村留守老人的主要养老保障补贴通常由城乡基本养老保险、新农合、低保、贫困补贴等组成，但目前我国大部分老年人群年轻时未能完全赶上国家经济快速发展时期，养老储蓄相对较少，社会统筹养老保障制度中个人交纳费用较少，甚至没有，导致领取的养老保险金数额较少，农村地区几乎是从零开始进行适当补交，所能领取的养老金数额非常有限。另外，农村留守老人不完全具备缴纳费用的能力，但除了低保和贫困补贴，基本养老保险和新农合都必须要个人缴纳一定费用，加之政府财政补贴力度偏小，不利于激发农村留守老人的参保动力。

3. 机构供需矛盾突出

由于农村经济社会发展和土地经济受到冲击，农村老年人的养老需求与老年人身体状况、经济条件具有明显的相关性，因此老年人养老需求也逐渐趋向多元化、多层次。农村留守老人在生活用品、日常照料、医疗康复、文化娱乐等方面都有较大的需要，希望得到满足，但是与高需要相矛盾的是农村地区养老服务行业的低供给，难以满足农村留守老人的这些需求。由于大部分农村留守老人经济收入较低，没有稳定的经济来源，难以拥有更多的资金去为除基本生计以外的领域进行消费，高需要未能有效转化成实际的消费需求。自 2014 年 9 月起，我国养老机构公建民营成为国有集团养老机构改革的重点方式在全国铺开，是一种政府通过承包、委托、联合经营等方式，将政府拥有所有权但尚未投入运营的新建养老设施的运营权交由企业、社会组织或者个人运营的模式。

公建民营模式将机构的管理权交由组织或个人，政府由服务的直接提供者转变为服务的间接提供者或是服务提供的支持者，政府的职能也发生了转变。养老机构的民营模式更有助于机构管理的灵活性，使养老服务更能以老人需求为中心，并鼓励社会组织积极参与农村养老服务业，为社会组织参与提供了一个机会。尽管"公建民营"形式在一定程度上使养老机构的服务更加人性化，提升了机构入住率，完善了机构的运营。但这一模式下许多养老机构在建设时过于追求"高大上"，以至于使机构在建成后不得不提高收费标准，成为农村留守老人无法承担的"高档养老场所"，而没有行使其敬老院对于农村老人养老的"兜底"功能。企业运营在管理模式上比政府更加专业，但在养老服务供给层面仍然是处于摸索状态中，部分设置成为"想象中"的需求而非老人"真实"的需求，使许多服务设施和服务项目成为"摆设"，无人使用，造成资源的浪费和老人对于机构的不满。因此，尽管农村留守老人养老问题严峻，村镇敬老院修建完善，也仍然存在机构床位"供大于求"的现象，机构入住率低，空床位多，老人们不愿意入住机构。

4. 社区养老服务建设落后

农村社区养老服务建设落后，鲜少有针对老年人的诸如活动中心、社区医院等公共设施建设，公共娱乐设施建设不足。从养老机构建设层面看，我国农村地区养老机构多为公办机构，主要针对孤寡老人、五保老人等，但由于传统"家本位"思想影响和养老机构设施不完善，机构管理过于"行政化"等，农村养老机构入住率较低；农村地区公立养老机构主要目的是为农村老人提供"兜底养老照料"，资金来源主要是政府财政支出，社会资源投入少，机构设施建设主要聚焦于老年人基础生活需求和衣食照料等层面，对于老人的精神文化娱乐层面的关注不足，缺乏文娱、体教等设施。国家统计局调查显示，2018 年我国乡村医生和卫生员共有 90.17 万人，与上年相比减少了 6.69 万人，与 2014 年相比减少了 15.65 万人，这一数据在近八年来呈逐年下降的趋势。除此之外，老龄机构及老年人服务机构职工人数也呈逐年减少的趋势，2015 年我国共

2280 个老龄机构单位，27752 个老年人与残疾人服务机构单位，与 2014 年相比分别减少 278 个和 5291 个；2014 年我国乡镇卫生院为 36902 个，村卫生室为 645470 个，近五年来这一数据逐年下降，截至 2018 年末分别是 36461 个、62200 个。总体来看，我国农村地区养老服务机构建设不足且部分机构呈逐年减少的趋势，农村地区经济发展相对城镇落后，缺乏资源，导致"缺人"和"留不住人"的现象，专业人才的匮乏使许多专业服务难以开展起来。

5. 难以根据对象的特殊化提供针对性服务

当地留守老人的情况较为特殊，普遍呈现集文化程度低、经济收入低、心理问题多、健康状况差、劳动负担重等多重问题于一体的特点。这一群体的特殊性导致农村留守老人对于公共服务的需求有别于一般农村留守老人群体，他们对于精神慰藉与疾病照料的需求高于普通农村老人，卫生公共服务需求高，但由于经济收入低与心理障碍多，卫生公共服务利用率低。这一群体的公共服务需要有一定的针对性，但现有的农村养老服务供给对象是以普通农村老人为主，如活动中心、棋牌室等文娱场地，养老服务供给具有普适性，缺少针对性。在一些偏远的村落中，大部分留守老人属于"五保对象"，其标签下代表的是丧失劳动能力和生活没有依靠的老、弱、孤、寡、残的农民，这部分对象大多没有建立家庭，90% 以上的男性"打了大半辈子光棍"，长期缺乏亲情的支持和家庭的温暖，存在更为多且复杂的问题，更加需要个别化针对性的服务内容。调查过程中，个案 A 老人说："我这种人，活到也没得啷个意思，现在就是等死，但又不敢死，死了都怕没得人来给你抬棺材嘞！"

6. 群体碎片化导致服务难以集中供给

×县 TC 镇"五保老人"共计 93 人，其中集中供养 14 人，分散供养 79 人，其中，HH 村有 9 人，HW 村 12 人，HR 村 1 人，HJW 村 3 人，JLT 村 3 人，QX 村 3 人，QY 村 4 人，QGP 村 1 人，QF 村 5 人，SSB 村 1 人、TXQ 村 11 人，TX 村 1 人，TY 村 1 人，TJ 街 2 人，WX 村 1 人，XF 村有 2 人，CB 村 20 人，等等，呈现"碎片化"的特点。由于特殊的地理环境，当地村落之间的交通十分不便，摩托车是主要的交通工具。部分村落在深山里，人们只能依靠步行，路途艰险，最远的一个村子 TXQ 村，大概需要走 6 个小时的山路，大山深处的个案 B 老人说："我们这勒山高皇帝远，叫天天不应，叫地地不灵，哪天死咯都没啷个晓得。"可见这种"碎片化"

对留守老人的影响十分严重，一方面由于其封闭落后，自身的基本生活难以得到保障；另一方面由于其分布过于零散，留守老人呈"碎片化"分布在各个偏远的山村，处在这种"真空"区域中的老人们大多时候都是"无人问津"，很少有人主动关心和问候，能得到的"精神资源"稀少。除了政府发放的一些物资之外，所获得的"物质资源"也非常稀少，远不能满足其生活所需。这些老人需要得到社会的关注，正如老人 F 所说："我们也没得很多要求，偶尔有人能来看哈我们就很高兴咯，陪我们吹哈牛，关心哈我们就满足咯。"留守老人需要的不仅仅只是物质上的支援，更需要的是精神上的慰藉和心灵的安慰。但由于其分布不集中，政府难以对其进行监管，许多留守老人处在一个"真空"的区域中，公共养老服务难以进行集中供给，养老设施建设困难，老人们难以享受到均等化的公共服务。

7. "院舍空心化＋管理行政化"导致服务供需矛盾突出

×县的养老管理模式相对较为落后，尽管政府投入大量的资金修建了多所"高档次"的敬老院，但实际入住的老人数量较少，对公共资源造成了极大的浪费。×县的养老机构普遍存在"空心化"现象，尽管居住环境较为"高大上"，但其管理模式的落后以及专业人才的缺乏等问题使"空心化"的敬老院变为类似"监牢"一般的存在。资料显示，2014 年，贵州每千老年人口养老床位数由上年的 14 张提高到 21 张。从数据中不难发现养老床位的严重缺乏，而在实际调查中却发现当地许多敬老院的床位处在闲置的状态，如 SM 敬老院有 110 个床位，只有 14 名老人入住，入住率非常低，造成极大的资源浪费。一方面是现有床位的大量闲置，另一方面是养老床位的极度空缺，两者之间的矛盾揭示出院舍"空心化"现象背后存在的大量现实问题，如"家本位"传统文化对老人的影响，老人不了解相关政策，入住门槛较高等。此外，×县养老机构的管理存在"行政化"色彩，入住的老人们只能维持基本的生计，平日里几乎除了吃饭睡觉没有其他安排，敬老院也很少开展一些休闲娱乐的活动，老人们的精神生活较为匮乏。敬老院里的养老模式以"行政化手段"为主要管理方式，其运作模式以"管理"为导向，而并不是以"服务"为导向。工作人员经常对老人"发号施令"，工作人员与老人之间的关系如同"上下级"的行政关系。老人在养老机构中几乎没有发言权，许多基本诉求得不到满足，还要被动地接受各种"行政命令"，在调研过程中多数老人对养老机构的管理模式不满意，对工作人员的工作态度和方式存在较大的意见。机构的养老服务并不是以老人需求为主，而是以机构管理为中心，老人的养老服务需求得不到重视。个案 C 老人在提及养老机构工作人员时是这样表述的："哪里把我们当人看哟，一天到晚就晓得吼我们，你问哈他们哪个没遭他吼过嘛。"浓重的"行政化"色彩背后隐藏着部分工作人员对老人的歧视和不尊重，观念和地位上的不平等是根源问题。这种养老模式的理念使敬老院内产生了许多的矛盾，院民与管理人员之间的关系较为紧张，院民之间的关系较为疏离，部分院民入住之后也选择了离开。在种种问题产生的背景下，现有的集中养老模式已经无法适应新的需求，需要打破原先的一些不合理的运作方式。通过养老模式的创新，一方面使留守老人能真正在敬老院内"安心养老"，而不是一味地选择"逃离"；另一方面使更多的留守老人被"吸引"，主动选择入住，而不是被动地选择"观望"。

8. 服务供给形式单一导致老人生活枯燥化

×县农村留守老人的生活比较单调，主要休闲娱乐方式是看电视、打牌。入住养老机构的老人依旧如此，除了基本生活的维持之外，几乎没有其他娱乐休闲活动，老人们精神状态较差，敬老院呈现一种"死气沉沉"的景象。养老设施建设落后和公共养老服务的不完善，导致×县农村留守老人生活枯燥，可享受的公共养老服务较少，服务供给形式比较单一，多以保障生活起居为主。农村留守老人的精神生活的缺失对其心理影响较大，一个在敬老院打算离开的个案 D 老人说："在这勒待起一点儿都不安逸，整天没啷个事干，想找人吹哈牛还吹不起，还不如回去安逸。"养老机构"枯燥化"的生活也是其"空心化"的一个重要原因。

四 完善留守老人公共服务对策建议

党的十九大报告中提出，"基本公共服务均等化基本实现"是满足人民群众日益增长的美好生活需要的重要环节。尽管部分地区在推进基本公共服务均等化过程中积累了一定的成功经验，但留守老人由于地区人口流动性大、留守老人群体特殊性及其高需求，与一般地区基本公共服务均等化推进相比有其独特性。进一步完善人口流出地留守老人公共服务均等化推进机制，是有效缓解人口流动对人口流出地负面影响，满足人口流出地留守老人基本需求的重要途径。

1. 建立城乡公共服务均等化区域协同机制

消除城乡公共服务差距，建立城乡统一的公共服务制度，要拓宽农村公共服务供给渠道，对农村地区给予更多的关注，关注农村留守老人的需求与困境，逐步缩小城乡基本公共服务供给的差距，实现基本公共服务供给体制一体化。要着力解决农村地区优质资源紧缺的情况，按照统一的建设标准，规划建设农村基本公共服务机构和设施。基础设施的完善是进一步改善留守老人养老现状的重要因素，尤其是农村基本养老服务设施的建设，通过城乡间资源共享、制度对接等，完善农村基本养老服务机构和设施建设，推动形成有针对性、集中供给、形式多样的养老服务。一方面，要加强农村地区的基本养老设施建设，如养老机构、社区日间照料中心、老年食堂、老年人活动中心、幸福院、社区医院、老年大学等可供农村老人特别是农村留守老人使用的场所，为其提供一个私密的、属于老人群体的交流场所，丰富老人们的日常生活，促进同村老人们尤其是留守老人与非留守老人的交流和互助，消解留守老人们的孤独感和边缘感。增强农村地区的老年服务力，为养老服务的供给提供必要的设施保障。另一方面，要实现城乡间的联动治理，以养老设施建设服务半径或服务人口为基本依据，统筹空间布局，避免重复建设。要做好农村留守老人信息采集工作，建立以政府、社区、基层老年协会、村级小组等为主的信息采集队伍，加强对留守老人的统计监测，包括留守老人人口数量、年龄分布、身体状况、子女外出务工地点、赡养人信息登记等，构建信息采集协调机制，进行信息化管理。同时利用线上链接、资源共享、人员对接等形式，实现基本公共服务信息、资源、技术、设备等要素的共享和开放，使城乡相关服务人员能够同步了解讯息，掌握服务对象的基本情况，提供准确及时的服务。

2. 建立留守老人基本公共服务多元供给机制

在全社会公共需求全面快速增长的新阶段，传统政府单一供给模式的弊端已经暴露，农村留守老人基本公共服务必须通过创新供给方式、培育公共服务多元供给主体化以实现公共服务多元供给机制的建立。培育家庭、社区、机构、政府等养老服务多元供给网络，使农村留守老人老有所养、病有所医，在回应农村留守老人群体特殊性服务需求的同时，实现农村养老服务的集中供给。首先，要巩固传统家庭养老功能，发挥家庭养老作用，强调留守老人赡养人的赡养义务，督促赡养人履行赡养义务。子女外出务工，长时间的"留守"生活使老人家庭关系疏离，子女们大多一年只回一次家，维系亲情的唯一方式就是通过电话，而电话里相互之间的问候较少，更多的是谈论一些"正事"，呈现一种家庭关系的"冷漠"。子女对老人的关心更多的是"经济为本"而不是"精神为本"，关心的内容是"有没有钱用""有没有衣服穿"等具体的物质生活层面的问题，而鲜少去关注老人"是否孤独""是否需要陪伴"等抽象的心理和情绪问题。巩固传统家庭的养老功能，就是要将这种"经济为本"转变为"精神为本"，鼓励子女主动询问老人的心情及其感受，事实上大部分子女并非不关心老人，而是缺乏沟通的技巧和能力，不懂得正确地表达自己对于老人的关心和孝顺，不好意思去向老人们表示自己的爱意，难以去切身感受老人们真正的需求是什么。而这既需要政策层面的倡导和鼓励，鼓励子女"常回家看看"，倡导子女能够像关切自己的孩子一样关切老人，也需要诸如志愿者、专业社会工作者等社会力量和专业力量的介入，引导其进行有效沟通。

其次，培育农村留守老人基本公共服务多元供给机制，这就要求政府要引导鼓励社会组织，如非营利组织、社区居民、企业、中介机构等参与到公共服务供给的工作中来。以政府为主导，加强与市场和社会的合作，构建三方参与的网络化治理机制，实现协同治理。将部分公共服务和公共物品供给工作交由市场完成，如养老机构服务供给、社区部分养老服务供给、私人医院等，加快以政府为主导的农村医院建设，推动农村医疗服务体系建设，提高整体医疗水平，保障农村留守老人老有所依。社会组织作为政府与市场之外的补充力量，利用项目购买、资金注入、志愿服务等形式提供服务，要切实成为参与主体，加强与家庭、市场或政府等养老主体的联结与合作，如上海市市长益公益基金会与施甸县宣传部和民政局合作，以村为单位，由县民政局与村委共同在当地挑选优秀的愿意为家乡老人做贡献的村民，而基金会负责为这些选拔出来的村民进行系统的公益培训，使他们可以成为合格的陪伴者，为当地的留守老人提供具备公益理念和公益品牌的居家养老服务，为其解决一些实际性的困难。这类合作形式使基金会在养老服务层面的参与度更深更切实，且人才培训的计划使这种公益服务能够具有持续性和发展性，而不是"一次性"的。社会爱心人士、爱心企业或本地的乡绅、成功企业等社会力量，为了避免爱心集资和爱心捐赠过程中所造成的资源浪费，如所捐赠资源并非老人切实所需要的东西等问题，也是为了避免爱心活动的"一次性"和"偶发性"，为了形成具有"长效性"和"发展性"的服务，应大力发展互助型慈善养老方式，发展村镇的"一元"基金、"十元"基金等互助型基金会，鼓励组建村社慈善基金会，结合村集体经济分红或是村集体产业盈利等来源，由以上社会力量进行筹资，储蓄成为基金会，能够每月或每季度定期为村镇内的留守老人发放津贴。

3. 完善养老服务人才队伍建设机制

实现农村基本公共服务均等化，推动农村养老服务发展，就要提高农村留守老人基本公共服务供给质量，完善养老服务人才队伍建设机制。推动实现城乡基本公共服务均等化协调治理机制，促进各行业各机构分级机制和资源的合理分配，促使农村地区能够留得住人才，并通过人才引进等方式缓解专业人才匮乏等问题。同时，对现有工作人员进行技能及专业化培训，提升工作人员专业化水平，这样才能为老人们提供专业化的服务，聚焦农村留守老人的现实需求，了解农村留守老人的真实情况及现实需求，促进公共文化产品建设，加大农村留守老人文化娱乐服务供给力度。通过人才队伍建设和专业服务优化，加强对农村留守老人的精神关怀和日常照料服务，利用与邻近城市养老服务机构合作的形式，引入专业人员进行面对面培训或定期服务，以提高医疗服务和养老服务供给水平。另外，留守老人的特殊性要求养老服务的工作人员，不仅仅是管理人员或是服务提供人员，在必要的时候更要成为留守老人的"家人"或是"精神伙伴"，这就要求养老机构的管理人员在懂得管理的同时，必须了解机构内老人的需求和感受。养老机构需要调整其固有的管理模式及观念，特别是"公建民营"模式下的养老机构，要避免一味追求机构硬件设施的"高端"，而忽略了更为重要的软件设施，为老人提供生活照料和精神慰藉服务，关注老人真正的需求，警惕将养老机构打造成为一个"行政意义"上的管理机构，对机构内的老年人实行一种"上下级"的行政管理关系，要提倡建立一种平等、和谐、亲密的伙伴关系或"家人关系"，使养老机构成为一个真正的生活和居住的环境。

4. 健全基本公共服务治理监督机制

推进基本公共服务职责规范化，明确各职能部门责任分工，建立健全农村养老公共服务的监督治理机制。制定各养老服务供给主体履行基本公共服务职能的具体规范，《关于加强农村留守老年人关爱服务工作的意见》[①] 中明晰了各部门的权责分担，民政部门要培养壮大农村养老服

---

① 见《关于加强农村留守老年人关爱服务工作的意见》（民发〔2017〕193 号）。

务和社会工作专业人才队伍，加强设施建设；司法行政部门要做好法制宣传教育，为老人提供法律援助；财政部门要完善政府购买服务制度；文化部门要为老人提供丰富多彩的文化服务；明确了公安部门、卫计委、人社部门、老龄办等的责任和权力。依法保障农村留守老年人能够获得普遍、公平的基本公共服务，对政府履行职责设定程序约束，保障服务连续性和规范性。监督监察机构应依此对养老服务供给进行量化考评，以促进公共服务均等化的实现。对公立养老机构运营商，政府要做好宏观管理和监督的工作，确保机构是在满足村镇特困老人居住的基础上，再将空余床位用作市场需求运营，要保障养老机构对于农村特困老人的养老"兜底"功能。同时，要充分发挥人民群众的监督作用，拓宽公民参与渠道，村民、老年协会及其余社区组织等应自发履行监督义务，监察养老服务供给及参与情况，同时为养老服务供给提出反馈意见。

5. 创新农村地区养老机构管理机制

利用专业社会工作参与，创新养老机构管理机制。留守老人问题的复杂性和需求的多样性，要求社会组织参与到公共服务供给中来，使农村留守老人能够享受到社会组织更为专业化、更具针对性的公共服务。社会工作者作为专业力量，是农村留守老人基本公共服务供给体系的强有力的补充，农村留守老人作为一个特殊的弱势群体是专业社会工作的服务对象，社会工作"个别化"的专业价值理念也与农村留守老人的需求相契合。促进社会工作者加入农村留守老人养老服务中来，有利于解决农村留守老人养老问题，完善公共养老服务，创新公共服务供给模式，促进留守老人公共服务均等化。如在调研地养老机构中实地开展的农村留守老人社会工作服务供给模式——"学校家庭式"养老模式，通过对集中养老的模式进行创新，结合"学校"的管理模式和"家"的文化，坚持以人为本的理念，通过"学校"式的生活作息与课程设置，使老人在敬老院内学习知识技巧，形成良好的生活规律。同时融入"家"的文化，通过相关活动的开展促进老人之间的交往，增强老人的归属感。"学校家庭式"养老模式的运行，贯彻"社工院民一家人"，让院民与社工、院民与院民之间建立信任关系，使社工更加熟悉院民，挖掘潜能，制订相应的服务计划，开展服务。在专业理论支撑下，运用专业的实务技巧，辅以心理学、管理学等理论的实务技巧以及专业的老年照顾护理技巧，为老年人提供一个满足需求、实现自我价值、有归属感的生活和心理环境，促进其适应生活，提升解决问题的能力，促进其再社会化，并丰富老人的生活，使其安享晚年。在敬老院中，开办老年课堂，制定课程，以兴趣班的形式，采用小组工作的方法，传授知识与生活技巧。开展"我院是我家"系列主题文化活动，在敬老院内营造"家"文化，培养院民"我院是我家"的意识，推动建立院民的社会支持网络，通过"家"的形式弥补老人亲情的缺失，使其相互之间由原来陌生冷漠的关系变为"亲人"。借助"学校家庭式"养老模式的运行为老人创造一个特殊的"场域"，借助这个"场域"使老人在敬老院内实现互帮互助、相互依存，以达到社会工作"助人自助"的价值理念。诸如此类的社会工作服务创新为留守老人公共服务均等化提供了新的思路，可作为参考与拓展，以进一步创新社会工作服务供给模式。

小　结

随着老龄化的加剧和农村劳动力的不断流失，农村留守老人养老问题的解决也将越来越迫切，农村留守老人的问题主要集中于医疗、养老、日常照料及精神慰藉等方面，这些问题与公共服务息息相关。尤其是偏远农村的贫困留守老人是一个具有"多重困难"和"多重需求"的特殊群体，需要系统化、均等化与多元化的公共服务供给机制。同时，由于其子女务工的流动性，留守老人更需要区域间的公共服务协调供给机制。因此，关注农村留守老人问题与需求，加强基本公共服务建设，促进公共服务均等化，构建城乡协调治理机制，创新农村地区养老机构管理机制，使农村留守老人能够平等分享社会经济发展的成果，是保证留守老人基本生活、促进和谐社会建设的关键。

第六章

管理到服务：人口流出大省计生卫生服务模式探索

　　我国作为流动人口大国，每年的流动人口在 2.3 亿人左右的规模①。由于经济发展的不平衡，东部发达地区主要是人口的流入地，其中广东省是人口流入第一大省，人口净流入 1843 万人，其次为上海、北京、浙江，人口流入分别为 976 万人、764 万人和 737 万人，而中西部则是人口流出地区。据 2020 年 2 月 25 日第一财经网报道，长江中游和西南，是我国的主要人口流出地②。2015 年流出人口占比排在第一位的是安徽省，流出人口占全省户籍人口比例为 14.40%；排名第二的是江西省，占比达 12.12%；排名第三的是贵州省，占比为 11.66%；第四位是湖南省，占比为 10.97%。从流出人口规模上看，流出最多的省是江西，达到 1014 万人；其次是河南，流出人口规模达到 943 万人；再次是四川和湖南，都超过 800 万人。安徽、贵州省的跨省流动人口在 500 万~800 万人③。本章根据我国人口流出大省多在中西部的情况，选择在流动人口服务方面做得较好的西南落后地区的贵州省和中部的安徽省、湖南省为例，分析它们对跨省流出人口管理服务的做法，探讨我国流动人口基本公共服务区域协调机制的建立情况。

第一节　贵州省流动人口卫生计生基本公共服务探索④

　　随着经济社会的不断发展和人民群众对美好生活的强烈愿望，人口跨

---

① 2019 年全国流动人口达 2.36 亿人。
② 《第一财经网》林小昭。
③ 净流出人口指流出人口与流入人口之间的差值。
④ 此部分作为阶段性成果在《贵州社会发展报告（2018）》刊出。

地区流动，特别是从农村进入城市工作、生活、学习等现象日趋频繁，甚至成为一种常态。近年来，贵州抢抓发展新机遇，致力于建设世界知名山地旅游目的地、山地旅游大省和国家生态文明试验区，积极融入"一带一路"建设，加快推进传统经济向开放型经济转型，逐步形成了开放带动、创新驱动的新格局。贵州省流动人口在本省总人口中的比例逐年上升，流动人口分布在各行各业，扮演着重要的角色，为贵州经济社会发展做出了积极贡献。然而在积极推进"健康贵州"建设进程中，流动人口（农民工）的医疗卫生保障和健康意识与城市人口相比仍有相当的差距，是社会关注的焦点问题。本文通过 2017 年贵州省 5000 名流动人口的动态监测调查数据和各市（州）月报数据（截至 2017 年 9 月），分析流动人口卫生计生基本公共服务状况，客观反映目标人群对卫生计生基本公共服务需求和对美好生活的强烈愿望，为进一步加强流动人口基本公共服务工作提出对策建议。

一 流动人口卫生计生基本公共服务状况

1. 流动人口基本情况

（1）流动人口总量。截至 2017 年 9 月 30 日，根据贵州各市州卫生计生部门数据统计，全省共有流动人口 1023 万人，与 2016 年同期比（本组数据下同）增加 5 万人。其中，按户籍划分，贵州省籍流动人口 928 万人，增加 10 万人；省外流入人口 95 万人，没有变化。按流向划分，本省籍人口 562 万人流向省外，减少 4 万人；省域内跨县流动的省籍人口 226 万人，增加 5 万人；县内跨乡镇流动 140 万人，增加 9 万人。2016 年末，全省常住城镇人口 1569.53 万人，城镇人口占常住人口的比重为 44.1%，比 2012 年提高 7.7 个百分点。几个流动方向上人数增减的变化表明：贵州省大数据、大健康、现代山地高效农业、文化旅游、新型建筑建材五大新兴产业快速发展，城镇对经济社会发展的承载能力不断增强，交通、通信、出行环境的不断优化对加快人口流动的作用也越来越明显，基础设施项目、大数据建设、生态文明建设等对人口流动的集聚效应正在凸显。

（2）流动人口动态监测基本数据。贵州省级卫生计生部门于 2017 年 5 月在 9 个市（州）50 个县（市、区、特区）112 个乡，对抽取的 5000 名调查对象，就流动人口家庭成员、收支情况、就业情况、流动及居留意

愿、健康与公共服务、社会融合进行了问卷调查。调查结果显示：贵州籍
流动人口省内流动占 64.1%，其中省内跨市流动占 35.8%，市内跨县流动
占 28.3%；跨省流动的占 35.9%（见图 6-1）。

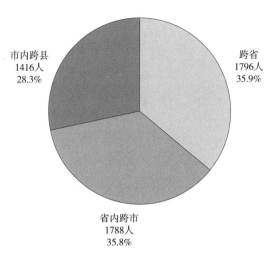

市内跨县
1416人
28.3%

跨省
1796人
35.9%

省内跨市
1788人
35.8%

图 6-1 2017 年度流动人口动态监测调查比例

被调查对象的构成分析与比较。

一是居住呈长期化、家庭化。在 2017 年动态监测抽样调查对象中，
与调查对象同住的家庭成员（含调查对象本人）人数最多的是 10 人，
最少的是 1 人，多数是 4 人和 3 人，分别占 34.1% 和 27.8%，流动人口
居住长期化和家庭化的趋势更加明显，流动相对稳定；被调查对象平均
年龄（36 岁）、性别比例均高于 2016 年抽样。贵州流动人口以青壮年为
主；民族以汉族为主，占 80.9%，苗族占 5.4%，布依族占 2.5%，土
家族占 2.3%，侗族占 2.1%。近几年，少数民族流动人口数量与民族种
类呈增长趋势。

二是受教育程度有提高。流动人口受教育程度以"初中"居多，占
44.7%，比 2016 年有效百分比少 6 个百分点，流动人口中高中、中专学历
人数逐渐增加。

三是"农转居人口"增长，"农业"人口主体性减少。调查显示：流
动人口以"农业"人口居多，占 81.1%，农转居占比与 2016 年调查相比
增加 3.2 个百分点，户籍制度改革有明显成效；调查对象中非中共党员或
共青团员的占 89%。

四是构成复杂，服务需求多样，社会融合提速。调查显示：流动人口覆盖面广，结构复杂，反映出流动人口中文化习俗、生活方式等存在一定的差异。

（3）省籍人口流动更加活跃。人口流动的规律是向经济活跃、发达区域聚集。贵州经济增速连续7年保持全国前3位，经济社会发生了深层次、根本性变化。如新增高速公路3203公里，高速铁路营业里程达到1214公里，形成贯通长三角、珠三角、京津冀和川渝滇的快速通道；122家全国500强企业入驻贵州；大数据、大健康、大生态、大旅游等新兴产业快速发展；劳动者报酬提高幅度位居全国第一[①]；群众获得感、幸福感、安全感明显增强；等等，为人口频繁流动创造了前所未有的条件和机会。从数据上看，省外流入人口由"十一五"期末的33万人，增至2017年末的95万人，无论从增速上还是数量上都在西部省区中名列前茅。2017年9月与2012年同期比，全省流动人口增加169万人，省外流入增加32万人，省籍流动增加128万人，省内跨乡以上流动增加152万人，跨省流出减少228万人，以上因素和数据表明：贵州对人口流动的吸引力更为强劲。这在西部省区是个特殊的人口迁移流动现象，区域间经济社会发展不平衡依然是人口迁移流动的根本原因。

"十一五"以来贵州省流动人口数量演变：自"十一五"以来，到2014年贵州省籍流动人口平均每年净增50万人以上；从2015年开始省籍流动人口和省外流入人口仍然呈增长趋势（见表6-1）；一个新的特征呈现，即到2018年9月省内跨县流动每年递增5万人，县内乡镇流动人口每年增加8万~9万人。

表6-1　"十一五"以来贵州省流动人口数量演变

单位：万人

年　　度	全省流动人口数	本省籍流动人口数	省外流入人口数
2005年末	430.6	397.2	33.4
2006年末	497.6	461.4	36.2
2007年末	597.4	558.7	38.7
2008年末	640.1	603.1	37.0

---

①　数据来源：2018年贵州省政府工作报告。

续表

年　　度	全省流动人口数	本省籍流动人口数	省外流入数
2009 年末	593.6	552.8	40.8
2010 年末	739.3	691	48.3
2011 年末	797	745	52
2012 年末	850.1	786.1	64
2013 年末	875	796	79
2014 年末	973	884	89
2015 年末	1010	916	94
2016 年末	1003	908	95
2017 年末	1023	928	95
2018 年 9 月	955.69	850.67	105.02

注：（1）统计口径为：跨户籍所在地乡镇（街道办事处）流出 30 天以上人口。

（2）2018 年数据为贵州省卫生健康委员会家庭人口处提供。

（3）2018 年机构改革后，人口和计划生育委员会与省卫生厅合并组建省卫生健康委员会，流动人口不再在卫生健康委员会的职责范围内，因此以后就没有流动人口的具体数据了。

2. 流动人口卫生计生服务获得感进一步上升

流动人口基本公共卫生计生服务均等化和健康教育促进计划的全面实施，将目标人群纳入本地常住人口同服务、同管理已成为常态，充分发挥基层医疗机构、妇幼计划生育服务机构的专业优势，将目标人群和重点服务对象纳入均等化服务范围，进一步提高流动人口的医疗保障水平，切实保障他们的健康权益。

接受健康教育的比例和方式发生根本变化。本次调查中，有 3719 名调查对象在现居地接受过相关的健康教育，占应接受教育人数（4539人）的 81.9%，半数以上的调查对象均接受过相关的健康教育。其中，相对较多的是"接受过控制吸烟方面的健康教育"、"接受过生殖健康与避孕方面的健康教育"和"接受过妇幼保健/优生优育方面的健康教育"（见表 6 - 2）。通过宣传栏/电子显示屏的方式接受健康教育的占 82.1%，通过公众健康咨询活动的方式接受健康教育的占 57.5%（见表6 - 3）。

表 6 - 2　流动人口调查对象接受的健康教育

单位：人，%

类　型		响应		个案百分比
		N	百分比	
接受的健康教育 a	接受过职业病防治方面的健康教育	1872	8.5	50.3
	接受过性病/艾滋病防治方面的健康教育	2438	11.0	65.6
	接受过生殖健康与避孕方面的健康教育	2883	13.0	77.5
	接受过结核病防治方面的健康教育	2279	10.3	61.3
	接受过控制吸烟方面的健康教育	2906	13.1	78.1
	接受过心理健康方面的健康教育	2183	9.9	58.7
	接受过慢性病防治方面的健康教育	2378	10.7	63.9
	接受过妇幼保健/优生优育方面的健康教育	2884	13.0	77.5
	接受过突发公共事件自救方面的健康教育	2329	10.5	62.6
总　　计		22152	100.0	595.6

注：a. 值为 1 时制表的二分组。

表 6 - 3　流动人口调查对象接受健康教育的方式

单位：人，%

方　式		响应		个案百分比
		N	百分比	
接受健康教育的方式 a	通过健康知识讲座的方式接受	1433	11.6	40.4
	通过宣传资料（纸质、影视）的方式接受	3321	27.0	93.5
	通过宣传栏/电子显示屏的方式接受	2916	23.7	82.1
	通过公众健康咨询活动的方式接受	2041	16.6	57.5
	通过社区短信/微信/网站的方式接受	1224	9.9	34.5
	通过个体化面对面咨询的方式接受	1372	11.1	38.6
总　　计		12307	100.0	346.7

注：a. 值为 1 时制表的二分组。

目标人群健康状况和就近就医条件明显改善。调查对象中4136人表示健康状况是"健康"，占82.7%（见图6-2）；3496人听说过"国家基本公共卫生服务项目"，占69.9%；这得益于"新市民健康城市行"，实现全覆盖，健康促进场所、社会融合社区、健康家庭创建等工作试点、同启动、全覆盖有序开展，流动人口基本公共卫生计生服务均等化和健康教育促进计划全面实施，成为流动人口掌握健康知识、提升健康水平的重要渠道。从2016年起全面实施基层医疗卫生能力三年提升计划，着力解决乡村医疗卫生资源总量不足，人才严重匮乏和服务能力薄弱的突出问题，以增强防病治病能力为核心，切实推动医疗卫生优质资源下沉，全力构建"15分钟城市社区"和"30分钟乡村"健康服务圈，让城乡居民就近享受安全、有效、经济、便捷的医疗卫生服务。

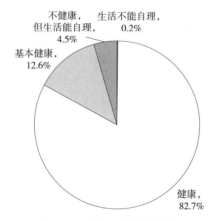

图6-2　调查对象的健康状况

流动人口基本公共卫生计生服务可及性持续提升。调查结果显示：调查对象本人有患病（负伤）或身体不适情况的有1742人，占34.8%，其中，多数是最近一次发生在两周前的占28.2%。调查对象本人有患病（负伤）或身体不适的情况时，多数首先选择在"本地药店"和"本地个体诊所"看病，各占31.8%和24.1%（见表6-4）。调查对象从居住地到最近的医疗服务机构（包括社区卫生服务中心、村居医务室、医院等）需要的时间（以自身最易获得的交通方式）多数在15分钟以内（见图6-3），占83.4%。调查对象均未患有医生确诊的高血压或Ⅱ型糖尿病，占91.1%；综合流动人口健康基本卫生需求情况看，及时到医院就诊的人口有所增加，就医机构完全辐射到目标人群，流动儿童预防接种服务的覆盖率达到国家标准，流动人口对不同的基本公共服务利用水平也不尽相同。截至 2017 年 12 月，贵州省流动人口基本公共卫生计生服务均等化覆盖率达 88%。制定实施艾滋病、结核病、精神卫生等一批重大疾病规划，基本公共卫生人均补助每年提高 5 元。2016 年贵州实现乡镇卫生院标准化建设全覆盖；2017 年实现了乡镇卫生院（社区卫生服务中心）远程医疗全覆盖。这在很大程度上改善了贵州乡村和社区的医疗卫生服务环境条件。

表 6-4　流动人口看病地点选择

单位：人,%

方　式		频率	百分比	有效百分比	累积百分比
有效	本地社区卫生站（中心/街道卫生院）	277	5.5	15.9	15.9
	本地个体诊所	420	8.4	24.1	40.1
	本地综合/专科医院	273	5.5	15.7	55.7
	本地药店	553	11.1	31.8	87.5
	在老家治疗	18	0.4	1.0	88.6
	本地和老家以外的其他地方	18	0.4	1.0	89.6
	哪也没去，没治疗	181	3.6	10.4	100.0
	合计	1740	34.8	100.0	
缺失	系统	3260	65.2		
合　计		5000	100.0		

3. 基本医疗和公共卫生服务能力大幅提升

贵州是全国唯一没有平原支撑的内陆山区省份，乡村人口比重大（53.98%），居住分散，县乡之间、乡村之间距离较远，尤其农村群众看病远、看病贵、看病难是贵州医疗卫生服务的主要困难。近三年，贵州强力推动远程医疗服务体系建设，着力解决了"实现三甲医院对县级医院远程医疗服务全覆盖"和"县级医院对乡镇卫生院全覆盖"。同时建成全国首张覆盖省、市、县、乡医疗机构并外联国家优质资源的远程医疗服务网络，大大提升了基层医疗卫生机构服务能力和水平，让包括流动人口在内的城乡居民获得更多、更好、更便捷的医疗卫生服务。贵州省级财政 2016 年投入卫生计生资金 49.87 亿元，2017 年投入 60.16 亿元，增长 20.63%。

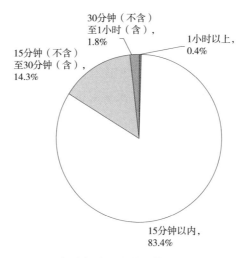

图 6 - 3 调查对象从居住地到最近医疗机构的时间

扎实推进基本公共卫生服务。人均基本公共卫生服务经费从 45 元提高到 50 元；重大疾病防控能力明显增强，甲、乙、丙类传染病发病率降至 428.21/10 万；艾滋病防治工作进一步加强；建成覆盖省、市、县三级危重孕产妇和新生儿救治中心，免费孕前优生健康检查项目。

基层医疗卫生服务能力明显提升。全年完成轮训基层卫生技术人员 30128 人次；培训技术骨干 3801 人次；全科专业规培学员 438 名，助理全科医师 320 名，全科转岗培训 382 名；执业（助理）医师、乡村全科执业助理医师考前培训 2655 人；委直属医疗卫生机构共引进博士 52 人、硕士 356 人；组织 1356 名二级以上医疗卫生机构医务人员到乡镇卫生院驻点服务一年。

乡镇卫生院远程医疗服务体系全面建成。近三年来，全省各级投入财政资金 15 亿元，为 1543 个乡镇卫生院配置 9 类数字化医疗设备、信息化设备和软件。各级投入"百院大战"建设资金 14.27 亿元，强力推进"百院大战"建设。通过流动人口动态监测调查，调查对象从居住地到最近的医疗服务机构（包括社区卫生服务中心、村居医务室、医院等）需要时间（以自身最易获得的交通方式）在 15 分钟以内的占 83.4%（见图 6 - 3），城乡居民就医条件得到明显改善。特别是自启动全省"新市民健康城市行"活动和流动人口健康促进示范场所、流动人口社会融合示范社区创建，倡导"三减三健"行动，流动人群的健康意识和医疗卫生服务条件得到较大提升。

4. 健康扶贫政策涵盖本省籍流动群体

贵州作为全国脱贫攻坚的主战场，还有 280 万左右的贫困人口，其中不乏农民工、流动人口。贵州省委、省政府坚定提出要打赢包括"教育医疗住房三保障"在内的四硬仗，基层医疗卫生服务能力提升与拓展，依然是工作的重中之重。

深入实施"四重医疗保障"制度。在创新建立农村贫困人口基本医疗保险、大病保险、医疗救助"三重医疗保障"制度的基础上，建立"医疗扶助"制度，构建了"四重医疗保障"兜底政策，覆盖全省所有建档立卡贫困人口。截至 2019 年 9 月，共有 281.48 万人次享受"四重医疗保障"，获得补偿 43.38 亿元；农村贫困人口医疗费用报销比例高达 90% 以上。

全面实施慢性病兜底保障机制。该机制在全省全面推开，将 36 种疾病纳入农村贫困人口慢性病医疗救助范围，对慢性病治疗医药费用进行专项医疗扶助，确保其年度自付费用在县级以下（含县级）公立医疗机构不超过 1000 元、市级公立医院不超过 3000 元、省级公立医院不超过 5000 元。

实行统一报销政策，"两提高、两降低、一减免"。"两提高"即提高普通门诊和普通住院报销比例，提高大病保险报销比例。其中，门诊报销比例在现有基础上提高 5 个百分点以上，村乡两级达到 65% ~ 95%；住院报销比例在现有基础上提高 5 个百分点以上；乡、县、市、省级分别达到 85% ~ 95%、75% ~ 85%、65% ~ 80%、60% ~ 70%；大病保险报销各档赔付比例提高 10 个百分点以上，达到 60% ~ 100%。"两降低"即降低转诊住院起付线；降低大病保险报销起付线，降幅不低于 50%，且起付线不得高于 3000 元。"一减免"即减免转诊到省级新农合定点医疗机构住院起付线。

5. 流动人口计划生育服务转型效果明显

持续开展流动人口返乡生育服务。全省坚持以贯彻落实中央相关精神为主线，按照以人为本、优先优惠、全程服务的原则，从政策宣传引导、建立绿色通道、实施预约服务、提供特色服务、加大困难帮扶等五个方面，在全国率先为流动人口返乡生育提供优质服务，这对缓解大城市妇幼医疗服务资源压力，减轻流动人口经济负担，顺利推进全面二孩政策实施起到了积极作用。自 2016 年 7 月以来，贵州省开展了流动人口返乡生育优质服务，对建档立卡农村贫困人口中返乡生育家庭的医药费用实行基本医疗保险、大病保险、医疗救助等"三重医疗保障"政策。对缓解全面二孩政策实施后大中城市助产机构压力，并制定相关优惠政策让流动人口返乡生育在经济、家庭、服务上得到更多帮助，取得了实实在在的成效。2017年（计生年度）全省流出人口生育55702人，这期间返乡生育12377人（其中跨省返乡生育的9044人），占流动人口生育总数的22%，建立返乡生育绿色通道671个，发放高龄困难补助12.9万元，农村户籍返乡生育家庭100%享受住院分娩补助，返乡生育家庭建立母子保健手册、接受孕前优生健康检查和孕期保健、产后访视均达100%，有效地缓解了大中城市助产压力和流动人口家庭相关困难，助推生育政策平稳实施，流动人口卫生计生服务管理较好实现了转型、创新与发展。

实现便民服务能力提升。积极指导督促各级提升流动人口业务平台质量，推进网上信息核查和共享，扎实做好流动人口现居住地生育登记服务。全面公开流动人口异地办证程序，对流动育龄夫妻符合生育条件的，持相关证明材料，通过流动人口办公平台，及时与户籍地网上通报审核，实行居住地受理，网络平台协作通报备案，直接送证上门，流动人口无须来回往返就可以在现居住地的村（居）民委员会或者乡镇人民政府（街道办事处）登记，并享受和常住居民同等的相关生殖保健服务，群众对政策知晓和政策理解水平、流动人口服务网上办事工作水平、群众满意度大幅提升，有力地推动了生育政策落地，努力实现流动人口出生登记在90%以上，信息反馈率在95%以上。据统计，截至2017年9月30日，全省流动人口二孩符合政策生育率、本省籍流出人口多孩符合政策生育率与2015年同期相比上升2~4个和11个百分点，这表明全面二孩政策符合绝大多数群众的生育意愿。

积极开展生育健康服务。通过流动人口网络协助平台及时与流动人口户籍地加强沟通交流，在现居住地为其流动人口提供同等的优生优育、避孕节育、生殖保健等服务。流动育龄妇女在辖区内每年至少享有2次以上孕情、环情检查和1次以上生殖健康检查，享有出生缺陷干预、免费孕前优生健康检查等项目。同时，按需设置避孕药具发放点，形成领取方便、满足需求的供应渠道，使流动人口能够便捷地获得免费避孕药具服务，定期开展随访服务，推动流动人口在就业、就医、子女入托入学、法律援助和社会救助等方面享有与现居住地居民同等的待遇，将流动人口纳入覆盖人群。

二 对跨省流动人口服务管理的探索

贵州省针对跨省流动人口占比大（近50%）的情况，也曾设想在黔籍人口流入较多的地区设立流动人口服务站，受财政影响，没有能够将设想变成现实，但贵州省并没有放弃对流出人口服务管理路径的探索。在对流动人口服务管理工作中，深化改革跨省区域协作组织形式和协作方式，鼓励探索效果好、成本低、运行稳的协作模式。

1. 遵义县与浙江省慈溪市"外警管外口"协作模式

遵义县公安局于2006年与浙江省诸暨市、2007年与浙江省慈溪市公安局友好协商，签订"警务友好合作协议"，每年由贵州的遵义县分别向浙江的诸暨、慈溪两市各派出两个民警，到两市挂职锻炼，协助开展工作。在管理方式上：对派出民警实行组织与民警双向选择（组织选派、民警自愿），工作业务实行派出地和驻地双向考核，由驻地公安局考核全年工作情况，转交派出地进行年度考核。派出人员一般为一年轮换一次，也可延长，轮换时不能两人同时轮换，一般在年初和年中各换一次。派出民警工作方式：民警入驻后接受当地公安局党委领导，协助各派出所工作，通常协助治安大队工作，在驻地发生的一切案件，贵州遵义县派出民警一般不独立办案，主要只协助解决在管理中当地公安与遵义县流动人口交流难的问题。主要工作成效：7年来通过各种方式共帮助群众13843人次；协助破案86件；帮助贵州籍农民工讨薪3451万元。有流入地在协作服务管理上迫切的现实需求，充分保障了户籍地派出人员工作和生活基本和必要需求，又有派出人员明确的工作职责与充实的工作空间，因此，贵州与浙江两省间"外警管外口"协作服务管理工作模式8年来运作规范，成效斐然，生命力强劲，得到流出地与流入地群众的恳切好评和党委政府的充分肯定。

2. 省人力资源和社会保障厅驻外劳动管理站工作模式

自1993年起，贵州省就相继在惠州市、东莞市、苏州市和深圳市建立驻外劳动管理站。目前，贵州省人社厅驻外劳动管理站还有东莞市、苏州市和深圳市3个驻外劳动管理站。每个驻外劳动管理站由省人社厅派驻一名工作人员，2年轮换一次。为强化对派驻工作人员的管理，省人社厅与派驻工作人员签订派驻合同，合同期为2年。派驻工作人员接受贵州省人社厅的直接领导，与驻地省、市人社部门配合做好贵州省外出务工人员的劳动维权、收集外省用工信息、联系办理贵州省各地人社部门与外省劳务合作工作及其他有关工作事宜，并及时反馈贵州省人社厅。在派出工作人员的现有工资待遇不变的情况下，每人每天再由贵州省人社厅给予80元的生活补助费用。

3. 安顺市普定县"流动人口党支部+计划生育协会"模式

贵州安顺市普定县于2004年7月在昆明市官渡区成立流动人口党支部和计划生育协会，以党支部为龙头引领，以计划生育协会活动为载体，坚持为普定县籍流动人口提供计划生育政策宣传和相关便民维权服务。工作内容：一是开展劳动就业的技能培训和牵线搭桥；二是开展便民维权服务，切实帮助流动人口解决生产、生活中遇到的实际困难。普定驻昆流动人口工会被贵州省总工会评为"服务农民工先进组织"，党支部被普定县委评为"先进基层党支部"，计划生育协会被广大流动人口称为"创业者的伞、农民工的家"。

4. 六盘水市驻云南昆明市流动人口计划生育联络站工作模式

六盘水市驻云南昆明市流动人口计划生育联络站是在其前身盘县计划生育协会驻昆明分会（2004年10月建立）的基础上成立的。联络站人员组成及工作情况：由盘县人口计生局派员主持联络站工作，各县区按照流入昆明市人数划片区选取驻昆联络员，目前登记在册联络员37人。职责是协助现居住地督促六盘水市籍流动人口及时落实避孕节育措施和组织本市籍妇检对象参加生殖健康检查，提供便民维权服务，及时将个案信息通报户籍地。仅2012年以来，为已婚育龄妇检对象进行生殖健康检查13179人次，按来回路程经济成本100元计算，直接为群众节约经济成本131余万元，提供便民维权服务120余次。

5. 黔南州与广西河池市"联席会议"协作模式

贵州省黔南州与广西河池市自2007年初开展的省际接壤区域协作工作也表明：由于两地人员交往密切，工作上相互协作配合的愿望和需要迫切，同时，双方的省、区级业务主管部门将工作任务的完成情况纳入目标管理，有力推动双方携手合作，追求流动人口计划生育服务管理的双赢效果，双方建立起定期的"联席会议"制度，分别在双方相邻的县（市）轮流举行，共同总结和商讨协作事宜。在座谈讨论中，广西河池和贵州省黔南的同志总结了几条基本经验：一是要有健全完备的基层流动人口管理机构和队伍来承担繁重的工作任务；二是要建立起定期的和经常性的联系制度，商讨协作配合事宜；三是双方都要真正重视，认真负责，切实履行协作配合的职责，负责任地清理登记所辖区域内的流动人口，纳入属地化管理和市民化服务（落实长效避孕措施、补救措施和免费妇检等）；四是要将对方籍流动人口的清理、查验、登记和妇检等相关信息及时、准确传达告知对方管理部门。

三 跨省流动人口基本公共服务存在的问题分析

1. 流动人口公共服务落实较难

尽管近年来流入地已在重大公共卫生服务项目中将流动人口纳入服务对象，但各级财政没有按照人口流动规模预算公共服务经费，甚至较少涉及流动人口，使用"常住人口"或"服务人口"、"辖区居民"等模糊概念。同时，国家、省级层面都有了政策、规划，健康教育尚未形成全社会参与的局面，如何在地方政府、企事业单位以及村居落实好中央政策，也没有真正形成责任体系和推进机制，导致流动人口在流入地获得卫生计生及相应公共服务缺乏保障。

2. 流动人口健康意识较弱

调查显示：2017 年出现腹泻、皮疹、黄疸、结膜红肿、感冒症状后没有及时就医就诊的占出现症状人数的 40% ~ 70%。没有就诊的主要原因是"病症不是很严重"、"去医院看病麻烦，不如自己买药方便"和"身体好，能自愈"。在现实中，一方面，医疗资源不足，社会和个人医疗负担重；另一方面，人口流动的主要因素是随着新型城镇化加速推进，越来越多的新生代农民工成长、生活、工作于城市中，他们更多关注的是打工挣钱、孩子教育、家庭住房，往往忽视个人健康问题，加之环境、情感、工作压力、社会融合等因素，健康知识缺乏，自我保健缺失，这些已成为影响流动人口自身健康的重要因素。自身职业安全意识淡薄，而个别企业又没有做好职业安全防护和劳动保护，致使他们成为职业病和工伤事故的主要受害者。特别是以农民工为主体的流动群体，其生命安全、主动体检等意识十分薄弱，健康状况、健康意识更为堪忧。

3. 流动人口获得健康教育的形式仍然单一

2016 年 11 月，国家卫生计生委、中宣部等 10 个部门联合下发了《关于加强健康促进与教育的指导意见》，但从调研中发现，健康教育主要是由卫生计生部门"唱主角"，有关部门对健康教育还缺乏足够重视，缺乏专项工作规划，至今没有一本社会公认的健康知识教科书。2017 年，接受过职业病防治、性病/艾滋病防治、生殖健康与避孕、结核病防治方、控制吸烟、慢性病防治、妇幼保健/优生优育等健康教育的比例均低于 2016 年。健康教育的主要形式仍然是通过宣传栏、发放资料、短暂的宣传活动，而健康知识讲座、社区短信/微信/网站、个体化面对面咨询仅分别占 11.6%、9.9%、11.1%（见表 6-3）。健康教育缺乏以用人单位、学校、社区和各级医疗部门为主阵地的固定教育场所，难以保证系统化、日常化和制度化开展健康教育。职业健康意识淡薄，职业防护不够健全，从业人员健康知识知晓率和培训率较低，2017 年接受过职业病防治健康教育的较 2016 年下降 1.8 个百分点。

4. 流动人口合法权益仍被排斥在流入地制度建构之外

前些年，我们主要从流动群体对城市的影响，如社会治安、公共资源占有等方面来认识流动人口这一特殊群体，多数流动人口仍被排斥在流入地社会的制度建构外。一是从被调查对象的角度看，流动人群融入现居住地的比例非常大，也就是说流动人群对城市或现居住地的认同感和归属感明显增强。如对"我很愿意融入本地人当中，成为其中一员"这个说法"完全同意"的占 49.3%，"基本同意"的占 43.4%；对"我觉得我已经是本地人了"这个说法"完全同意"的占 33.1%，"基本同意"的占 48.5%；在符合本地落户条件下，"不愿意"把户口迁入本地的占 42%，表示"愿意"的仅占 25.6%。二是从参加社会治理角度，2016 年以来参加过本地组织活动的有 2037 人，占 40.7%。主要参加的是"同学会"和"老乡会"，分别占参加人数的 48% 和 43.8%；没有过"给所在单位/社区/村提建议或监督单位/社区/村务管理"行为的有 4639 人，占 92.8%；没有过"通过各种方式向政府有关部门反映情况/提出政策建议"行为的有 4778 人，占 95.6%；没有过"在网上就国家事务、社会事件等发表评论，参与讨论"行为的有 4708 人，占 94.2%；没有过"主动参与捐款、无偿献血、志愿者活动等"行为的有 3209 人，占 64.2%；没有过"参与党/团组织活动，参与党支部会议"行为的有 4727 人，占 94.5%。三是从现居住地政策融入来看，仅以流动人口参加医疗保险为例，除了参加城镇职工医疗保险和有公费医疗的以外，被调查对象参加新型农村合作医疗保险的有 3765 人，占 75.3%。在参保对象中，有 3374 人是在户籍地参保，占 89.6%；调查对象参加城乡居民合作医疗保险的仅有 123 人，占 2.5%。

在参保对象中 92 人是在户籍地参保，占 74.8%；调查对象参加城镇居民医疗保险的 239 人，占 4.8%。在参保对象中，有 155 人是在户籍地参保，占 64.9%。由此可以看出，在流入地社会又没有正式户口和市民身份，既不能在流出地行使政治权利，也不能参与流入地的政治生活，成为"政治边缘人"；在公共服务领域，流动人口不能享受到与流入地本地市民同样的权利和福利，具有作为外来人（和农村人）的双重弱势；在社会交往方面，他们在流入地的社会关系、社会网络和人际交往规模小、紧密度高、趋同性强、异质性低，主要围绕着血缘、地缘等同质关系构成，通常难以在流入地获得有效的社会支持。

四　提升流动人口卫生计生基本公共服务水平的对策建议

党的十九大报告提出，加快农业转移人口市民化和到 2035 年基本公共服务均等化基本实现，这是党中央对当前社会发展形势和流动人口发展诉求的明确回应，也是目标人群一直向往享有与本地城市居民平等的公共服务和福利待遇的最核心诉求。报告指出，"实施健康中国战略，人民健康是民族昌盛和国家富强的重要标志"。随着新生代流动人口成为流动人群的主体，他们对公共健康服务的形式和内容提出了更高要求。为此，结合 2017 年流动人口动态监测调查，课题组从体制和政策层面探求改良之道、回应其核心发展诉求，作为一个关键而又迫切的研究课题，提几点建议意见供参考。

1. 完善支持环境，构建流动人口健康保障机制

流动人口在城市建设、经济发展、社会服务等诸方面发挥了重要作用，要将流动人口健康服务工作纳入地方经济社会发展总体规划和党委、政府的重要议事日程，各级宣传、综治办、人社、民政、财政、卫生计生、公安、体育等部门要加强协作，建立完善政府主导、部门合作、社会参与的健康促进工作机制。按照"政府协调、部门参与、街道负责、社区落实"的原则，将流动人口健康服务纳入基层综治工作平台、农民工综合服务中心、流动人口服务中心、社区卫生计生服务机构等职责中，出台有利于推动流动人口均等享有基本公共卫生计生服务的政策。按年度流动人口规模，将流动人口健康教育与服务经费纳入流入地财政预算。建立涵盖疾病预防控制、健康教育、医疗、药品、基层卫生、妇幼卫生的基本公共服务体系，把流动人口纳入基本卫生计生服务范围，确保流动人口健康服务工作落到实处，实现政策保障下的健康促进服务新格局。

2. 强化健康教育，提升目标人群健康意识

健康教育是公民素质教育和公共卫生建设的重要内容，是一项最经济有效的卫生保健政策。要通过完善健康教育体系建设，引导流动人口树立科学的健康理念，普及健康知识，倡导科学的生活方式，提高全民健康水平。要树立大卫生健康观念，发挥部门优势和作用，在各级政府部门、企事业单位内和街道（乡镇）增设或明确健康教育职能，建立健康教育联席会议、联络员制度，做到有计划、有内容、有场地、有编制、有经费和有独立的工作职责，通过健全制度、保障投入、营造氛围等措施，唤醒全民健康意识，在全社会真正形成人人重视健康教育、人人接受健康教育的新局面；各级医疗机构应设立健康教育科室和健康教育专干；各级教育主管部门和学校应认真贯彻《学校卫生工作条例》，把健康教育纳入学校教学计划，小学侧重于卫生健康技能知识，中学及大学则侧重于生殖健康、疾病传播、心理辅导、体育运动、环境保护等健康知识的引导，与文化课教学同计划、同安排、同考核，提高在校学生卫生知识知晓率，端正在校学生健康行为；针对新生代农民工、流动育龄妇女、青少年的不同健康需求，进行重大传染病防治、慢性病防治、职业病防治、妇幼健康、心理健康等相关知识和政策的宣传教育，让更多的人认识到健康知识的重要性，养成健康的生活方式和良好的生活习惯。

3. 着眼长治久安，推进流动人口社会融合

我国正处在社会转型时期，人群之间的角色转型一方面具有市场机制作用下自主选择的特点；另一方面还受到计划体制各种制度的约束和影响，这就决定了流动人口的社会融合将是一个更为复杂和漫长的过程，不可能一蹴而就。一是从服务管理角度，要主动帮助流动人口摆脱既进不了城也回不去乡的困境，帮助他们与流入地居民加强联系和沟通，建立和谐、融洽、友爱的伙伴关系和同事关系，与户籍人口同样享受基本公共卫生服务、各类医疗保险等，并通过构建这种关系找到"组织"，获得归属感，从而尽快在行为上、文化上、生活上、政治上实质性融合，满足社会需求，构建新时代流动人口健康服务及关怀关爱的氛围。二是从体制机制角度，首先必须减少促进流动人口社会融合的制度障碍，改革当前城乡有异、内外有别的劳动就业、社会保障、公共福利等制度，促进流动人口及随迁家属身心健康和社会融入，解决因户籍而人为造成的不同身份人群在公共资源和社会福利享有方面的不公，改变城市体系对保障流动人口医疗

卫生和健康权益的制度安排极端薄弱的状况，加快将流动人口制度化地纳入城市管理体系，为流动人口在城市的发展打造一个公平、公正的环境，实现经济社会的和谐发展。三是从健康保障角度，要把卫生计生免费服务项目全部融入流动人口健康服务范畴，切实做好流动人口健康教育、流动孕产妇和儿童健康管理、避孕药具发放、计划生育免费技术服务及慢性病防治、青春期健康教育和老年人保健等基本公共服务。要加快城乡居民基本医疗保险制度整合，落实流动人口基本医疗保险关系转移接续和异地就医结算办法，使流动人口在流动过程中接续获得各项基本公共卫生计生服务。同时，把流动人口列入家庭医生签约服务中，让他们同当地城乡居民一样拥有自己的家庭医生。

4. 明确主体责任，建立企业社区健康关爱机制

企业、社区是流动人口的用工或管理主体，要充分发挥自身优势，采用医企、医社共建模式，建立流动人口亚健康关爱中心，为员工或流动居民提供健康筛查、生殖保健、日常疾病诊疗等健康服务。同时，要将健康服务融入企业管理、社区治理制度中，分层次、分重点推进流动人口家庭和谐发展，包括：以婴幼儿早期教育为重点，开展学前教育、健康指导、智能开发等婴幼儿早期发展指导服务；以育龄妇女生殖保健为重点，组织流动人口育龄妇女免费参加生殖健康检查等；以健康促进教育为重点，开展健康教育知识培训、健康咨询等活动。此外，用工企业、社区还应积极拓展健康救助内涵，通过实施社会捐助、企业赞助等筹资措施，设立企业员工、流动人口健康关爱基金，对流动人口职工和居民提供大病救助、危难救济等关爱服务。当生存和社会需求得到满足后，流动人口就会成为流入地社会的一分子，享有各方面平等权利，最终实现身份认同。

第二节　安徽省跨省流动人口计生卫生公共服务探索

安徽省是我国的流动人口大省，截至 2016 年 6 月底，安徽省流动人口总量逾 1700 万人（安徽省全员数据），占全省总人口的 25% 左右[①]；常年

[①] 《安徽"十二五"流动人口发展报告（2016）》（未刊稿），由安徽大学孙中锋教授提供。

有 1200 多万人流出在外，占全省常住人口的 20% 左右。随着安徽省城镇化进程的加快，安徽省的流动人口的规模会进一步扩大，流动人口的基本公共服务保障、权益维护等任务更加繁重，流动人口卫生计生等基本公共服务均等化需求更加迫切、更加多元化，这将使流动人口的服务管理难度更大，给社会治理带来了巨大压力。"近年来，安徽省积极实施基本公共服务项目、重大公共卫生服务项目和流动人口卫生计生基本公共服务均等化试点，使流动人口能够与城镇居民享有同等的待遇，为流动人口卫生计生服务管理提供了很好的经验。"① 在国家卫生计生委和中国计生协的正确指导下，安徽省深入贯彻落实全国流动人口计划生育"一盘棋"机制建设，按照国家卫生计生委"三年三步走"整体布局，在加强省内流动人口计划生育"一盘棋"的同时，着力深化区域协作，推进对流出人口提供的基本公共服务均等化，提升了流动人口服务管理水平，取得了较好成效，受到流出地、流入地党委、政府及流动人口的广泛认可。

一 安徽省跨省流出人口基本情况②

从安徽省流出人口的主要流向来看，安徽省流出人口的主要流向为长三角、京津冀和珠三角等经济发达地区。由于地缘交通等原因，上海、江苏、浙江是安徽省跨省流出人口最多的地区（见表 6 - 5），其中到浙江省的最多，达 459.6 万人，这是因为近年来浙江省经济发展强劲，民营经济发展迅速，大量的劳动密集型产业吸引了众多的流动人口。

表 6 - 5　安徽省 2015 年跨省流出人口流入地分布

单位：万人，%

流　入　地	数　　量	占跨省流出比例
浙　　江	459.60	29.20
江　　苏	399.34	25.37
上　　海	335.71	21.33
广　　东	84.13	5.34
北　　京	62.03	3.94

资料来源：安徽省流动人口信息系统。

---

① 《安徽"十二五"流动人口发展报告（2016）》（未刊稿），由安徽大学孙中锋教授提供。
② 《安徽"十二五"流动人口发展报告（2016）》（未刊稿），由安徽大学孙中锋教授提供。

据《安徽"十二五"流动人口发展报告（2016）》，安徽省流动人口受教育程度与全国一样，以初中为主，高中及以上学历水平占比逐年上升；流动人口的家庭化特征明显，2015 年核心家庭占流动人口家庭结构类型的 80% 左右；流动人口的卫生计生服务水平逐年提升，流动人口对计生卫生服务的满意度不断提高，流动人口的计生卫生基本公共服务的宣传覆盖面不断扩大，流动育龄妇女在流入地怀孕和分娩的比例不断提高。

二　深化对流出人口服务管理

根据 85% 左右的流动人口流出省外的特点，安徽省加强了对流出人口的基本公共服务均等化工作。以跨省流出人口的卫生计生服务管理为重点，从 2004 年起，安徽省在皖籍流动人口集中的地区建立区域协作机构，派驻专人为他们开展服务。在实践中，安徽省坚持不断创新、发展和深化，逐步摸索出了流动人口"党支部＋协会"＋区域协作工作站＋服务驿站的"四位一体"综合服务平台等流动人口基本公共服务区域协作方式。

1. 建立流动人口计生协会，充分发挥群众自治组织作用

群众是流动人口服务管理的主要对象，引导流动人口诚信、自觉、自主、自愿落实计划生育基本国策，是提高流动人口服务管理水平的重要方法。2004 年，在积极推进计划生育基层群众自治的同时，由部分市、县在流动人口集中的地区，试点建立流动人口计划生育协会，充分发挥其群众优势和网络优势，广泛动员流动人口开展计划生育自我教育和自我服务，实现了流动人口计划生育的自我管理，取得了较好成效。为确保其健康、正确的发展方向，安徽省在流动人口计划生育协会上建立党支部，以党建带动、促进流动人口计划生育工作，并出台《大力推进流动人口计划生育协会建设的通知》（皖计生协〔2011〕15 号），贯彻落实省委、省政府要求，在全省全面推广，形成了具有安徽省特色的"党支部＋协会"模式，受到中国计生协的充分肯定，其中六安市霍邱县的做法最为典型，被国家计生专家誉为"霍邱模式"。2011 年 3 月，新华社刊载了霍邱县的做法，安徽省委原书记张宝顺批示："霍邱经验很好，应宣传推广。"2011 年 4 月，霍邱县相关领导在"全国扩大流动人口计生协工作覆盖面现场会"上进行交流发言，中国计生协党组书记、常务副会长杨玉学对"霍邱模式"给予了充分肯定。到 2016 年底，安徽省在全国建立"党支部＋协会"2505 个，覆盖流动人口达 500 多万人。

2. 强化行政职能，建立流动人口基本公共服务区域协作工作站

服务群众是卫生计生工作的根本目的，尤其对流动人口而言，流动人口区域协作机构强化行政服务职能，免去了流动人口往返奔波，既方便了群众，又利于地区政府部门间更好的交流协作。在流动人口"党支部＋协会"的基础上，安徽省着力加强流动人口区域协作机构的行政服务职能建设，2010年，印发《关于加强区域交流开展流动人口计划生育区域协作的指导意见》（皖人口发〔2010〕64号），确立"省协调、市牵头、县负责"的流动人口基本公共服务区域协作模式，按照"主攻长三角，开展对口协作"的思路，探索在流入地以省或市为单位建立流动人口区域协作工作站，在做好皖籍流动人口卫生计生宣传、政策法规咨询、便民维权及卫生计生免费技术服务的同时，加强与流入地卫生计生部门的协调与沟通，积极配合流入地做好流动人口均等化服务工作，维护流动人口的合法权益，使流动人口在现居住地能够获取更多的公共服务，促进了两地流动人口服务管理水平提升。到2018年底，安徽省在皖籍流动人口较多的地区已建立9个省级工作站、30个市级工作站、173个县级工作站，覆盖10个省（市）、43个市、近100个县（市、区）；江苏、浙江、广东、北京、上海、天津等省市的皖籍流动人口基本上都能享受到当地的卫生计生基本公共服务。

3. 科学合理统筹资源，打造"四位一体"省级工作站

资源是服务流动人口的重要基础，经过长期的艰苦努力，安徽省在皖籍人口流入较多的地区建立了大量的流动人口基本公共服务区域协作机构，但是也一定程度上造成重复建设、投入大、分布不科学现象，造成了资源浪费。2015年9月，为了更好地贯彻落实省政府《关于进一步做好为农民工服务工作的实施意见》，安徽省出台了《安徽省流动人口卫生计生服务管理区域协作工作指导意见》①，将前期建设的流动人口区域协作机构

---

① 浙皖两省流动人口卫生计生区域协作框架协议：为加强社会管理创新，提高两省流动人口服务管理水平，进一步促进流动人口计划生育全国"一盘棋"机制建设，经协商制定流动人口卫生计生区域协作框架协议如下。①建立交流协商机制。两省省级卫生计生部门间不定期会晤和沟通，强化高层倡导，交流工作经验，共同研究解决区域协作中的突出问题。由省级卫生计生部门牵头，两省流出地、流入地市级卫生计生部门间定期组织召开区域协作会议，县（市区）级卫生计生部门共同参加，商讨区域协作有关具体事宜，密切协作关系，推进工作信息互通、服务互动、管理互补。②深化均等化服务。按照常住人口配置服务资源，将流动人口纳入本省城镇基本公共卫生计生服务范围。（转下页注）

进行优化整合、科学布局，升级为集党组织、计生协、工作站、民办非企业组织于一体的省级工作站，在加强党建及流动人口计划生育协会、流动人口区域协作工作站建设的同时，以民办非企业组织承接政府购买服务，或以市场化方式提供的公共服务、代办服务等方式，强化其造血功能，保障区域协作机构的可持续发展。同时，推行流动人口大市与小市间签订协议、委托管理，或合作建站等方式，节约行政成本，提高服务效率，以大市带小市，进一步提升流动人口区域协作水平。现安徽省在北京、天津、上海、广东、江苏、浙江等皖籍流动人口较多的流入地建立了9个省级工作站，巩固流动人口基本公共服务均等化区域协作成果。

三 推动流动人口基本公共服务均等化，促进流入人口社会融合

在深化区域协作、加强流出人口服务管理的同时，安徽省坚持以人为本、保障基本、逐步均等、有序推进的原则，大力推进流动人口卫生计生基本公共服务均等化，流动人口对卫生计生基本公共服务的满意度不断得到提升。

1. 心系皖籍流出人口惠民生

从2008年起，安徽省在全国率先取消流动人口现居住地服务前置条件，实行完全的免费技术服务；取消纸质"流动人口避孕节育报告单"，实行孕环情网上交验；取消流动人口"婚育证明"申请，实行发放和查验改革。在全省实行省内流动人口婚育信息网上交流，实现了流动人口服务管理全省"一盘棋"，每年为省内流动育龄群众节约开支达数千万元，大大减轻了群众负担，中央电视台《朝闻天下》对安徽省取消纸质"流动人

(接上页注①)为流动人口搭建公共服务阵地，提供医疗卫生、计划生育、心理咨询、家庭保健、子女教育、文体活动、维权援助等特色服务，提升流动人口的家庭发展能力，促进流动人口融入城市发展。共同加强对安徽省驻浙流动人口"党支部+协会"、区域协作工作站等机构的支持和指导，充分发挥其群众优势和网络优势，广泛开展活动，提高两地流动人口均等化服务水平。③加强信息共享共用。搭建流动人口信息共享平台，两省在条件成熟时互相开放流动人口全员数据库，实现流动人口信息跨地区互联互通，及时、全面掌握流动人口变动和基本公共卫生计生服务情况。依托国家、省级流动人口服务管理信息系统，实行流动人口婚育证明电子化，实现流动人口证件网上办理，全面取消纸质流动人口婚育证明，方便流动人口。④严格落实工作责任。两省省级卫生计生部门要着眼全局，统筹兼顾，充分发挥省级卫生计生部门的综合协调作用，加强对本省市县卫生计生部门的指导。两省流出地、流入地市县卫生计生部门要明确工作目标，突出工作重点，细化工作任务，加强工作落实。适时对流出地、流入地市县卫生计生部门开展区域协作成效督察和绩效评估，推动两省流动人口服务管理工作长期健康发展。

口避孕节育报告单"进行了宣传报道，安徽原省委常委、常务副省长、省计生协第一副会长赵树丛做出重要批示，并专此向李克强总理书面汇报。坚持方便群众，推进省外流动人口全程代理计划生育证件试点工作，累计为流动人口代理发放计划生育证件1420份。

2. 以点带面抓示范

2014年，安徽省《关于开展流动人口卫生和计划生育基本公共服务均等化试点工作的通知》（卫办秘〔2014〕309号）印发，深入总结合肥市流动人口基本公共服务均等化国家级试点经验，在7个省（直辖市）、3个县级市建立了10个省级试点（其他各省辖市均建有试点，参照省级试点开展工作），以点带面，在全省全面推开流动人口基本公共服务均等化试点工作，切实提高了流动人口卫生计生基本公共服务水平。

3. 搭建阵地促融合

2011年，安徽省人口计生委《关于印发加强和创新城市社会管理提高人口和计划生育公共服务水平的指导意见的通知》（皖人口发〔2011〕13号）下发，深入推进"新居民计划"促进工程，推进新型社区综合服务平台——"城市生活e站"建设，为流动人口搭建公共服务阵地，提供医疗卫生、计划生育、心理咨询、家庭保健、子女教育、文体活动、维权援助等各项特色服务，提升流动人口计划生育家庭发展能力。截至2016年底，全省共建有"城市生活e站"408个，有力地促进了流动人口融入城市发展大局，受到流动人口的广泛好评。

4. 关怀关爱暖民心

安徽省连续多年开展了流动人口关怀关爱专项行动，仅在2015年流动人口关怀关爱专项行动中，就为流动人口发放计划生育宣传品840余万份，开展集中宣传活动9089次，组织生殖健康检查近196万人次，开展计划生育服务238万人次，走访慰问近8.26万户，发放慰问金约1352万元，在社会各界引起了强烈反响。

5. 转变观念谋转型

安徽省根据国家人口政策的变化及时转变流动人口服务工作思路和理念，将工作重点从流动人口的生育管理、政策外生育控制，向更加注重对流动人口提供优质服务转变；向更加注重流动人口健康，方便流动人口有效获取基本公共服务转变；向突出卫生计生资源整合，深化对流动人口的基本公共服务均等化理念转变。进一步完善流动人口服务工作站的功能，提升社区卫生计生服务能力，满足新时代社区居民和流动人口的多层次服务需求。做好流出地农村"三留守"人群的健康关爱工作，开展农村留守儿童健康关爱试点建设，促进留守儿童身心健康和全面发展。

四 构建长效机制，着力加强工作综合保障

安徽省委、省政府把加强流动人口服务管理作为创新社会管理的重要任务，坚持以人为本，保障流动人口合法权益，促进了社会和谐发展，也进一步提高了全省计划生育工作水平。

1. 注重高层倡导

每年召开高规格的全省计划生育工作会议，安徽省委书记、省长等主要负责同志出席，对流动人口服务管理等计划生育重点工作进行部署；省委、省政府在泛长三角区域合作中高度重视流动人口区域协作。省人口计生工作领导小组每年定期或不定期召开会议，明确各成员单位年度工作职责，研究解决包括流动人口服务管理在内的计划生育突出问题。各级党委、政府高度重视流动人口服务管理工作，坚持一把手亲自抓、负总责，为流动人口服务管理提供有力的领导保障。

2. 注重制度建设

2013年12月，以安徽省政府令形式出台的《安徽省流动人口计划生育工作规定》指出，加强流动人口服务管理机构和队伍建设，建立完善流动人口卫生计生基本公共服务、体制机制创新、领导协调、经费保障、管理服务网络、监督考评和利益导向等各方面举措。2015年5月，安徽省政府出台《关于进一步做好为农民工服务工作的实施意见》，要求进一步加强与皖籍流动人口集中地区的沟通联系，并对农民工服务工作站点建设以及流动人口卫生计生均等化服务提出了具体要求，为流动人口区域协作、均等化服务提供法律和制度基础。

3. 注重责任落实

安徽省将流动人口服务管理工作、流动人口服务对象满意度纳入全省计划生育目标管理责任制考评，明确目标任务，进一步落实省、市、县各级责任。每年开展省人口计生工作领导小组成员单位集中履职考评，并将考评结果作为省委、省政府对各成员单位评先评优的重要依据；省直各部门间也加强沟通协调、相互配合，如组织部门严格落实计划生育目标管理"一票否决"，农民工部门加强对农民工及相关基本公共服务均等化工作的

统筹协调，民政部门将流动人口卫生计生基本公共服务纳入社区服务体系建设，综治部门将流动人口服务管理纳入社会管理综合治理工作的重要内容，财政部门在流动人口卫生计生基本公共服务经费上加强支持，等等，形成了齐抓共管、综合治理强大的工作合力，促进了流动人口区域协作、均等化服务工作落实。

4. 注重信息化支撑

运用信息化手段，整合流动人口全员信息库和全员人口信息系统，在全国较早建立了全员流动人口服务管理信息系统和流动人口网络协作平台，形成了"数据库＋平台"的信息化工作模式。"数据库＋平台"系统包括流动人口信息建档、即时查询、协作办证、信息交换、孕环情交验和统计分析等服务管理内容，用户涵盖省、市、县、乡、村五级，一库掌握全局，一网调动全省。同时，还注重加强省际网上平台的协作和信息交流，为统筹省内、协调省外提供了有力支撑。

五 推进政府购买服务，发挥民办非企业组织对流出人口的服务功能

为了克服政府对流出人口基本公共服务能力不足的情况，安徽省对流出人口的基本公共服务实施政府购买服务等方式，每年都设立流动人口区域协作政府购买相关服务项目，让在流入地设立的皖江红流动人口服务驿站，根据其自身能力为流入当地的皖籍人口提供卫生计生基本公共服务。如安徽省驻杭州市西湖区计划生育工作站就是一个"四位一体"的流动人口服务站，既设立了流动人口计划生育协会，成立了流动人口的党支部，又注册了杭州市西湖区皖江红流动人口服务驿站这样的民办非企业组织。它们申请政府购买服务项目，依托安徽省各市县登记的流入杭州人员的具体情况，摸清底数，建立流动人口服务信息档案，竭尽全力为流入杭州的皖籍人口定期开展集中孕情监测服务、代理办证服务等，加强宣传教育，提高流动人口政策意识，提供政策咨询服务，对流动人口提供维权服务，帮助流动人口的特困人群，开展送温暖服务，做好皖浙交流等工作。

第三节 湖南省跨省流动人口计生卫生公共服务探索

湖南省是我国的流动人口大省，常年流出省外的人口在 800 万人左右。

由于地缘等因素，湖南省跨省流出人口主要流向广东省，流出人口在 800 万人左右①；其次为浙江省，在 100 万人左右。2006 年湖南省根据流出人口较多的省情和"流出地管不到，流入地管不了"的实际情况，开始探索在湘籍人口流入地设立流动人口联络站等方式，为湘籍流动人口提供计划生育服务，从而开始了湘粤流动人口计划生育区域合作，构建流动人口服务的区域合作新模式，破解流动人口管理服务难题。2009 年在国家人口计划生育委员会提出全国流动人口服务管理"一盘棋"战略后，湖南省把对流出人口计划生育的服务管理作为"一盘棋"的重要内容，与广东省建立更为紧密的流动人口区域协作关系，对流出人口服务管理工作由信息"一盘棋"提升到全面工作的"一盘棋"，打造了流动人口服务管理的升级版。人口政策从单独二孩到全面二孩施行后，湖南省对流出人口的服务管理工作重心转移到对流出人口的卫生计生基本公共服务上，探索出以联络员为纽带，加强与流入地人口计划生育部门紧密型区域协作的流动人口计划生育管理服务的新模式。

一　建立湘粤流动人口联络站

湖南是一个流动人口大省，跨省流出人口 1000 多万人，其主要流向为广东省，在广东省的湘籍人口近 800 万人。

流动人口向来是人口计生工作的难点。流动人口计划生育服务管理中流出地流入地信息割裂封闭、底数不清、责任不明、监管缺位、服务缺失以及流动人口中非婚生育、非意愿妊娠时有发生，育龄群众为孕检办证返乡奔波、维权困难等问题长期困扰着政府管理部门、基层工作人员和广大育龄群众。庞大的流动人口为两地经济社会发展做出了巨大贡献，也给人口计生工作增加了一定的难度。一直以来，湖南省在流动人口计划生育工作中，主要面临四个方面的突出问题。一是违法生育难控制，流动人口成为违法生育高发人群。二是"两非"行为难发现，流动人口出生性别比高于常住人口。三是便民维权难落实，流动人口基本公共服务缺失。四是双边协作难协调，服务管理行政成本高，覆盖面小和规模效应低。

为破解对湘籍流出人口计划生育服务管理的难题，湖南在没有现成模式可借鉴的情况下，积极探索、大胆改革、勇于创新，通过在流入地直接

---

① 湖南省卫生和计划生育委员会流动人口处编《湖南流动人口动态监测分析报告（2016）》。

设立计划生育联络站，建立了以联络员为桥梁和纽带的区域协作新机制，实现服务窗口前移，提高了效率，节约了成本，厘清了底子，服务了民众。2006 年 12 月湘南四个流出人口大市与广州市签订了"湘南四市与广州市流动人口计划生育管理服务区域协作框架协议"，从而开启了人口流出地政府与人口流入地政府流动人口管理服务区域协作的先河。2007 年 4 月，湖南省流动人口计划生育服务管理站与广州市流动人口计划生育管理办公室签订了"湘穗流动人口计划生育管理服务区域协作框架协议"。双方决定建立"信息互通、资源共享、管理互动、服务互补"的流动人口管理服务工作机制，实现两地在流动人口管理服务上的常态化合作，有效破解流动人口违法生育比例高、出生性别比高、管理服务行政成本高和社会抚养费征收到位低等"三高一低"难题。2018 年 4 月两省流动人口管理服务的区域协作层次进一步提升，湘粤两省在长沙市举行流动人口计划生育区域协作座谈会，签订了省级层面的流动人口计划生育管理服务的区域协作协议。两省的流动人口管理服务区域协作从部门主导上升到党政主导，使流动人口计划生育管理服务区域协作模式日趋完善。

湘粤流动人口计划生育管理服务区域协作机制建立后，湖南省先后在广州、深圳、东莞设立联络站。设站以来，驻粤三站积极发挥联络、协调、服务职能，为建立湘粤两省紧密型协作关系做了大量工作，推动两省建立起"信息共享、工作互动、便民维权、责任共担"的紧密型协作机制，特别是在流动人口信息化协作、查环查孕和生殖健康服务、便民维权服务、控制违法生育、联合打击"两非"等关键环节取得了明显成效，初步探索了一条两地协作的方法和路子，有力地促进了区域"一盘棋"格局的形成，形成独具湖南特色的区域协作机制。对湘籍入粤流动人口来说，此举减轻了群众负担，减少了各种忧虑。一是消除了育龄群众的往返奔波之苦；二是减少了他们的经费支出之难；三是避免了他们的丢失工作之忧。得到了国家人口计生委的充分肯定、社会各界的广泛认同和广大育龄群众的普遍拥护。驻粤联络站被广东基层单位喻为流动人口信息查询的114、处理紧急事件的110。中央办公厅内刊、国家人口计生委有关刊物对湘粤协作机制建设予以充分肯定。

二 驻粤联络站的历程

粤湘两省因其历史、地理、文化渊源，两地人员交往、经济交流、文化交融非常密切。湖南以设立驻粤联络员制度为标志的流动人口计划生育协作也是在不断探索中发展完善，大致经历了以下阶段。

一是以基层为主的探索阶段（2003 年以前）。流动人口计划生育管理初期，作为流出地的湖南省，针对大规模的流出人口，特别是集中流向广东为主的珠三角地区，以流出地基层单位为主体，组织人力赴广东各地，分散撒网，单向追踪，采取传统的工作手段和方法进行"追踪"管理。

二是由基层探索逐步上升到省级协作阶段（2003～2007 年）。在 2003 年抗"非典"的关键时期，两地基层部门密切协作，共同加强流动人口的清理清查工作。在此之后，两地进一步探索流动人口"经常化监测、属地化管理"，积极推进在更广范围内的协作。2006 年 12 月，湖南省入粤流动人口集中的湘南 4 市（衡阳、邵阳、郴州、永州）与广州市签订了协作协议，开启了湘粤友好协作。2007 年 4 月，湖南省流动人口管理站与广州市流动人口办签订了"湘籍入穗流动人口计划生育管理和服务协作协议"。2007 年 8 月 28 日驻穗联络站开始运行，标志着湘穗"以信息互通为基础，以联络员为纽带，以基层监督为保障"的区域协作模式取得阶段性成果。同年 12 月，在国家人口计生委的指导和推动下，"湘籍入穗流动人口计划生育信息共享与交换平台"开通并投入试运行，湘粤两省携手开展流动人口信息点对点的试点。以此为契机，在总结湘穗协作经验基础上，湘粤两省将基层协作提升到省级协作层面。

三是全面深化和紧密协作阶段。2008 年 4 月，广东省副省长雷于蓝到湖南省考察，湘粤两省召开流动人口计划生育区域协作座谈会，两省人口计生委正式签订湘粤协作协议。以此为标志，两省高层进一步达成共识，全面深化流动人口区域协作，建立紧密型协作关系。各级积极探索创新协作手段和方式，拓展协作内容，协作格局不断壮大，协作机制日渐规范和完善，规模效应不断增强。2010 年 5 月 4～6 日，湖南省委副书记梅克保带领省委办公厅、省人口计生委负责人专程赴粤考察，与广东省委副书记刘玉浦、副省长雷于蓝及有关部门，共同磋商进一步深化粤湘协作，提出新的思路和目标。2011 年 2 月 28 日，国家人口计生委主任李斌视察了广州站，对联络站工作所取得的成绩以及联络员制度给予了充分肯定，并为联络站题词："湘穗协作、服务民生。"2011 年 6 月，湖南省人口计生委与深圳市卫人委签署《湖南省人口计生委、深圳市卫生人口计生委关于流动人口计划生育区域协作的实施意见》。6 月 8 日，湖南驻粤流动人口计划生育联络站深圳分站成立。2012 年 2 月 26 日，国家人口计生委党组书记、主任王侠在广东东莞调研人口计生工作，听取了湖南省驻东莞办事处主要负责人关于开展湘莞区域协作情况的汇报，对湘莞区域协作的做法给予了充分肯定，并希望湘粤在区域协作上要大胆创新工作模式，积累推广经验和做法。

四是业务转型阶段。2013 年中共十八届三中决定全面启动实施"单独二孩"政策。2013 年 12 月，国家出台《关于调整完善计划生育政策的决议》，单独二孩政策正式实施。2015 年，我国进一步对人口政策进行调整，提出全面实施一对夫妇可以生育两个子女的政策。2015 年 12 月 27 日，《人口与计划生育法修正案》出台，从 2016 年 1 月 1 日起正式实施全面二孩政策。国家人口政策的变化倒逼流动人口管理服务方式的变化，联络站对流动人口工作从"以管理为主"的管理服务变为"以服务为主"的服务管理，主要有落实宣传教育、生殖健康咨询服务、优生优育指导、计划生育家庭帮扶、流动人口权益维护和流动人口计生卫生基本公共服务等内容。

三 驻粤联络站的模式

湖南省驻粤流动人口计划生育联络站现有广州、东莞、深圳三地 10 名联络员。湖南省人口计生委与广州市人口计生局于 2007 年 5 月签署了"湘籍入穗流动人口计划生育管理和服务协作协议"，湖南省流动人口计划生育管理站与东莞市计生局于 2008 年 12 月签订了"湘驻莞联络员工作制度协议"，湖南省人口计生委与深圳市卫人委于 2011 年 6 月签署了《湖南省人口计生委、深圳市卫生人口计生委关于流动人口计划生育区域协作的实施意见》，协议和实施意见明确了建立派驻联络员制度。湖南省驻粤联络站建站模式如下。由湖南省人口计生委负责统一选派工作人员，提供专项经费、工作补助和车辆。广州、东莞、深圳负责提供住房、办公场地、办公用品。目前，湖南省日常派驻广州站、东莞站、深圳站分别为 4 人、3 人、3 人，3 站分别配备工作用车 1 辆，省级财政用于流动人口区域协作计生经费 200 万元。

驻粤联络站的主要职责是协助现居住地开展湘籍入粤流动人口的服务管理工作，协助户籍地做好入粤流动人口的归口协调工作。主要包括以下四个方面：一是发挥前置协商的桥梁和纽带作用，建立和完善区域协作机制；二是配合开展流动人口服务管理和便民维权工作，促进服务均等化；三是指导基层单位与现居地进行紧密协作；四是加强对湖南省市、县两级与粤区域协作的年度考核，推进双向协作工作落实。

广州、东莞、深圳三个联络站根据各地的实际情况，积极探索，开拓创新，逐步建立和完善了流动人口计划生育区域协作工作机制。广州站坚持以信息核查和落实长效避孕节育措施、补救措施为主的快速互动机制。东莞站建立了联合执法和联合征收机制。深圳站按照"信息化、规范化、服务均等化"的总体要求开展流动人口计划生育区域协作，形成了"同级对话、开放式服务、规范化管理、信息化协作、服务均等化"五项工作机制。

四 提供流动人口基本公共服务取得的成效

1. 服务窗口前移，保障了流动人口权益

驻粤联络站坚持"服务、沟通、维权"的宗旨，将联络站打造成开放式服务窗口，积极为湘籍流动人口提供便民维权优质服务，把流动人口计划生育管理融入服务中，以服务促管理。

面对面为群众提供宣传服务。对照现居住地和户籍地的计划生育法律法规及相关政策，把服务与管理、优待与奖励、生育政策及法律责任、享受生育医疗保险、免费技术服务、子女入读公办学校、积分制入户、计划生育特殊家庭扶助等优待扶助作为重点，精选内容，精心设计，6年来，印制了180000本精美的宣传册，直接送到湘籍已婚育龄妇女手中。以现居住地各级计生工作人员和各县成立的"流动人口计划生育协会"为宣传的"主力军"，以联络员对部分重点管理对象的面对面宣传为重点，结合群众的相互宣传、自我教育，构筑了一个宣传主体与服务客体之间"你中有我、我中有你"的良好宣传格局。

直接在流入地为群众免费办证。2012年6月，广州市越秀区矿泉街道、深圳市罗湖区东湖街道、东莞市长安镇在全国率先试点"流动人口婚育证明"异地受理代办服务。如今，按照驻粤联络站受理、户籍地核准同意、驻粤联络站制证发证的流程，驻粤联络站免费为湘籍入粤流动人口代办"流动人口婚育证明"，目前已发证1万多本。

尽力为群众提供维权服务。联络员定期走访各县在粤成立的流动人口协会、流动党支部组织和入粤的计生困难户，了解湘籍入粤人员在生产、生活、生育中遇到的困难和问题，协调户籍地或现居住地为他们解决。为

88500 名湘籍育龄群众提供咨询服务，接待群众来电来访 53600 人次，协助提供法律援助 120 人次，协助参与处理纠纷 160 起，疏导老上访户 12 人。

2. 发挥驻粤桥头堡作用，流入地流出地共同负责

协助户籍地开展跨省流动人口计划生育工作，从而延伸湖南省各级人口计生部门管理服务的触角，是驻粤三站工作的重中之重。近年来，驻粤三站从网络健全、机制完善和个案协助等方面入手，着力破解流动人口信息监测交换难、节育措施落实难、违法生育控制难、社会抚养费征收难等问题。

预防控制违法生育。启动了湘籍入粤流动人口计划生育技术服务绿色通道，为湘籍入粤政策外怀孕对象及时落实补救措施。将湘籍育龄妇女怀孕、生育、违法处置等作为重点工作，建立健全了政策外怀孕和节育措施落实快速互动机制。对部分"流入地管不了、流出地管不着"的对象，由联络员通过现场协助流入地处理。应现居地计生办的请求，三个站的联络员到现场协助处理个案 2000 余次。核实政策外怀孕对象 4628 人，协助落实补救措施 3316 例，落实结扎手术 665 例、上环 11000 例。

探索异地征收模式。按照流出地为主、流入地协同配合的原则，探索建立了户籍地为主体、驻粤联络站为纽带、现居住地协助配合的联合征收模式。驻粤联络站协助户籍地征收流动人口社会抚养费个案 286 起，征收金额 14000 多万元。张家界市、娄底市、永州市、邵阳市等市组织人员赴深圳市和广州市开展社会抚养费集中征收活动，对 163 名违法生育对象进行立案征收，征收社会抚养费 465 万元。

配合查处"两非"行为。积极配合两地计生部门查处"两非"案件及违法设立孕检点。先后协助 29 个县（市、区）查处"两非"典型案件 170 起，协调当地部门端掉"黑诊所"9 个，没收非法所得和经济处罚 20 多万元，没收 B 超机 3 台。

强化依法行政监管。联络站指导、督促湖南省基层单位与现居地进行紧密协作，防止户籍地慢作为、不作为和乱作为的发生。协作机制的建立，有效遏制了流出地少数基层干部"放水养鱼"、以权"谋生"等不正之风，整肃了生育秩序。几年来，三个站制止强制要求已婚育龄妇女返乡孕检 600 多起，协调撤销社会抚养费征收和补征社会抚养费个案 82 起，查实假证明、假孕检报告单 570 多份，假生育证 77 例。

发展异地自治组织。在现居住地探索建立和发展同乡、行业、企业等流动人口计划生育协会组织，依靠流动人口党支部以及流动人口志愿者团队等新型社会组织协助开展计划生育工作，创新流动人口计划生育自治制度。目前，湖南省有40多个县市区在广州、东莞、深圳三地成立了流动党支部或流动人口计划生育协会，共发展会员153600人，建立了424310人的信息台账。

加强信息交换与共享。广东省为三个驻粤联络站开通了广东省的信息系统用户，能实时登录、查询湖南省流动人口的情况，分析统计湖南省流动人口的有关数据，2008年、2009年，广州、东莞两市将湘籍流动人口符合政策生育情况作为湖南省考核流动人口符合政策生育率的重要依据。2012年，通过两省的沟通与协调协调，广东省向湖南省提交了2010年和2011年的出生信息196597条，经过技术去重后的有效记录为193071条，其中育龄妇女身份证号码可以匹配的记录数为161393条。经与湖南省全员信息库比对，已上报出生地109015人，应报未报出生49728人。未报出生下发各市（州）核查后，各地补报出生15931人，不属于本地上报出生33979人。

3. 发挥桥梁纽带作用，促进了两省交流协作

感情的融通可以促进工作的沟通。湘粤紧密型协作关系的建立，首先体现在两省各级人口计生部门加强交流对话，通过协商破解政策、制度、机制以及管理上的障碍，在流动人口管理服务的各个方面达成一致的认知与行动。近年来，驻粤三站积极牵线搭桥，进一步密切了湘粤两省之间的联系。

积极推动交流互访。2012年7月，广东省人口计生委流管处李学钧处长一行来湘洽商湘粤协作，就两省信息互通、异地办理婚育证明、联合征收社会抚养费等事宜达成共识，有效启动了驻粤联络站代办婚育证明试点和两地联合征收社会抚养费工作。2012年10月，驻粤联络站邀请广州市计生局欧阳资文副局长带领市县区15人来湘交流。湖南省市（州）和县（市、区）前往广东各地开展协作工作也日益频繁，仅2012年，衡阳和郴州等市（州）党政领导等带队赴粤考察交流。双方的频繁互访既交流了工作经验，共同探索和寻求解决问题的办法，也增强了互信，促进相互了解。基层干部反映，两地像"走亲戚一样"互动走访，感情的互通促进了工作的互动，为拓展协作深度和广度奠定了良好基础。近年来，无论是领

导层，还是基层单位，都感到双方交往更加融洽，两地关系是好兄弟、好邻居、好朋友，工作协调更加顺畅。

扩大协作规模效益。驻粤三站结合现居住湘籍流动人口数量多的实际，主动进行联络协调，促成湖南省流出人口大县市与广东流动人口集中地签订协议或建立协作关系。目前，在省级签订合作协议框架的基础上，湖南省 14 个市（州）、流出人口特别集中的 58 个县市区与广东相关单位签订了协作细则，建立了紧密型协作关系，联络站工作覆盖了 150 多万已婚育龄妇女。

配合现居住地管理。截至 2013 年 10 月底，驻粤三站协助广州等 9 个地级市核查和反馈信息 8.5 万多条（不含咨询信息），涉及户籍地所有县（市、区）的 1800 多个乡镇，现居地 200 多个乡镇（街道）。协助现居地和户籍地核查各类证明 3300 多份，督促对象办证 8700 多例，协助现居地到户籍地（湖南）调查个案 90 余起，协助户籍地到现居地查清查实个案 610 多起，协助当地公安部门查实湖南省籍嫌疑人怀孕情况 26 起、40 多人次，查实群众举报 72 例。通过积极配合现居住地管理，驻粤联络站赢得了广东各级人口计生部门的一致认可，展现了湖南省人口计生工作人员的良好形象和务实作风。

实践证明，驻粤三站的设立，有效破解了流动人口服务管理难题，提升了工作水平，提高了工作效率，节约了行政成本，服务了广大群众，达到户籍地、现居住地及流动育龄群众"三赢"的目的。据测算，设立驻粤联络站以来，共计为湖南省各级人口计生部门节约行政成本近 5000 万元，而 6 年双方共计投入联络站的经费 420 余万元，投入产出比超过 1∶10。2011 年 2 月 28 日，国家人口和计划生育委员会原主任李斌视察广州站，对联络站工作所取得的成绩以及联络员制度给予了充分肯定，并为联络站题词："湘穗协作、服务民生。"

五　面临的困难和挑战

一是信息不对接，口径不统一。湘粤两省信息系统还没有实现对接，信息互通还主要是依靠国家 PADIS 系统和集中批量信息交换。PADIS 系统是被动式的，不能直接匹配，难以实现信息的时效性和全面性。流动人口服务管理口径不统一，使信息提交的准确率不高，流入地提交的是育龄妇女的户籍地址，不是育龄妇女的婚入地址。流动育龄妇女服务管理归属地不明确，使流动人口办理婚育证明和生育证难。只有实现两省信息系统的对接和流动人口服务管理口径的统一，才能完全解决这些问题。

二是联络员队伍不稳定。由于联络员基本是临时抽调人员，身份不明确，期限不确定，待遇不高，原单位支持力度有限，后顾之忧和困难都难以解决，因此联络员难以安心长期工作，影响了联络站的可持续发展。

三是区域协作考核指标没有量化。流入地和流出地对区域协作的考核指标没有量化，仅靠联络站的协调和推动成效有限。要建立和落实区域协作双向考核机制，推动流入地和流出地主动、有效开展区域协作。

四是流动人口自治组织资源没有整合。湖南省各地在广东省建立的流动人口自治组织，还都是各自为政，没有纳入统一管理开展工作，难以充分发挥这些自治组织的作用。大力整合和发展流动人口自治组织，对促进流动人口便民维权和均等化服务可以发挥更大的作用。

六　未来的发展方向

湘粤协作目前已进入全面深化阶段，随着国家生育政策的完善调整，在政策完善过渡时期和社会管理方式转型时期，流动人口从管理向服务转变需要一个过程。驻粤联络站的建立探索了一条适合两地协作的方法和路子，是破解流动人口计划生育管理难题的一个有效路径，作为先行先试的一种服务管理模式，有必要继续此种管理形式，但其职能等需要进一步调整完善。

完善工作机制。一是尽快实现两省全员人口信息系统的互联互通。实现两地信息互联互通，确保两地协作真正落地。二是建立健全协作、监管机制。积极推动高层互访，进一步建立完善省级定期会商制度，突破省与省之间因不同政策而形成的体制、机制性障碍。促成两省之间建立相互衔接的业务规则，明确流入地、流出地的工作职责，并将各级履行协作职责情况纳入双方考核的重要内容。要明确湖南省各基层单位赴粤开展学习交流、行政执法等，统一归口联络站进行备案，避免协作乱象。

完善联络员选拔机制。联络员由人事部门按照组织程序，通过组织推荐、考察，明确身份为组织选拔优秀人才挂职锻炼或到先进发达地区学习、交流的人员。参照相关管理办法对干部任用，确定任用期限，联络站负责人任用期限为三年，联络员任用期限为二年。任用期满，对优秀联络员给予组织推荐提拔使用。建立推荐、选拔、任用联络员工作机制，进一步提高了联络员队伍素质和稳定了联络员工作队伍。

拓展服务管理范围。以广州站为驻粤总站，统筹管理三站事务，重点加强与广东省级层面的工作联络、协调，并负责拓展粤北、粤西；东莞站负责拓展粤东，重点探索外出务工人员聚集地服务管理新模式；深圳站负责拓展珠海、中山等区域，重点探索以卫生计划生育基本公共服务均等化促进流动人口管理模式。争取广东省卫生健康委下发专门文件，加强各站与广东省相关市联系，实现对湘籍入粤流动人口主要聚集地的全覆盖。

积极推动高层重视。直接派驻联络员的形式目前在全国尚只有湖南一家。在机构改革的大背景下，如何推广以联络员为桥梁和纽带的区域协作新机制，需要更高层面的去重视和推动。要积极推动国家卫生健康委给予更大关注和支持，指导两省建立省级相关制度，从全国制度层面建立流动人口区域协作机制，解决协作中的重大事宜和突出问题，为流动人口基本公共服务的区域协作创造更宽松的条件。争取将湘粤协作作为全国流动人口基本公共服务均等化区域协作的示范区，推动在全国率先实现湘粤流动人口基本公共服务区域协调机制的建立，为其他区域提供借鉴参考，为破解流动人口难题，共同探索流动人口基本公共服务区域协调机制的建立。

强化宣传引导。充分运用微信公众号、QQ群、论坛、短信平台等宣传媒体，应用执法宣传海报、宣传小册子等方式强化对流动人口基本公共服务均等化的宣传倡导，引导流入地居民和流动人口关注、主动接受流动人口公共服务均等化的内容。

小　结

由于"流动人口管理存在各机构部门之间缺乏联系机制，存在条块分割及由此形成的信息和资源的孤岛现象。从而导致管理成本高、整体效率较低。各地对流动人口的管理和服务制度尽管涵盖面比较广，但由于缺乏内在的相互支撑的运作机制，许多制度一直存在空转或者不转的问题。制度执行者在实际工作中经常会遇到这类似问题，他们往往把问题归结到制度本身，采取用制度去补救制度的做法，导致制度的不断产生。大量研究表明，问题主要在于协调机制的缺失"[1]。也就是说，流动人口基本公共服

---

[1] 《流动与和谐——宁波市外来人口服务与管理》，人民出版社，2007。

务存在的问题，不光是在体制的建立上，机制尤其是协调机制的设立才是现阶段流动人口实现基本公共服务均等化的关键，也是切实可行的路径。

以上三个人口流出大省都根据本省实际，因地制宜地在流动人口卫生计生基本公共服务的提供方面做出了探索。建立起以卫生计生为主（后扩展为基本公共服务及流动人口权益的维护）的流出人口大省与流入人口大省流动人口基本公共服务的协调机制，较为有效地解决了，或者说部分解决了流动人口在流入地的基本公共服务问题。在我国流动人口基本公共服务制度设计不完善的今天，进行这种区域之间的协作，建立为流动人口提供基本公共服务的协调机制，是一个可行的、可以推广的办法。

我国跨省流动人口的卫生计生基本公共服务区域协作机制主要有三种模式：一是贵州省等落后地区的市县自主模式，其为卫生计生区域协作的初级阶段；二是湖南省、江西省等以政府主管部门主导的行政模式；三是以安徽省为代表的政府主管部门 + 社会组织 + 党组织 + 计划生育协会的"四位一体"模式。

贵州省因经济欠发达，自身财力有限，采取的是人口流出市（县）政府与人口流入地政府主管部门合作的方式，也有人口流出地与人口流入地在某些方面（社会治安综合治理）合作的方式，取得了一定的效果。贵州省也曾考虑从全省层面在黔籍人口流入较多的长三角和珠三角地区建立流动人口卫生计生服务站，但因花费太大，也不能解决派驻人员的编制等问题，就把此项议题搁置起来。

湖南省、江西省等与长三角距离较近的中部省份，经济较为发达，流动人口主要流入珠三角地区，其主要的人口流出市县流出人口较多，计划生育和卫生的公共服务压力大，加上得到流入地的广州等市的支持①，建立了政府主管部门——卫生计划生育委员会派人到人口流入地建立流动人口计划生育工作站的方式，为在穗的湘籍或赣籍流动人口提供卫生计生基本公共服务和群体服务。如江西省流动人口计划生育工作联络站的工作职责为如下几点。①协调江西省、广东省两地建立信息互通、工作互动机制。受户籍地卫生计生部门的委托授权，协助现居住地落实流动人口卫生计划生育具体服务管理工作；受现居住地卫生计生部门的邀请参与相关流

---

① 广州市为湖南省、江西省在穗设立的流动人口计划生育服务站或工作站提供房屋租金和工作人员的生活补助。

动人口的服务管理工作，并及时通报两地卫生计生服务管理工作的经验、信息和动态。②协助开展对赣籍流动人口的卫生计生宣传、政策法规中心和便民维权服务；协助现居住地按照相关规定为赣籍流动育龄妇女免费办理"一孩、二孩生育服务登记"，并办理"流动人口婚育证明"。③协助开展对赣籍流入广东省的流动人口的卫生计生基本公共服务的提供和督促，包括免费的计划生育技术服务，落实有效避孕措施；对政策外怀孕对象及时落实补救措施。④协助现居住地卫生计生部门核实赣籍流动人口在生育、节育、婚姻、社会抚养费征收等方面的存疑信息，督促协调流出地及时做好数据信息的核实和更新工作，并及时反馈到现居住地。⑤按照国家现行有关规定，协助做好在粤政策外出生赣籍流动人口社会抚养费征收工作；协调户籍地配合现居住地合作查处"两非"、侵犯流动人口合法权益、违法生育等方面的案件。⑥协助做好赣籍流动人口基本公共服务卫生计生均等化服务，开展流动人口健康教育，逐步为在粤居住6个月以上的赣籍流动人口建立健康档案，为0~6岁流动儿童提供免疫接种服务，落实流动人口传染病防控措施和流动孕产妇、儿童保健管理服务，推进流动人口在卫生计生公共服务上享有与户籍人口同等待遇。⑦协助现居住地人口计生部门在赣籍流动人口聚居地建立计划生育协会，引导流入婚育群众自我教育、自我管理、自我服务①。

从协议书的内容我们可以看出，这种卫生计生基本公共服务的区域协作模式完全是政府主管部门的主导模式，它们是人口流出地政府卫生计生主管部门——卫生计生委员会派到人口流入地的派驻机构，行使的是政府卫生计生主管部门的职责，其人员、经费都由派驻地政府主管部门提供（部分由人口流入地政府主管部门提供），它们要完成流出地政府规定的工作，要不定期回人口流出地汇报工作。

安徽省对流出到外地的皖籍人口的基本公共服务采取的是政府主管部门+民办非企业组织（社会组织）皖江红流动人口计划生育工作站+计划生育协会+党支部的"四位一体"服务模式。其主要以社会组织"皖江红流动人口计划生育服务驿站"为载体，依靠政府主管部门的流动人口工作站，并在人口流入地成立计划生育协会，在协会基础上建立流动人口党组

① 引自《粤赣流动人口卫生计生服务管理区域协作协议书》。此协议书由江西省驻广州流动人口联络站陈敏提供。

织，开展对皖籍流动人口计划生育的经常性宣传与服务，建立有皖籍流动人口婚育证明信息的登记和交流制度，流入地皖籍已婚育龄妇女避孕、节育检查及生殖健康服务工作制度，流动人口两地信息通报、协调工作制度以及流动人口避孕药具发放制度等。它们在完成对皖籍流动人口卫生计生基本公共服务提供的同时，还为流入地皖籍人口开展便民维权服务①。它们除了有流入地政府提供人员、经费外，还接受计划生育协会资助、流出地党委的经费支持以及以采购政府区域协作购买服务项目的方式获得经费，为皖籍流动人口提供卫生计生基本公共服务及其他服务。这种"四位一体"的区域协作模式为流出地与流入地的流动人口基本公共服务区域协作提供了一个很好的服务路径，其效果也是最好的，得到皖籍流动人口的欢迎。如浙江乐清皖籍人口计划生育区域协作工作站成立后，先后成立了新居民调解委员会、民工维权法律咨询办公室、工商消费维权办公室、霍邱县党员禁毒志愿者基地、红十字会、工青妇等配套组织。到2016年打造党委＋工作站＋计划生育联合会＋民办非企业组织的"四位一体"流动人口卫生计生公共服务工作平台，为流动人口区域协作的可持续发展和壮大奠定了坚实的基础，使两地流动人口的基本公共服务等方面的协作互动取得了更大的成效。

---

① 引自《杭州市西湖区皖江红流动人口计划生育工作驿站工作制度》。

第七章

补充到合力：社会组织对流动人口的服务供给

改革开放 40 多年来，我国流动人口经历了 1984～2002 年的逐步放开阶段、2003～2012 年公平理念的提出及贯彻阶段、党的十八大以来全面推进市民化三个发展阶段后，我国流动人口规模开始逐步下降，从长期快速增长期向调整期转化。2015 年全国流动人口总量为 2.47 亿人，比 2014 年下降了约 600 万人；2016 年全国流动人口规模比 2015 年减少 171 万人，2017 年继续减少 82 万人，为 2.44 亿人，城镇化率达到 58.5%。[①] 2019 年流动人口为 2.31 亿人。

流动人口在我国改革开放中对国家经济发展、社会建设和城镇化发展等都做出了卓越的贡献，已经成为我国城市建设和产业发展的主力军，甚至改变了国家的整体风貌。流动人口在流入地长期居住和家庭化迁移的趋势更加明显，对公共服务的需求更加迫切，社会融入意愿也十分强烈。尽管改革开放以来我国的公共服务制度建设和体系不断推进，供给主体和方式也不断多样化，初步形成了以政府主导、社会参与、公办民办并举为核心的社会服务供给模式，[②] 但是基于公共服务资源的不平衡性、户籍制度的二元制和一系列相关制度政策限制，或者政府社会治理和服务工作的不完善等，流动人口享受的公共服务水平相对低下，流动人口的基本公共服务仍存在真空地带，流动人口在基本公共服务、政治生活、社会生活中的权益难以得到有效保障，未能真正共享改革发展的成果，融入流入地社会困难重重。

在我国城市化、工业化发展进程中，流动人口的服务与管理问题一直以来都是我国社会转型期必须面对和务必妥善解决的重大现实问题，不管

[①] 国家卫生计生委流动人口司：《中国流动人口发展报告 2018》，中国人口出版社，2018。

[②] 《国务院办公厅关于政府向社会力量购买服务的指导意见》（国办发〔2013〕96号），2013 年 9 月 30 日，http://www.gov.cn/zwgk/2013-09/30/content_2498186.htm。

是国家层面还是政策体系建设以及社会实践等方面都做出过诸多探索。2006 年 12 月 17 日，中共中央、国务院发布了《关于全面加强人口和计划生育工作统筹解决人口问题的决定》，该决定是中国人口和计划生育工作进入稳定低生育水平、统筹解决人口问题、促进人的全面发展新阶段的标志；2007 年《人口计生委关于促进全国流动人口计划生育工作"一盘棋"格局的意见》（国人口发〔2007〕114 号）发布，根据意见精神，全国逐步形成以"资源共享、信息互通"为手段，以流入地为主，流出地与流入地协调配合，双方"各司其职、责任共担，协调配合、多方共赢，规范管理、优质服务，突出重点、稳步推进"的全国流动人口计划生育工作"一盘棋"格局，全国形成了诸多区域合作协议和机制，奠定了全国"一盘棋"计生服务坚实的工作基础，但工作主体多局限在政府部门，社会组织的介入较少。

随着我国人口形势的转变，生育政策的调整，流动人口需求的新变化等，中国"强政府、弱社会"关系格局转向"小政府、大社会"的格局，必须对流动人口实现管理向服务的转变；特别是全面放开二孩政策后，流动人口计划生育重点需要加强孕前指导、提供生殖健康服务、提供计生物品等，计生组织的核心工作也应从侧重管理转变为以服务为主。加上"健康中国"的精神要求更加关注流动人口的健康问题，但仅凭政府力量难以满足庞大的流动人口需求。

党的十八大报告首次提出了"基本公共服务均等化"的要求，目标是要建立覆盖我国全体公民的基本公共服务均等化网络，那么占总人口 1/6 的两亿多流动人口群体的基本公共服务均等化就是一大难题。党的十九大报告指出要加强社区治理体系建设，推动社会治理重心下移，发挥社会组织作用，实现政府治理和社会调节、居民自治的良性互动。[①] 2019 年政府工作报告也进一步提出要引导和支持社会组织、人道救助、志愿服务和慈善事业健康发展。多年实践经验证明要改善流动人口公共服务缺失的困境，单一依靠政府这一供给主体是无法有效解决的，随着社会组织的崛起，引入社会组织力量，弥补社会服务与社会治理中"政府缺位"和"市场失灵"的不足，保障流动人口享有合理合法的公共服务至关重要。事实

---

① 《习近平在中国共产党第十九次全国代表大会上的报告》，人民网－人民日报，2017 年 10 月 28 日。

上社会组织这一新兴力量在服务流动人口、促进社会融合领域已经开始崭露头角，社会组织参与流动人口公共服务领域已经成为有效解决困境的一种办法，[①] 在打造共建共治共享社会治理格局背景下，社会组织正在成为承接政府职能转移和参与社会治理的重要力量，也将在服务流动人口过程中发挥日益重要的作用。

社会组织立足社区，是参与社会治理、增强社区活力、提高社会治理水平不可或缺的重要组织形式。作为与政府公共组织和市场企业组织鼎足而立的第三部门，社会组织具有通过"以志愿求公益"来弥补政府缺位和市场不足的一般功能，这已经被国内外非营利组织的发展史证明。[②] 流动人口的服务管理说到底就是对"人"的合理诉求的有效满足和正确引导，社会组织以其区别于政府的群众性、灵活性，区别于市场的专业性、公益性等优势能够更加深入了解流动人口最真实的诉求和服务需求，也能以更加灵活多样的方式和途径为流动人口提供有效服务，找到符合流动人口规律的工作突破口和制度创新空间。因此，社会组织参与流动人口公共服务，不仅是解决流动人口公共服务均等化的有效途径，也是广泛参与公共服务和社会治理、推动社会治理创新、推动当代中国国家与社会关系转型、构建和谐政社关系的重要抓手。

第一节　参与流动人口公共服务的社会组织现状

流动人口问题可谓我国的"跨世纪之困惑"，对于流动人口的界定，概念繁多，无法统一和明确，也无法确切地表述，大多只能从时间、空间和户籍三个维度来界定，迄今为止有外来人口、流入人口、农民工、打工妹、人户分离人口、外来务工经商人员等不下20种称谓。因此历年来我国对于流动人口的统计口径和数据都相去甚远，最初以户籍为主要统计标准，后来根据卫计系统的实时监测，到今天运用普查＋抽样调查＋实时监测等综合手段，才使流动人口的统计相对客观和准确。占总人口1/6的庞大流动人口不仅作为最活跃的生产要素直接推动了我国经济的高速发展，

---

① 李红娟：《支持型社会组织与流动人口发展》，《中国人口报》2019年9月5日。
② 马庆钰、贾西津：《中国社会组织的发展方向与未来趋势》，《国家行政学院学报》2015年第4期。

同时还引发了深刻的社会变迁。改革开放 40 多年来，我国对于流动人口的认识也不断深化，关注这一群体的变动、规律性以及新问题新需求等，对流动人口的管理不仅直接关系到我国城镇化战略目标的实现、城乡之间的统筹协调发展，而且是促进社会和谐稳定的重要因素。

一直以来，我国政府对流动人口偏向于一种防范型的专项管理，特别是对基于人口计生政策要求的流动育龄妇女的计划外生育问题，而今的现实情况是人口政策松动，迅速增长的大规模流动人口在政治、经济、文化、健康等各方面的诉求日益丰富，政府在保护流动人口的合法权益、化解社会矛盾、促进社会融合、体现人文关怀等方面都力不从心，且市场基于利益动机也不愿意提供此类公共产品，因此介于政府和市场间的第三种力量——社会组织应运而生，成为当前支持流动人口生存和发展的重要力量。特别是十八大以来社会组织进入加速发展期，其在流动人口公共服务中的作用更加凸显。

一 流动人口服务管理中的社会组织

社会组织广泛分布于各个地区、不同行业和众多领域，服务领域涉及面广，包括灾害救援、环境保护、扶贫济困、尊老扶残、妇女儿童权益保护、社区服务、卫生健康等诸多方面，服务对象既有唯一的也有综合的，因此社会组织不仅能够满足不同人的多元需求、调节社会矛盾、维护社会公平，而且具有润滑作用。

本课题研究所指的社会组织不仅包括由政府引导、社会推动和流动人口群体自发组成的经过民政部门登记备案管理的流动人口社会组织，而且包括以为流动人口服务为宗旨或者提供某些针对流动人口群体社会公益服务的社会组织（如各类公益慈善组织、法律援助社会组织、各级工青妇组织等），总之只要涉及针对流动人口提供服务的组织都囊括在内，不管是官方背景还是社会性代表力量，也无论是实务型社会组织还是支持型社会组织。

二 社会组织参与流动人口服务的现状

尽管流动人口并非社会组织关注的重点，但是参与到流动人口服务中的社会组织正在逐渐增多，特别是十八大以来更是进入快速发展期，社会组织进一步成为政府职能转移和参与社会治理的重要力量，随着流动人口需求的增加和社会组织的不断发展，二者之间的结合日趋紧密。国家卫计委流动人口服务中心 2016 年对全国 16 个城市 80 家社会组织的调查显示，服务流动人口的社会组织在各地普遍存在。

1. 流动人口社会组织的发育

与流动人口服务管理相关的社会组织大致经历了"准社会组织—自治组织—融合型社会组织—专业型社会组织"的发展历程。

准社会组织指我国城市化进程中形成的以一定的血缘、地缘为基础，以满足个体的需求和情感归属为目的，没有明确组织目标的，结构较为松散的群体。[①] 例如最初的"同乡会""老乡会""同业公会"等。这种组织一般以地缘、行业、区域等为纽带形成，没有正式的组织结构和章程，也没有明确的组织目标，是一种非正式的社会网络，但是仍然是流动人口初入他乡时寻求保护、实现生存和发展的一种重要依靠。

流动人口准社会组织属于内生型组织，其形成没有外部力量的介入，其领袖与实际核心人物也是自发形成的。这种组织缺乏内在约束力，也没有常规意义的活动开展，组织成员主要以情感为纽带，共同的生活与行业环境、背景等促使他们形成以亲缘关系与地缘关系为纽带的、与流入地户籍人口两不相融的初级群体社交网络，并通过彼此间的互帮互助行为，形成了一种处在不稳定状态、功能不健全的准社会组织。[②]

自治组织指政府无介入状况下流动人口群体自愿形成的具有健全规则和组织结构，能够实现自我管理、自我服务和自我约束的群体。

案例：浙江东阳杨家村农民工工会

2008 年，浙江省东阳市白云街道杨家村外来租住农民工达 7000 多人，而户籍人口仅 128 人，形成鲜明对比，流动人口与户籍人口间的冲突和对立时有发生。后经当地政府引导成立租住地农民工工会，工会组织将农民工吸纳进来，引导其参与住地的公共生活，并为会员提供相关的权利保障和社会服务，如技能培训、文化娱乐、计生服务等。不管是社区公共生活还是公共管理都有了工会会员的参与，社区

---

① 陈丰、纪晓岚：《流动人口管理的一种体制创新：从准社会组织到自治组织》，《内蒙古社会科学》（汉文版）2006 年第 4 期。

② 姚迈新：《流动人口管理服务的组织载体创新探究——从准社会组织、自治组织到融合型社会组织》，《探求》2012 年第 4 期。

的环境卫生、治安状况等都有了极大改善，同时外来农民工也对当地产生了"社区认同"，在很大程度上促进了杨家村社区的稳定和和谐发展。

自治组织具有健全的规则与组织结构，更有利于流动人口发挥自我管理、自我服务与自我约束作用，同时它还拓展了流动人口自组织的功能，能够配合政府部门开展针对流入地的各项社会管理与服务工作，它不再被隔绝于流入地社会管理体系之外，反而能分担政府的部分社会管理职能。

融合型社会组织指在政府的介入和支持下，以促进流动人口与流入地本地居民两个不同社会群体共同参与、平等交流为宗旨的组织形式。

> 案例：浙江慈溪和谐促进会
>
> 为化解近年大量涌入的外来务工人员与本地居民之间的纠纷和冲突，2006年慈溪市在坎墩街道五塘新村成立了第一个村级和谐促进会，目前全市345个村（社区）已全部组建和谐促进会。和谐促进会采用会员构成和组织结构，会员由村干部、优秀外来务工人员、村民代表、出租私房房东、社区保安、私营企业主等组成，村民和外来务工人员各占一半，且设有理事会，理事会下辖七个专门工作委员会，开展权益维护、矛盾调处、文体活动、社会服务等各项工作，理事会下设小组，每一个小组负责一个社区保安责任区，小组长一般由优秀外来人员担任。浙江慈溪和谐促进会通过议事会、民意恳谈会、村事共商等形式加强了流动人口与当地居民之间的互动、交流和融合，既协调了两个群体间的利益，又增强了外来人员对当地的认同建构，创建新的异质关系，获取更多的信息、机会和资源，更深层次地促进了流动人口在流入地生活发展和融合，所起到的社会协作管理作用是流动人口准社会组织（或流动人口自治组织）无法企及的。

融合型社会组织使流动人口与本地居民二者之间不再"分而治之"，两个不同社会群体有了共同参与、平等交流的平台，能够极大地促进相互间的融合共通、理解协作，更促进了很多社会矛盾及问题的消弭化解。

专业型社会组织指以为流动人口（包括留守老人和儿童）服务为宗旨或者提供某些针对流动人口群体社会公益服务的具备严密规范的组织结构和规则，具备较强的人才、资金和资源支持的社会组织，包括各类公益慈善组织、法律援助社会组织、工青妇组织、基金会、计生协会、流动人口服务站等。

由于我国的特殊国情，社会组织中有很多具有官方背景和政府支持，而真正意义上的社会组织是完全社会性的无官方背景的，相信随着我国政社关系的不断协调和发展，真正意义上的社会组织会越来越多，并能为流动人口的公共服务提供更加强大的支持，发挥更大的作用。

2. 社会组织参与流动人口服务的特点

社会组织参与流动人口的服务，主要是针对流动人口自身的需求特点而展开，在服务对象、服务范围以及服务模式、资金来源、发展规模等方面都具有明显特征。

（1）服务范围广，对象以儿童和青少年为主

社会组织在服务流动人口过程中，对流动人口关心的关键领域都有所涉及，如教育、就业、住房、文化体育、医疗健康、卫生计生等多方面，但侧重点有所不同，其中涉及教育的机构占比较大，在调研样本中占比75%，涉及家庭发展的占比58.75%，涉及健康卫生的占比46.25%，涉及住房服务相对较少仅占1.25%。在为流动人口提供的健康卫生服务中以生殖健康服务最多，占比59.46%，社会组织对参与流动人口健康服务的意愿都比较积极，"十分愿意"的占比达71.62%。在服务对象上，涉及流动人口中的农民工、妇女、老人、残障人士、儿童、青少年等群体，其中涉及流动儿童的占比最大，达到89.04%，涉及青少年的占比67.12%，涉及流动老人的占比26.03%。[①] 也就是说，有关流动人口的诸多生活、发展需求社会组织都有涉及，但是仍然存在一定的传统痕迹，例如健康领域仍大多局限在生殖健康方面；服务对象上也存在一定的"重幼轻老"倾向。

（2）服务模式向多元化、精细化发展

一是服务层级的明显区分。社会组织服务流动人口的项目呈现典型的金字塔形，分为不同的层级，越往塔尖，难度越大，专业性越强，作用越明显。基础层级是以简单的捐款捐物为主，第二层级则是为流动人口提供较为简单零散的关爱关怀活动，第三层级则在服务中加入专业设计，使活动具有推广性，第四层级则上升到社会化运作的项目，在流程化的公共服

---

① 数据引自肖子华、林颖、赵小《社会组织参与流动人口服务的现状、问题与政策建议——基于对80家社会组织的调研》，《人口与社会》2018年第6期。

务基础上动员社区成员广泛参与，尤其重视流动人口的自我服务和管理。[①] 最高层级为针对公共服务的重点难点问题进行攻克，需要较高的专业能力配比，此类项目是具有社会化运作特征的社会治理创新性项目。

二是需求分类更加细化。针对服务对象的需求类型是单一需求还是综合需求细分，要么选择单一服务对象集中提供，要么将所有对象全部纳入服务体系中综合服务。

三是在服务方式上兼具单一型、复合型、综合型等方式。

四是在空间上既有单纯以流入地流动人口为主服务的，也有将流入地流动人口和流出地留守人群二者结合起来进行的双向服务。

（3）服务场所较为集中，资金来源相对固定

由于流动人口的居住特性和工作性质，社会组织的服务场所多集中在社区，特别是流动人口集中居住的居民社区和工人集中生活的工厂社区，还有流动儿童集中的学校。当前服务于流动人口的社会组织资金来源以政府资助为主，其他的诸如社会捐赠、基金会资助的也占一定比例，总体上靠自己自主运营的相对较少。相关调研显示：社会组织中收过会费的仅占比1.4%。而且社会组织的资金规模在全国各大城市极不平衡，在卫健委调研的16个城市中深圳最高，其次是广州、上海和北京，天津最低。[②] 可以看出，社会组织的资金规模与城市经济发展水平、流动人口集中度之间具有明显的正相关关系。

（4）社会组织的发达程度与各地流动人口分布情况相互耦合

我国流动人口越多的地方，社会组织越发达。我国跨省流动人口主要集中在广东、浙江、江苏、上海、北京等地，而服务于流动人口的社会组织也集中在这些地区，这一趋势也与北京、上海、广州、深圳等城市社会组织发展水平一致。从2018年全国省级层面流动人口的分布来看，流动人口分布在珠三角、长三角和成渝圈三大区域，这与2018年底全国社会组织数量分布高度一致，证明了流动人口越多的地方社会组织越密集越发达。

---

① 肖子华、林颖、赵小：《社会组织参与流动人口服务的现状、问题与政策建议——基于对80家社会组织的调研》，《人口与社会》2018年第6期。

② 16个城市为：北京、天津、上海、南京、杭州、福州、青岛、武汉、长沙、广州、深圳、重庆、成都、昆明、西安、兰州。

第二节　社会组织在流动人口公共服务中的作用

人口进入自由流动阶段之后，政府开始寻求更好的社会治理方式，然而由于流动人口公共服务制度保障缺失，法律政策失衡，政府职能缺位、供给不充分等，流动人口对公共服务的多样化需求仍然无法得到满足。

社会组织作为"政府缺位"和"市场失灵"的有效补充，实质上就是流动人口主体与公共服务客体之间搭建的一个有效平台和通道。社会组织这一平台和通道使公共服务能够顺畅通达流动人口群体，实现流动人口与户籍人口的公共服务均等化目标。因此，社会组织在流动人口公共服务中的最重要作用就是关键链接，对整个公共服务发展都会产生极大的促进作用。

一　弥补政府公共服务的盲区，促进公共服务供给主体多元化发展

公共服务均等化并非服务内容平均，而是要平等地享有公共服务的权利，同时提供适应流动人口群体需求的服务形式。

1. 社会组织可以弥补政府公共服务的盲区

近年来，政府在公共服务供给意识上有极大提升，但囿于困境约束只能在宏观层面进行统筹，整个流动人口政策层面上的公共服务体制改革以及庞大的政府机构都无法做到微观流动人口公共服务的改善，至少在短期内对流动人口公共服务水平的提升作用不大。首先，社会组织以其与政府截然相反的"自下而上"介入路径和以"社区"为着眼点的微观视角，着重于流动人口的具体服务，能够充分发挥其提高公共服务质量的作用。其次，社会组织作为流动人口和政府部门之间的沟通纽带，在帮助政府有效落实公共服务政策的同时可以对公共服务政策中的不适部分进行调整，还可以将流动人口的服务诉求传递给政府和社会，促进政府与社会组织的通力合作，起到一个"上情下达"和"下求上传"的有效输送作用，从宏观微观两方面共同弥补流动人口公共服务的不足。[①]

---

① 曹丽娜：《社会组织参与流动人口公共服务问题研究——以三林镇"新市民生活馆"为例》，华东理工大学硕士学位论文，2014。

2. 流动人口公共服务供给主体的多元化发展

随着我国的社会转型以及体制改革的大力推进，政府向社会公众开放的公共服务领域越来越大，原有的诸多政府职能都在向社会转移。政府原本单一化供给存在的局限性也越来越凸显，既不符合流动人口的多元化需求，也与社会化发展对政府与社会关系的要求相去甚远。社会组织对公共服务供给领域的及时介入有利于对流动人口的公共服务资源进行优化整合，也可以建立长效的合作协调机制，在很大程度上克服了单一供给主体的缺陷，寻求与政府平等协作与互动关系的同时满足流动人口对公共服务不断增长的多样化需求。此外，社会组织与政府、市场三者之间形成一种合作关系，既能保证资源的有效配置、市场竞争的良性循环，也能确保政府政策的合理执行，同时政府和市场对社会组织也能做到有效监督，三方合作的最大好处就是保障了整个基本公共服务均等化发展的良好态势。

二 搭建流动人口公共服务平台，提高公共服务的可及性

流动人口的服务和管理难点就是"流动性"，尽管如今的人口信息系统、大数据的运用能在很大程度上加大对流动人口信息的把握力度，然而流动人口的信息并非全方位无死角。前人口时代基于"生育控制"的要求对流动人口中育龄妇女的管控相当严密，然而新人口时代这一要求逐渐弱化，公共服务需求急剧上升，社会组织正好以其公益性和社会性形成对政府、市场的有效承接。

1. 实现分散人群的组织化

首先，实现分散流动人口自身的组织化。流动人口难以服务和管理的最重要原因就在于其流动性和随机性，除此之外，与流动人口利益密切相关的群体也较多，例如租住地的房东业主、居住地当地居民、同事工友、私营企业主、个体老板等，诸多群体的利益在很大程度上都是捆绑在一起的。社会组织能够以组织化的手段将流动人口纳入服务管理中来。例如，前述提及的杨家村农民工工会和浙江慈溪和谐促进会，都将流动人口吸纳进入组织成为服务管理的主体，充分发挥其主观能动性，促使其对居住社区更加深入地了解和认同，避免发生较多的矛盾和冲突。不管是最初的准社会组织还是自治组织以及融合型社会组织都能最大限度地将流动人口聚拢在一起，实现组织化的目标。其次，实现流动人口与本地居民之间的组织化。所谓服务管理的均等化就是与当地居民无差别化待遇，诸多融合型

社会组织都充分重视流动人口与当地社区居民的组织化，通过加强两个群体间的联系、交流和沟通，有助于建立流动人口群体之外的异质性较强的社会网络，这种互动和社会交往能够为流动人口提供更多的信息、资源、机会以及相互信任，可以从根本上减少流动人口与本地居民之间的隔阂和冲突，同时对流动人口享受平等的公共服务以及更深层次地融入社会发挥更大的作用，促进流入地社会经济的和谐稳定发展。特别是流动人口中的一些特殊群体，如残障人士、少数民族流动人口等本身的心理焦虑和不适感就相对更强，通过组织化方式使其能够更加从容地面对流入地的文化，加深不同民族、异质人群间的交往、了解，提高其适应力以及情感和心理上的慰藉。

社会组织对流动人口的组织化对于实现公共服务的可及性来说确实是有利的，极大地激发了社会活力，然而也有潜在地担心其在解决社会问题过程中爆发组织化、集体式的抗争活动。因为毕竟某些社会组织的同质性过高，异质性欠缺。例如某些以"同乡会"基础发展而来的联谊会、出租屋业主协会等其成员的身份来源、文化认同、价值取向基本一致，更容易形成巨大的合力，引发非理性的诉求表达。

2. 增强流动人口公共服务的可及性

社会组织是介于政府与流动人口之间的桥梁和纽带，是有效扫清公共服务障碍的有效载体。从政府层面首先弥补了其公共服务供给中的不足，然而关键是要将公共服务有效传递到目标人群手中，此前由于流动人口处于一种分散游离的状态，无法将公共产品和服务送达。社会组织通过组织化能够将流动人口有效聚集起来，这样就能对受益群体进行宣传教育和产品服务的供给，增强了公共服务的可及性。

正如调研中"皖江红"负责人说"以前都是组织的工作人员追着找他们（流动人口），难度相当大，他们本身为了生存生活打拼确实很辛苦，闲暇时间也很少，你通知干什么都懒得来，或许也没有时间来。经过长期的接触组织，现在的状况就改变了很多。通过各小组负责人一通知基本都能来，对政府政策、组织的看法有了很大改观，自身的心声、需求也愿意吐露了，工作也就好做多了"。

现实中确实有很多流动人口根本不了解国家政策，思维还停留在对流动人口实行严格管控的阶段，认为凡是与政府相关的部门都是为了"抓计划生育"，没有其他所谓的"好处"。对于自身享受的公共服务和权利一无所知，只有在面对问题时如孩子入学、劳务纠纷才主动打听和了解，所以说，流动人口对公共服务的认知度还有待提高。

三 提供有力的载体支撑，促进流动人口的改变和发展

流动人口卫生计生基本公共服务均等化是最基础的要求，社会组织的介入并非只停留在卫生计生层面，也拓展了更多的公共服务和产品，这对于整个流动人口群体的改变和发展十分有利。

1. 极大地提高了流动人口群体的卫生健康意识和行动力

流动人口群体从前多以生存为主，巨大的生活压力及其原生环境使其卫生健康意识较为薄弱，很多都是基于强势的计划生育控制而被动采取措施，而今他们不仅对基本的避孕常识、优生优育理念有很大程度理解，而且都会主动接受健康教育并且对自己、对家人健康主动关注且行动力极大增强。据调查，在流入地居住半年及以上的流动人口中，35.4%的在所在社区建立了健康档案。接受过健康教育的流动人口中，63.5%的接受过"生殖与避孕"相关教育，47.3%的接受过"性病或艾滋病防治"相关教育，47.2%的接受过"控制吸烟"相关教育，14.3%的接受过"精神障碍防治"相关教育。① 流动人口受教育的知识面不断拓展，在流动人口中，孕产妇和儿童接受保健服务、儿童预防接种等已处于常态，这与众多社会组织不断开展的健康教育密不可分。

2. 使流动人口中的某些问题人群的心理和行为产生较大变化

福州台江区鲲鹏青少年事务服务中心和云南连心社区照顾服务中心都做过"游走在犯罪边缘的流动青少年"的干预项目，他们通过"权威影响取代权力控制"的方法，让那些即将或已经"误入歧途"的未成年流动人口重新找回尊严和自信。② 社会组织不仅重点关注流动青少年的失范行为并对其进行行为干预，而且其他诸如流动少数民族人口、流动儿童、留守儿童、留守老人等都是重点，其中还包括众多遭遇歧视、不公待遇之后产生极端行为或报复社会、轻生的人群。社会组织通过持续的帮助、干预、教育等使某些在心理和行为上有偏差的人群逐步理性地接纳自己、看待生

① 国家卫生和计划生育委员会流动人口司：《中国流动人口发展报告2017》，中国人口出版社，2017，第90页。
② 国家卫生和计划生育委员会流动人口司：《中国流动人口发展报告2017》，中国人口出版社，2017，第135页。

活、解决问题、融入社会。例如，针对外来人口对当地社会治安产生不良影响的情况，很多社会组织和地方都尝试建立工会、和谐促进会等，减轻相互间的敌视和不理解，增强信任，促使流入人口与当地居民的深入有效融合。

3. 提供积累更多社会资本，促进流动人口发展

非正式的流动人口自组织尽管有其基于血缘、地缘建立的各种关系即传统社会资本，在初期能够对流动人口在就业、感情沟通等方面产生显著影响，但从长远看并不利于流动人口实现城市融合，也不利于组织的可持续发展。以南昌市永人村"广丰籍同乡互助会"为例，作为典型的流动人口自组织，其运行主要依赖的是以吕献达为首的广丰籍同乡之间的社会资本，其社会资本存量较低，然而经过政府部门及城市社区基层组织介入之后，通过有序参与社会事务与公共生活极大增强了该组织的社会资本，吕献达当选了南昌市人大代表，拓宽了流动人口政治参与的渠道，增强了文化信任，防止和减少流动人口需求制度外的参与，最终实现流动人口在城市中的社会融入，至于流动人口个体因此而获得的发展机遇和资本就更是数不胜数。① 再以"赣南旅沪客家联谊会"为例，由最初的"同乡会"到"商会"再到"联谊会"，组织的包容性逐渐增强，成员多样性、异质性也加大，组织章程严密，会员必须遵守，经过十多年的发展，会员人数从原来的两百多人发展到两千多人，并且每年都举办诸多渗透着浓烈乡情和浓厚客家文化气息的活动，赣南旅沪客家联谊会发展成为上海最具规模最具活力的社团之一。客家联谊会的形成、发展和壮大每一步都离不开关系网络作用的发挥，组织内部的地缘网络和组织外部政府支持网络的有效结合才能孕育出支撑组织良性运作的强大社会资本。②

社会组织通过建立各种横向纽带，促进流动人口的社会交往和联系，传输友好、信任、包容、尊重的良好社会价值观，将对弱势群体的关爱与公共服务的人性化联系起来。例如，许多社区组织通过各种夕阳红项目、组建老年文娱团队等形式加强流动老年人与本地老年人群体之间的联系，在增进流动老年人的社会融合的同时，对于拓展流动人口的社会网络，提

---

① 张艺：《流动人口自组织的社会资本分析——基于南昌市广丰籍同乡互助会的研究》，《江西警察学院学报》2014年第1期。

② 梅芳：《现代流动人口同乡组织社会资本的生产与再生产：社会网络视野研究——以赣南旅沪客家联谊会为例》，华中师范大学硕士学位论文，2015，第14～16页。

升社会资本也有很大促进作用。

四　延伸关爱留守群体，缓解流动人口后顾之忧

留守人群与流动人口是两个密不可分的群体。除直接服务于流动人口的组织机构外，还有大量的社会组织在关爱留守人群。比如有很多在中西部地区服务于救助、扶贫、教育等领域的社会组织，还有一些已经成长为全国先进示范典型的帮扶模式。例如 2011 年成立至今的"橙计划"公益项目，聚焦于留守儿童的服务，帮扶对象范围辐射大半个中国，项目内容也从留守儿童本身逐渐延展至留守儿童家长、志愿者、公众等环节，"橙计划"已打造出一条"企业发起，政府扶助与支持、社会力量参与"的完整公益生态链。

留守儿童问题是伴随着流动人口产生及中国特色的城乡二元户籍制度而产生的，如今仍高达 6000 多万的留守儿童的生存、生活、安全、发展和福利问题还是困扰全中国全社会的较大社会问题。2016 年 2 月国务院发出《关于加强农村留守儿童关爱保护工作的意见》，同时民政部、教育部、公安部印发《关于开展农村留守儿童摸底排查工作的通知》，且从 2016 年 11 月起民政部等八部门在全国联合开展以"合力监护，相伴成长"为主题的农村留守儿童关爱保护专项行动。在国家行动、顶层设计、多方合力破解留守儿童工作难题的背景下，社会组织早已进驻其中，在儿童救助的各个领域不遗余力地贡献自己的力量，推动公益慈善领域的发展。社会组织对留守群体的关爱不仅是对流动人口群体的有益补充，更在很大程度上缓解了流动人口的后顾之忧，在流动人口与家人之间建立起了强有力的亲情关爱通道，弥补了流动人口本身困境约束的缺憾，让他们感受到来自全社会的爱。

五　担任政策讨论组织者，促进流动人口诉求的理性化

将公民参与带来的民主诉求和信息导入行政过程，是民主政治时代公共行政发展过程中最稳固和最有效的策略。[①] 然而健康的社会诉求表达需要相对完整的组织过程，民众向政府输送的信息必须经过梳理、过滤、消

---

① 王巍、张文忠：《社会组织融入流动人口服务管理体制的改革尝试和规律发现——广东河源市源城区的实践》，《岭南学刊》2012 年第 6 期。

化和提炼，保证信息的真实性和精炼性，指向明确、诉求精准。社会组织以其"社区"基层视角深入群众中，对社会事务可以组织相关公民进行公开、真诚的讨论，实施"头脑风暴"，这种方式既促进了政社之间的相互理解，又可以增进公民自我学习和民主习惯的培养，更是有益政策建议产生的过程。

> 案例：子女的教育问题是流动人口家长最为关心的问题之一，然而诸多流动人口家长由于工作时间过长缺乏规律性无暇管理自己孩子。广东省河源市源城区流动人口互助联合会为解决外来务工人员对子女放学后的监护问题，提出了在流动人口聚集社区通过社会义工和专业教师开办"新客家人4：30时学堂"，更好地看护流动人口子女，让务工人员更安心地工作，地方政府通过服务购买的形式并号召企业和社工适当提供此项服务。

可见对于社会组织和公民的好建议好对策，政府是乐于接受的，但是这种好的诉求不可能通过个体表达和提出，社会组织的存在正好能为公民参与和理性建议的提出搭建一个合适的组织平台，使流动人口微观层面上的诸多需求都可通过这一方式获取，在很大程度上提升了流动人口诉求的理性化表达，减少冲突和矛盾。

六 充当流动人口与利益相关者间的沟通桥梁，化解群体性事件

大规模的流动人口会给流入地带来一定社会问题，主要表现之一就是以流动人口为主体的群体性事件频发，且日趋激烈，严重影响流入地正常运行秩序。2013年中国社会科学院发布的社会蓝皮书就指出近几年平均每年发生的群体性事件高达十余万起，群体性事件加剧了当地的社会矛盾，对社会治理带来巨大挑战。[1] 流动人口群体中因劳务纠纷、讨薪、意外死亡、子女教育等引发的群体性事件不少，社会组织在其中起到了一个矛盾调处缓冲器的作用。

社会组织出于对涉事群体各方利益的深入了解和沟通，更能以"共情"的心态客观理智地看待矛盾和冲突，从协调各方利益、化解矛盾的公

---

[1] 尹木子：《新生代流动人口群体性事件参与风险分析》，《北京青年工作研究》2016年第4期。

心出发，社会组织一定程度上改变了以往单靠政府硬性行政手段处理纠纷的状况，能以更加柔性的方式和自治成分化解很多矛盾，提升社会自治水平，实属社会矛盾调处的缓冲器。

七 发挥优势，优化流动人口公共服务供给模式

社会组织作为非营利组织，功利性不强，在参与公共服务供给中有政府和市场不能替代的优势，比如反应快、扎根深、对流动人口需求定位准、易调整、动员能力强等，因此能提供更为优质的服务，达到良好的服务效果。首先，社会组织扎根基层，能够深入流动人口群体中，倾听他们的心声和要求，能够提供符合实际的公共服务项目，同时根据需求变化调整具体内容，能够代替政府更微观地开展服务，例如个性化的情感支持就是政府无法企及的。其次，社会组织的服务意识和服务精神更强烈。它区别于政府受各种制度限制、绩效考核的制约，也区别于市场受经济利益的驱使考量，社会组织皆以公益性为要求，因此组织的目标非常明确，就是为流动人口提供切实有效的高品质公共服务产品，减少出现偏差。最后，社会组织从业人员都具有较为完善的专业知识，可以以最小的成本通过项目运作、志愿服务、相关赞助等形式实现公共服务的目标，既能节约成本，高效配置公共服务资源，又能提供高品质公共服务，有效改善当前流动人口服务水平不高的局面。可以说，社会组织的参与在很大程度上改变和优化了流动人口的供给模式，使供给主体多元化、供给方式多样化、供给效果优良化。

八 不断探索和创新服务，提高社会治理的现代化水平

新中国成立70年以来，中国正在从传统社会向现代社会转变，在为流动人口提供公共服务过程中，社会组织不断地针对服务重点、难点以及突出的社会问题等进行试水，充分发挥其可替代性强、资源动员效率高、创新活力足等优势，在化解群体冲突、增进社会信任、建立流动人口社会融合机制等方面都具有较高的社会治理创新水平。当前中国形成的"政府、社会、市场、公众多元主体共建共治共享"的社会治理格局，随着"小政府、大社会"的构建，政府职能将会进一步向社会转移，社会组织在提高社会治理现代化水平中的作用将更加凸显。

流动人口是长期存在的一个群体，对其提供优质高效的公共服务是

"以人民为中心"社会治理现代化的必然要求。社会组织经历了多年的成长和发展，在运作机制、服务水平、专业能力等方面都在不断提升以适应社会需求，未来流动人口在规模、流向、个体素质以及工作生活需求等方面都会更加纷繁复杂，社会组织也必将针对服务对象的变化不断调整自身的组织结构和服务水平，充分激发自身的发展潜力，才能适应社会环境的变化，承接越来越多的政府职能转移，对构建现代化社会治理结构、平衡政社关系、激发"大社会"格局的发挥具有不可替代的重要作用。

第三节　社会组织参与流动人口公共服务中存在的问题

社会组织参与流动人口公共服务中存在的问题，有些是所有社会组织存在的共性问题，有些则是由于服务群体特殊性产生的个性问题，不管怎样，在组织本身、政府社会关系处理以及组织与市场、流动人口之间都或多或少存在一些问题。

一　社会组织机构和服务数量仍存在巨大缺口

由于我国社会组织发展起步比较晚，经历曲折，整体规模还不够大，同时引导社会组织对流动人口进行专门服务的政策举措也还比较少，社会组织在流动人口服务中的作用还未得到充分凸显和重视。

目前全国虽然有一定数量的社会组织将流动人口作为主要服务对象，但是相对于整个社会需求而言，将流动人口作为主要服务重点的社会组织总体数量还较少，亟须发展壮大。2018 年底，我国每万人社会组织数量为5.86 个，尽管相对而言每年都在增长，但与发达国家（一般在 50 个以上）相比还有很大的差距。① 另对《中国发展简报》上 5195 个社会组织进行梳理，发现以服务流动人口为主业的社会组织占比在 6% 左右，仅有 300 多家，这个数量相对于我国两亿多庞大的流动人口而言，供给规模及能力缺口巨大。诸多社会组织都将流动人口纳入"外来务工人员"对象，且融合在防艾、公共卫生、社区发展、妇女儿童发展、老人保障等领域中共同服

---

① 国家卫生和计划生育委员会流动人口司：《中国流动人口发展报告 2017》，中国人口出版社，2017，第 135 页。

务，并未对流动人口进行专门的细分和单列。

二 与流动人口快速变化的新情况不相吻合，服务对象集中度过高

流动人口群体是一个处于快速变化中的群体，每年都会呈现一些新的变化和特点，然而社会组织一旦制定了服务领域和章程后基本按照"规定动作"行事，对于急剧变化的趋势未能做到快速反应和调适，使服务效果相对滞后。比如在人口新政之前大量存在的区域协作组织、人口计生协会等在形势变化之后对工作重心的转变仍无法适应，从"管理"到"服务"的转变过程也较为漫长。调研发现，某些计生协会突然要从对流动育龄妇女的计生管理角色转变为提供优生优育角色一下子无法承接和适应，相应的服务能力也有所欠缺。沟通对接的对象部门都发生了较大变化，工作思路和方法也需进行较大调整。

人口流动的"家庭化"发展新趋势对社会组织提出了新的要求，社会组织不能仅关注原来的务工人员，随迁子女、流动老人、新生代农民工等都是亟须关注的对象，服务需求上也应跳出计生卫生的基本服务框架，然而当前社会组织的主要服务对象集中在务工人员、流动儿童和青少年上，对全国近1800万体量的流动老年人的关注较少，存在"重幼轻老"的趋向，对流动妇女身心健康需求的服务支持也还有很大进步空间。

三 服务的精准性不足，整体服务的专业性和服务质量有待提高

服务的精准性必须根据服务对象的需求导向而定，即使是社会组织具有较高的灵活性也不可能兼顾到每一个体的精准需求，多以大概率来定，提供服务的有效性和精准性就会有一定偏差，流动人口的满意度相对不高。某些社会组织的服务存在较大的滞后性和低水平重复性。

专业性不强，社会组织本身的资源和人才严重不足。专门针对流动人口进行服务的社会组织最纯粹的就是原来的各种计生协会，然而这些机构人员不足、待遇水平较低、专业技能人才欠缺，有很多组织的运营经费也是岌岌可危的。例如杭州市西湖区"皖江红"卫生计生工作站，作为一个专门为皖籍流动人口服务的省级工作站，也是安徽省财政力量支持最大的工作站，专职人员仅有3个（卫计委外派），其他都是聘用人员，相对于当地的工资收入水平待遇较低，招聘人员仍存在困难。按照政府购买服务方式进行服务，主要职责还是"疏通与当地卫计部门的协作渠道"，全面二孩政策后

工作重点逐渐向流动人口的卫生、社保、生活、学习等方面转移。

项目服务不能满足流动人口的精准深层次需求。基于组织规程要求，工作进程安排不合理，集中在一段时间内密集性开展活动，某些活动又是临时性、娱乐化、形式化的表现，有一种赶任务性质，这种服务的深度欠缺，也没什么影响力和积累性。在服务技术上总体也不够成熟，专业性不足，存在组织间相互模仿或跟风社会热点等现象，不能够真正为流动人口提供及时高效高质量的服务。表现为：一是参与社会治理的专业能力普遍不强，尤其是社会（区）动员核心能力；二是特定领域的专业技术也有待提升。[①]

四 社会组织缺乏分类管理，组织间交流不畅

社会组织的行业发展问题主要体现在如下方面。一是政府对社会组织的细分管理机制尚未建立。社会组织分为"治理""分羹""抗争"三种类型，在中国国情下治理型社会组织才是社会治理创新的建设性力量。[②]但是当前我国缺乏对不同类型的社会组织进行分类管理的机制，要么"严控"要么"放任"，两种思想产生的都是"一刀切"的对策，对社会组织的管理局限在"依法登记"和"合法取缔"方面，过程上的管理严重不足。二是社会组织之间的交流不畅。事实上不同社会组织之间有很大的资源对接和功能互补的空间，然而实际上都是各自为政，形成一种"各自探索、缺乏交流、资源竞争"的关系，更高层次的超越利益性、区域性的大型组织很少，也就是说，专门致力于社会组织人才和能力培养的社会组织严重缺乏。三是针对留守人群的服务越来越多，然而这些社会组织之间的信息沟通和交流平台较少。缺乏一些有效合作的联动机制，在一定程度上造成较高的探索成本和资源浪费。

五 社会组织对政府的依赖性较强，独立性较弱

政府与社会的关系问题一直都是我国社会组织赖以生存和发展的重要环境支撑，尽管随着近年来国家层面对社会组织的各种支持政策的出台，

---

① 肖子华、林颖、赵小：《社会组织参与流动人口服务的现状、问题与政策建议——基于对80家社会组织的调研》，《人口与社会》2018年第6期。

② 肖子华、林颖、赵小：《社会组织参与流动人口服务的现状、问题与政策建议——基于对80家社会组织的调研》，《人口与社会》2018年第6期。

社会组织的成长空间进一步加大，但是在中国特殊国情下，社会组织对政府的依赖性仍然较强，独立性较弱。

一是社会组织的基本运营仍需要财政的大力支持，否则难以为继。此类社会组织主要是具有官方背景的一些组织，在新形势下未能完全适应市场化的需求，靠自身运营能力不足以实现顺利转型。据"皖江红"负责人介绍，其组织每年通过政府采购项目经费达 400 万元之多，又是安徽省财政支持力度最大的组织，因此在目前的服务项目和范围内经费还算充足，但是如果要拓展到流动人口其他的住房、生活、子女上学、维权等服务的话，目前的经费就显得捉襟见肘，其他没有财政支持的社会组织显得举步维艰。二是政府购买服务中的"强政府、弱社会"格局仍未改变。当前政府购买服务是社会组织与政府之间最有效的合作方式，可以实现政府职能转变和培育组织机构的双重目标。但是购买服务中的"事业单位化"倾向较为明显，政府购买中的"控制型评估政购模式"多于"支持型评估政购模式"，政府评估中规范过多、忽视社会效果评估、人员投入不足、官僚化等现象普遍，最终造成"劣币驱逐良币"的现象。① 三是"强政府"格局短期内仍然难以改变。调研显示，社会组织在项目运作中受到政府的相关限制和约束仍然较多，基于政府监管的需要无可厚非，但是程序复杂、审批烦琐等极大影响组织的运营效率。另外充当流动人口与政府机构之间协调载体的社会组织，在协调关系过程中仍然缺乏真正的第三方独立机构应有的地位，动用个人资源和社会关系网络促进工作仍是主要方式，政府机构的强势地位仍然较为明显，极大地制约了社会组织实际作用的发挥。

六　社会组织对市场机制的利用极少，影响生存发展

社会组织以服务于社区居民和流动人口为目的，政府注重管理和治理人口问题，企业则重在处理公共关系，三者之间基于权利、资源、利益等关系总会产生矛盾。社会组织与企业组织营利性的本质区别，造成在服务出发点上的根本不同，社会组织由于资金和技术手段相对不足，难以和企业相抗衡，从而又会严重影响社会组织在居民中的发展。② 前已提及很多

---

① 肖子华、林颖、赵小：《社会组织参与流动人口服务的现状、问题与政策建议——基于对 80 家社会组织的调研》，《人口与社会》2018 年第 6 期。

② 方欣：《社会组织服务于流动人口问题研究——以成都市锦江区为例》，四川师范大学硕士学位论文，2014，第 12 页。

社会组织自身的运营存在较大的经费困难，利用市场机制运作来保证机构的可持续发展是可行的，只需避免完全的市场化即可。但是基于组织机构的非营利性和公益性质，仅有很少的机构开展过收费服务，据调查，只有25.7%的机构开展过收费服务，且许多仍属于极低价格的象征性收费。①当组织机构资金断裂，面临生存困境时就可能出现破产或者中断服务等情况，使社会组织处于十分尴尬的位置。

第四节　促进社会组织高质量发挥作用的对策建议

社会组织参与流动人口公共服务能够在很大程度上转移政府职能，弥补政府不足，为对象提供更高质量的服务，在"小政府、大社会"关系格局发展趋势下是一种优化选择，更是促进社会良性发育的重要举措。目前，社会组织在流动人口公共服务中的作用是十分明显的，也是十分有利于推进公共服务均等化发展的有效路径，但是社会组织的潜力发挥、能力提升等都需要政府的大力支持和相关体制机制的构建。

一　政府投入向社区服务倾斜，公共服务向流动人口倾斜

社区（综合平台）、社会组织（载体）、社工（专业力量）"三社联动"是我国社会治理中重要的行政性基础。第一，政府投入应该向社区服务倾斜。社区是流动人口主要的居住和生活场所，社区居住人群多元化、社会矛盾复杂化、利益诉求多样化，无论是在基本公共服务满足、化解社会矛盾，还是在促进社会融合等方面都迫切需要社会组织的参与，相对应的社会组织着眼点也在社区基层，因此要更好地满足流动人口的基本公共服务，政府资源就应该更多地向流动人口集中的社区基层倾斜，通过资源、体制、政策等的倾斜和引导，促使更多社会组织更积极、更有效地参与到流动人口公共服务中来，与政府形成良好的协作机制；政府在政策引导上也应制定更多吸纳和促进社工专业人才培养的措施，促进社会组织机构扎根于流动人口集中的社区，发挥其专业优势。第二，公共服务向流动

① 肖子华、林颖、赵小：《社会组织参与流动人口服务的现状、问题与政策建议——基于对80家社会组织的调研》，《人口与社会》2018年第6期。

人口倾斜。对社会组织的引导完全可以采取"资源导向型"模式，哪里的资源聚集，哪里有更多的公共服务，社会组织就会倾向于哪里。当政府部门的公共服务资源在保证流动人口基本服务的同时向其倾斜，则组织机构的流向也会相应发生变化，政府采购的服务和项目也就相应增长，自然能够将组织机构吸引过来。第三，大力促进支持型社会组织和枢纽型社会组织的发展壮大。当前针对实务型社会组织较为完善而支持型社会组织较为缺乏的状况，政府应该大力促进"社会组织孵化器"模式发展，倡导孵化更多契合流动人口特征和变化趋势的社会组织，发挥其更大的辐射作用。区域上集中在我国流动人口非常密集的长三角、珠三角、东南沿海城市以及成渝经济圈等，都有很强的推广价值；制度设计上把孵化器定位在城市社区、街道、工业企业聚集区等，充分扎根基层，对流动人口产生快速灵敏反应的地方，保证孵化器旺盛持久的生命力。①

二　摸清流动人口社会组织情况，进行因地制宜的支持型政府购买

我国社会组织本身发育较晚，历程曲折，对专门参与流动人口公共服务的组织情况就更不清楚，除 2016 年国家卫计委流动人口服务中心牵头进行过抽样调查之外，没有任何部门对此有所关注，因此底数不清，状况模糊。国家和各级政府应当充分认识到发挥社会组织在服务流动人口、推动社会治理创新上的重要作用。一是要摸清当地以流动人口为主要服务对象的社会组织情况，根据实际情况将流动人口优生优育、流动人口健康体检、流动儿童和流动老人的关怀照顾、医养结合、社区健康促进项目等纳入社会组织来负责实施。二是各级卫生健康部门也应高度重视并积极促进社会组织在流动人口卫生计生和健康服务中的作用发挥。通过政府购买服务形式委托给合适的社会组织运作实施。在政府购买中加强"支持型"购买，更加注重社会公益效果和组织机构的人员培养及能力提升等。

三　构建相关机制，改善社会组织的服务环境

当前服务于流动人口的社会组织普遍面临诸多机制不顺的问题，建议从以下几个方面的机制建设着手，构建更加有利于社会组织服务流动人口

---

① 朱仁显、彭丰民：《公益型社会组织孵化的厦门模式——基于对"新厦门人社会组织孵化基地"的研究》，《国家行政学院学报》2016 年第 4 期。

的环境，充分发挥其良好的促进作用。

1. 建立社会组织的细分管理机制

探索建立社会组织的细分管理机制。大力鼓励和促进治理型社会组织的发展和壮大，出台行政、财税、金融等各种相关支持政策加大对治理型社会组织的支持力度，更加注重此类组织的人才培养和能力建设，对治理型社会组织采用较为灵活宽松的管理方式，促进其在社会治理中探索出更加适用的利于社会发展、利于满足流动人口需求的服务方式和组织设置。对于"分羹"型社会组织要加强引导，提高其向治理型社会组织转化的能力；对于"抗争"型社会组织则要严格把控，随时关注其发展走向，避免出现负面社会效应。无论如何，坚决避免"严控"和"放任"两种两极分化导致的"一刀切"，并且不能只抓住"依法登记"和"合法取缔"的出入口，而应对社会组织进行过程性的监督和管理，转变政府的管理角色，逐步向"服务"功能转变，为社会组织发展运行中出现的问题提供解决方案和建议。

2. 构建政府与社会组织之间的长效沟通机制

政社关系可谓我国社会组织面临的共性问题。可以构建一个政府与社会组织之间的交流机制，通过政府搭建一个由政府部门、社会组织、专家学者和其他相关人士组成的平台，依托政府部门，通过恳谈会、通气会、公益诉讼、公益基金资助等方式，让社会组织参与到市民社会的流动人口服务中来。

3. 加强建立社会组织之间的联动合作机制

服务于流动人口的社会组织之间具有诸多的对象重合、功能互补、资源浪费等现象，因此将所有服务于流动人口的社会组织整合起来，有利于避免社会资源的浪费，提高服务的效率。例如，在采购项目设计上，将整个流动人口家庭所需服务打包在一起，如将家庭发展和社区建设相结合、流动老人服务与社区儿童（孙辈）服务相结合、流动人口和留守人群需求相结合、流动人口与户籍人口需求相结合，将服务系统化和全面性打包，以社会问题的解决为核心，公开招标，打通组织之间的信息交流渠道，加强组织机构之间的服务转接和资源共享，节约成本，避免浪费，提升服务效率。

4. 探索建立社会组织市场化运作机制

市场经济体制下社会组织的"公益性"使其仅仅依靠社会捐助、公益基金吸取等方式会导致某些社会组织的生存和发展很受限，在此情形下，为了更好地实现可持续发展，社会组织可以探索建立适于自身的一些市场运作机制。从政府而言，在法律框架下制定社会组织参与市场的相关规范和细则，将其市场行为限定在可行范围内，扩大其生存发展的空间，也有利于组织本身不断提高抗风险能力；对社会组织本身而言，要牢牢把握市场规律，提高自身的应变能力，主动参与到更多的项目投标、设计、建设运营中去，将政府购买项目运作的经验累积推广到市场化运作中，主动对接市场，加强自身能力建设，提供更多市场化产品，也可一定程度上减轻对政府的依赖。

四　促进社会组织可持续发展能力建设

社会组织对政府采购的依赖性极强，社会组织数量庞大，竞争激烈，现行采购制度又会产生"劣币驱逐良币"的不良后果。"优胜劣汰"是自然规律，因而更需要加强社会组织自身的可持续发展能力建设。一是改善政府购买服务的方式和考评机制，优化购买服务的评估指标体系，更加注重效果导向，倒逼社会组织提升自身能力和水平。二是引入具有较强专业能力的机构来承接社会组织的能力建设项目，通过第三方来直接针对社会组织的短板提升其能力。在政府购买服务中适当采取"外包"服务，在社会组织之外形成良性的竞争机制和发展空间。三是搭建更多的同行竞技、交流的平台，鼓励同行机构的良性竞争，通过经验交流分享、实训等方式提升组织的专业能力。四是适度通过市场化的运作去检验和提升社会组织的应变能力、生存发展能力，减轻组织对政府部门的依赖。

五　构建和优化社会组织发展环境

发展环境是一个长期形成的要素，非短期内能够改变。相对应的，利于社会组织发展环境的构建也非一朝一夕的事情。相对于西方国家更高的社会流动性和多元性，流动人口自身的自我保护意识、组织化意识和维护权益意识等都更加浓厚，众多的NGO都已成为流动人口服务领域的重要担当。我国基于社会保障不够完善、政府多年的强势主导等原因，社会组织的成长和流动人口的觉醒都还处于起步阶段，不管是流动人口自身的意识还是社会组织的服务意识都需要极大的提高，国家和政府部门应该大力加强对流动人口服务环境和社会组织发展环境的构建以及优化。一是从顶层设计上出台更多更有利于社会组织发展的政策制度，创造相对成熟和宽松

的发育环境。包括多引导多监督多服务，除传统政府购买方式外尝试多元
化发展，如基金扶持、法律保障、财政补贴等方式，大力发展义工、社工
和志愿者队伍，激发更多来自社会各方面的力量参与社会组织建设，真正
使社会组织成为政府提供公共服务的有力补充。[①] 二是改变当前流动人口
服务管理部门分割过多的状况，降低沟通协调成本。例如可以建立类似于
国外移民局职能定位的相关机构，统一对流动人口进行服务和管理，如浙
江嘉兴新居民局。将流动人口的诸多需求能够整合到一个实体里，更有利
于社会组织的对接和参与，也能为流动人口提供更多的人文关怀和社会救
助，帮助他们更好地融入城市社会。

　　社会组织的发展与社会发育程度密切相关，当前我国社会组织面临的
很多困难和问题都会随着政社关系的融合和发展得以解决。当前社会组织
参与流动人口公共服务的问题也能纳入其他各个领域的改革契机中加以完
善，总之需要全方位系统的"政社关系""社市关系"的调整，采用"自
上而下"和"自下而上"两条路径结合才能促使社会组织在我国流动人口
公共服务中发挥更加高效优质的作用。

---

① 广东省社会科学界联合会、华南理工大学联合课题组：《培育流动人口社会组织 创新泛珠
　区域公共服务》，载《2012 年泛珠三角区域合作与发展社科专家论坛（第十届）论文汇
　编》，2012。

第八章
回流促发展：流动人口返乡创业就业

我国的流动人口大多是从农村迁移到城市，从经济欠发达地区迁移到经济较发达地区的。近年来，随着国际金融危机的爆发，东部发达地区的产业升级，中部崛起和新一轮西部大开发战略的实施，我国人口流动到2014年出现了拐点，流动人口开始出现缓慢降低的趋势，出现了从东部地区逐渐回流的趋势。作为流动人口的主体——农民工纷纷返乡创业就业，形成一种流动人口回流的现象。作为欠发达的西部地区，在实施城镇化建设、工业化建设和乡村振兴中都需要劳动力和人才的聚集，农民工返乡创业就业正顺应了这一时代潮流。

第一节　流动人口回流现象研究

目前，流动人口回流现象主要是随着经济社会的发展变化，一部分农民工返乡创业就业而形成的。因此，对流动人口回流现象的研究，其实质主要就是对于农民工返乡创业就业的研究。

农民工是指改革开放以来，由乡村进入城市务工的大量农村劳动力尤其是一批青壮年和受教育程度较高的农村劳动力，指的是在本地企业或进城务工的，以工资为主要收入来源的农村户籍人员，是我国工业化、城镇化和现代化快速发展阶段，为顺应市场需求产生的一个特殊群体，是推动我国经济发展和社会变革的新型有生力量。

广义上讲，农民工包括在本地城镇的第二、三产业就业的农村劳动力以及外出进入城市从事第二、三产业的农村劳动力；狭义上讲，主要是指外出进入城市从事第二、三产业的离乡的农村劳动力。这里研究的农民工主要指狭义农民工。返乡农民工则指在城市务工一段时间后，因为种种因素又返回农村或家乡从事第一、二、三产业或创办企业的一类群体。

一 农民工返乡创业就业的背景

农民工返乡创业就业是流动人口回流现象的一种主要形式，流动人口
回流是有理论依据的。因为特定时期人口迁移的社会群体现象除了极少数
是完全背井离乡，大多数不会完全脱离故乡。早在 19 世纪末，英国统计学
家和人口地理学家 E. G. 拉文斯坦（Ravenstein，1885，1889）在其具有开
创性的论文《人口迁移规律》中就提出迁移流与反迁移流并存是人口迁移
的七大规律之一，北京大学教授胡兆量研究发现人口迁移流向及其反流向
的"双向律"是中国人口迁移的八大规律之一。理论上，迁移人口通常被
划分为永久性迁移（permanent migration）和暂时性迁移（temporary migra-
tion）两大亚群体，而 C. 达斯曼和 Y. 维斯（Dustmann and Weiss，2007）
则进一步将暂时性迁移区分为回流性迁移（return migration）、合约性迁移
（contract migration）、过渡性迁移（transient migration）和周期性迁移（cir-
culatory migration）四种类型。我们在这里讨论的农民工返乡创业就业研究
主要是回流性迁移的研究。在这里我们通过调研结合实际来分析农民工返
乡创业就业的背景。

农民工返乡创业就业的背景有多种视角，在此我们从"外部推动力"
来分析。农民工返乡创业就业的外部推动力这个视角主要是基于 1885 年英
国人口学家雷文斯坦提出人口的"迁移法则"，然后经过后来的学者埃弗
雷特·李与唐纳德·博格等人的发展研究，"推拉理论"这个较为完善的
人口迁移理论便形成了。"推拉理论"的主要内容是人口流出地存在推动
人口流出的力量和人口流入地存在吸引人口流入的力量。根据推拉理论，
影响农民工返乡意愿的作用机制由来自农村的拉力和推力、来自城市的拉
力和推力、农民工个人因素这五种因素构成。

在国内关于对农民工返乡意愿影响因素的研究文献中，部分学者采用
推拉理论对农民工回流现象进行了解释，从个人和政府两方面对影响农民
工返乡意愿的因素进行研究。郑红友、俞林认为新型城镇化建设为新生代
农民工提供了施展才华的广阔舞台，提供了更多的发展事业的机会，城镇
化建设是影响农民工返乡意愿的重要因素。地方政府出台的针对返乡新生
代农民工就业创业等鼓励性政策，对农民工返乡意愿产生影响。张达、王
力认为农民工返乡创业与新农村建设存在相互依赖、相互促进关系，一方

面，农民工返乡创业能够促进农村农业结构的调整，促进农村生活方式的改善，传播现代文明，促进乡风文明建设；另一方面，新农村建设又为农民工返乡创业提供了良好的就业创业平台。李强、胡宝荣基于社会制度的研究范式，认为目前我国户籍制度中"嵌入"一系列的社会福利和利益，使户口呈现明显的价值化或等级化，这种户口的"功能超载"已经在整个社会中造成了"社会空间等级"。在城乡之间形成了一座难以逾越的"隔离墙"，将大量农民工隔离在城市之外，极大地影响了农民工在城市的生存和发展可能性。黄进从社会网络的视角出发，认为社会网络，特别是再生性社会网络对农民工返乡具有显著的推进作用。吕诚伦发现社会资本满意度、参加技能培训、风险态度以及创业成功案例对农民工的返乡创业意愿有正向重要影响。孙小龙发现态度、社会性动机、成就性动机、人力资本、经济资本和政策环境对农民工返乡创业意愿具有正向影响，而生存性动机和社会资本对农民工返乡创业意愿具有间接影响。

在综合国内学者对农民工返乡创业就业意愿的研究成果的基础上，从人口迁移理论的"推拉理论"视角，这里重点分析流动人口流入地就业机会和流动人口流出地政策感召这两种农民工返乡创业就业的外部推动力。

流动人口流入地就业机会的减少是农民工返乡的推动力。我国流动人口现象的形成主要是流入地给大量剩余劳动力提供了就业机会。我国剩余劳动力的产生得益于我国农村土地经营权的改革创新，20世纪70年代末，安徽凤阳县小岗村村民在实践中探索了一套"分田到户，自负盈亏"的农村土地经营制度。这一制度在全国推广，开启了我国改革开放的历史征程。这一改革释放了农村生产力，使农村剩余劳动力从土地中解放出来。在城市从1979年初蛇口工业区设立，到1980年深圳、珠海、汕头、厦门设立经济特区；从1984年大连等14个沿海港口城市进一步对外开放，到1990年中央推进形成了以上海浦东为龙头的长江流域开放带，这一阶段的对外开放，给农村剩余劳动力提供了大量的就业岗位。我国流动人口大规模回流现象的产生主要在2008年国际金融危机之后。有学者研究显示，在2008年下半年主要从珠三角、长三角从事制造业与建筑业的返乡农民工占外出务工人数的50%以上。返乡农民工中因为企业减产、停产、倒闭裁员，工资降低，企业非节假日放假这三个非正常返乡原因的比例就高达43.5%。2008年金融危机之后，我国长期扶持并保护的出口贸易受到了重创，经济蓝皮书指出，2009年前8个月我国出口商品额达到7307.3亿美元，比上年同期下降 22.2%，累计贸易顺差为 1228.2 亿美元，比上年同期减少 19%。这也说明我国低端的劳动密集型制造业受到了很大的冲击，同时提供的就业岗位大幅度减少。2008 年金融危机对我国产业结构调整、转型升级提出了迫切的要求。随着沿海发达地区的产业结构调整和产业转移促进了技术进步与产业结构转型升级，以往农民工所掌握的职业技能难以适应新的岗位要求，所对应的工作机会减少，如果转换到新行业、新岗位，农民工的就业能力存在明显不足，很难在短期内提升就业能力。发达地区产业结构升级带来的这种结构性失业以及就业机会的减少导致农民工"找工作难"，这成为其返乡的推动力。

流动人口流出地政策感召是农民工返乡创业就业的重要拉力。由于我国的城乡二元化户籍制度、城乡及区域经济发展失衡，流动人口的主要流出地——农村在发展上存在许多困难，也带来了一系列社会问题。引起了党和政府的高度重视，在 2003 年召开的中央农村工作会议上，"解决好农业农村农民问题作为全党工作的重中之重"首次被提出。从此，"三农"问题的重中之重地位一直延续至今，每年发布的中央一号文件都会以"三农"为主题，强调作为"重中之重"的地位；2005 年党的十六届五中全会提出了推进社会主义新农村建设的重大历史任务；按照社会主义新农村的目标，即经济繁荣、设施完善、环境优美、文明和谐；按照"生产发展、生活富裕、乡风文明、村容整洁、管理民主"的具体要求，扎实推进社会主义新农村建设。为此，中央和各级地方政府出台了一系列改革指导文件，在实践中探索出成功的改革措施。随着我国一系列支农、惠农、强农政策的落地，农村经济不断发展，农村环境不断改善，农村正在渐渐摆脱贫穷。在 2008 年，为了应对农民工在流入地就业受国际金融危机的影响，我国出台了国办发〔2008〕130 号文件，即《关于切实做好当前农民工工作的通知》，提出要大力支持农民工返乡创业和投身新农村建设，并抓紧制定扶持农民工返乡创业的具体政策措施。各地方政府积极响应出台了一系列促进农民工返乡创业就业的扶持政策，成为农民工返乡创业就业的一项重要拉力。

二 农民工返乡创业意图

随着我国城镇化建设速度不断推进，农村经济也不断发展，基础设施情况在改善，交通也越来越发达，给农民工创业提供了优越的外部条件。加之城市的生活成本高，不利于流动人口在城市的社会融入。而小城市、县城和农村房价较低、土地廉价、劳动力廉价，这对农民工创业者来说是非常大的吸引力，再加上政策对返乡创业者的扶持，在融资门槛、市场准入等领域都给予了极大的优惠，使农民工对创业的意愿越来越强。

首先，农民工返乡的创业动机影响其返乡创业就业的意图。目前，国内外对农民工返乡创业的原因和动机的论述非常丰富。李含琳运用经济学原理分析，认为农民工返乡创业既有经济起因也有社会起因，城市二元体制排斥和产业梯度转移成为外部推动力，而农民工多年的务工经历为创业打下了基础，在新农村建设的召唤下，农民工选择返乡创业。牛永辉则是从推拉理论出发，认为造成农民工返乡创业结果的是城市与农村之间推力和拉力相互博弈的最终结果。由于城市产业的结构调整，农民工在城市的发展空间越来越狭隘，面临巨大的生存和就业压力，而此时的农村，在国家大力推进支农、惠农、强农等一系列政策支持下，加之日益完善的农村基础设施，其发展潜力越来越大，农村拉力已经大于城市拉力，农民工返乡创业是必然趋势。关于农民工返乡创业的动机，顾桥基于马斯洛需求层次理论，构建简单创业动机模型，认为创业动机来源于经济需要和社会需要，且是循序渐进从低到高发展的，只有原始经济需要满足了，社会需要才会衍生出来。张秀娥通过分析传统农民工和新生代农民工的外出动机的不同，认为传统农民工外出动机主要是出于增加收入，而新生代农民工的外出动机已然发展为追求发展，而城市收入低、成本高等因素使新生代农民工难以实现自我发展，所以农民工愿意回乡创业，这是一种实现自我价值和得到社会认可的高层次的需要。针对农民工创业的动机，谢恩（Shane）认为这是一种自发性的意愿，动机的来源可以包括成就需要、自我效能感、控制源、创业目标等个性特质。戈什·宽（Ghosh Kwan）认为创业有七大动因：个人成长的需求、热爱挑战、向往自由、自主学习、不受约束和受他人影响等。罗比肖（Robichaud）认为创业动机是企业家想要控制企业所有权而选择的目标，这也就决定了企业家的行为模式。在此，我们综合国内外学者对农民工返乡就业原因和动机的研究成果，对返乡农民工的创业动机的产生，可以概括为三方面：一是源自在发达地区务工过程中，容易发现更多的商机，对农民工返乡创业产生促进作用；二是发达地区民营个体经济创业成功的带动和影响，激发农民工返乡创业的愿望；

三是在外地的创业经历也是促使农民工返乡创业的一个重要原因。

其次，农民工的个人因素影响其返乡创业就业的意图。农民工返乡创业的个人因素包括两个方面。一是个人家庭的因素。我国当前流动人口的返乡原因（这里包括临时性的返乡和返乡定居两种情况），主要不是经济因素，而是社会性因素在发挥作用。有学者根据国家卫生与计划生育委员会2014年流动人口卫生计生服务流出地监测调查资料，对6个流出人口大省（安徽、四川、河南、湖南、江西、贵州）的流动人口返乡原因进行了分析，其中有10%左右的农民工返乡创业就业是为了照顾家庭。这主要是因为我国农村养老模式还是以传统家庭养老为主，而且农民工子女异地上学难及成本较高等。二是个人价值取向因素。根据马斯洛需求层次理论，人们的需求分为五种：生理需要、安全需要、归属和爱的需要、自尊的需要和自我实现需要。在马斯洛看来，这五种需要是按照一定层次排列的，最基本的需要是生理需要，接着是安全需要、归属和爱的需要，最高层需要是自我实现需要。这五种需要是由低到高形成一种阶梯状关系。人们首先追求的是最基本、低层次的需要，低层次的需要得到满足，就会追求高层次需要。有些农民工返乡创业就是为了实现自我价值，他们本身是在农村长大的，与农村有着天然的联系，他们更了解自己家乡的投资环境和资源状况，而多年在城市打工的经历多多少少都使他们增加了社会资本，积累了资金，对城市和农村的市场信息和农村的人脉关系有了把握，他们更愿意把家乡当作自己事业奋斗的平台。

第二节 政策机制推动流动人口返乡创业就业

就业是最大的民生，以创业带动就业是国家层面的一贯指导方针。从2008年起，"制定扶持农民工返乡创业的具体政策措施"成了各级政府的重要工作任务。至今，从中央到地方构建了一套较为可行的运行机制。

一 形成了一系列关于促进农民工返乡创业就业的政策

从我国出台的国办发〔2008〕130号文件，即《关于切实做好当前农民工工作的通知》起，到2020年3月26日农业农村部办公厅、人力资源和社会保障部办公厅制定的《扩大返乡留乡农民工就地就近就业规模实施方案》，十多年来，国家层面对农民工返乡创业就业在财政、税收、金融、就业服务、职业培训、行业指导等方面形成了较为完善的指导性政策体系。各省、市根据本地区实际情况落实国家的政策部署，出台了相应的政策措施，为推动农民工创业就业工作、助推农民工返乡创业就业提供了全面的政策保障。以人口流出大省——贵州省为例，贵州省作为一个劳务输出大省，资料显示，2010 年全省农村劳动力跨省就业人数达 500 多万人，外出务工成为农民增收的重要渠道，但是"留守儿童""留守妇女""空巢老人"等社会问题也不断加剧。近年来，不少农民工带着行业经验、创业资金等开始返乡创业，2011 年以来，贵州省委、省政府出台《关于引导和扶持百万农民工创业带动就业的意见》（黔党办发〔2011〕33 号）、《关于引导和鼓励外出务工人员返乡创业就业的意见》（黔府办发〔2013〕25 号）和"3 个 15 万元"等扶持政策；贵州省人社厅等部门出台外出务工人员就业的实施意见、城乡养老保险制度衔接实施意见、农民工创业园建设指导意见、农民工综合服务中心建设指导意见等相关政策文件达 10 余个；各地各部门也研究制定出台了一系列的政策措施。

二 形成了多种多样的关于促进农民工返乡创业就业的宣传机制

为了进一步鼓励和支持农民工等人员返乡创业就业，各地在实践中形成了形式多样的宣传机制。我国人口流出大省安徽省从 2018 年起在全省推广阜阳市从 2008 年以来一直开展的"接您回家"活动，江西省在 2009 年组织的农民工返乡创业先进典型报告团赴各地围绕"应对金融危机、兴起创业热潮"开展的巡回宣讲活动，四川省在 2016 年开展的"返乡实现创业梦、在家共享天伦情"活动，河南省 2019 年春节期间开展的"五个一"专项服务活动等都各具特色。在此，我们重点来了解河南省 2019 年春节期间开展的"五个一"专项服务活动，服务活动是通过印发"一封慰问信"（即"致返乡人员的一封信"），开展一次"家访"活动，召开一次返乡创业座谈会，开展一次"返乡人士看家乡"考察活动和开展一次集中宣传活动，对外出务工的农民工宣传河南省支持返乡创业就业的政策，通过打好"亲情牌""乡情牌"，关心外出务工人员，通过参观成功实践激发各种创业就业人员的报效桑梓、建设家乡的热情，拓展了宣传的广度和深度，营造人人议创业、人人想创业、人人争创业的良好氛围。

三 形成了灵活多样的关于促进农民工返乡创业就业的培训机制

一直以来，国家大力支持农民工返乡创业，高度重视新型职业农民培育工作，相继出台了一系列返乡农民工创业与新型职业农民培训政策。2015年，国务院办公厅出台《关于支持农民工等人员返乡创业的意见》，明确支持农民工、大学生等人员返乡创业，以打开农业现代化发展的新局面。鼓励返乡人员共创新型农业经营主体，同时强化返乡农民工创业培训工作。从2016年起，支持农民工返乡创业助力乡村振兴、大力培育新型职业农民已经成为每年中央一号文件等国家政策的重要主题，为将返乡创业农民工培训成为新型职业农民工提供了有力保障。在国家政策顶层设计的指导下，各地方政府形成了多种模式，大力开展返乡农民工创业就业培训。比如，四川省为抓好农民工等人员返乡创业培训工作，创新培训模式，增加培训频次，采用网上培训、农民夜校、巡回培训班等方式，推动培训资源进县下乡。河南省为农民工返乡创业提供"一站式"服务，其中重要的一点就是探索"课堂培训＋创业实训""技能培训＋创业培训""示范基地培训＋创业项目案例培训"等不同形式的农民工返乡创业培训体系，让有创业意愿的农民工学到创业技能。贵州省紧密结合返乡农民工创业特点和需求，整合现有培训资源，开展创业意识教育、创业项目指导和企业经营管理等创业培训。有创业意愿、具备一定创业条件的返乡农民工，可到人力资源社会保障部门认定的职业培训机构参加GYB（产生你的企业想法）和SYB（创办你的企业）等创业培训，按规定给予培训补贴。实施"国家中小企业银河培训工程"和"贵州省中小企业星光培训工程"，开展返乡农民工创业辅导培训；安徽省阜阳市形成了"以用人单位需求为导向，以农民工在岗培训为主要形式，以企业、公共培训机构、民办职业培训机构三方联动"的多层次、立体化培训组织保障机制等。

四 农民工返乡创业实践及成效

流动人口返乡创业的现象在20世纪90年代初就已经出现，这一批较早的创业代表返乡创业的意图主要是改变家乡面貌，实现个人的价值。近年来，也有怀揣改变家乡面貌这一梦想的外出务工而且在外创业成功的新一代农民工返乡创业，在脱贫攻坚和乡村振兴中发挥了重要的作用，取得了可喜的成效。在此以人口流出大省贵州省遵义市的汇川区团泽镇张明富和遵义市正安县"吉他大王"郑传玖为例，简介农民工返乡创业实践及取得的成效。

1. 贵州省遵义市汇川区团泽镇返乡农民工创业代表——张明富

贵州省遵义市汇川区团泽镇张明富，1962 年出生在大坎村凉风沟红军崖山脚下，1980 年因家庭贫困被迫走出大山到广东省海丰、陆丰等地打工。1991 年就返回遵义市开始创业，成为较早的返乡农民工创业代表。

返乡创业意图：实现誓言"有朝一日回来改变山区贫困落后的面貌"

1979 年，张明富考入当地高中，由于生活的变故不得不辍学，承担起撑起一个家的责任，在家乡打短工来减轻家庭的经济负担，在打工的过程中，他认识到"搞经济"还是有门路，要学好手艺才行，他通过自学掌握了油漆技术。1980 年 3 月，18 岁的张明富开始南下到广东务工，成为大坎村第一个走出大山的"南飞雁"，并发誓"有朝一日回来改变山区贫困落后的面貌"。笔者去调研的时候，听张明富说："打工到了 1991 年，整整打了十一年的工。这时候我手里已经积累了六万多块钱。这时候我就想到应该转型了，该转成创业了。"1991 年，张明富揣着打工攒下的 6 万元，回了家乡，想开厂办实业，但是苦于资金不够，他开始在遵义市火车站搞起副食和化妆品批发的小生意，成为首批返乡创业的"领头雁"。

返乡创业经历

张明富作为贵州梦润鹌鹑有限公司董事长，在 20 多年的创业过程中，苦干实干，对家乡发展做出了巨大贡献，党和政府也给予他诸多的荣誉，他是贵州省优秀农民工、第八届全国创业之星、贵州省第三届创业之星等。回顾他返乡创业的经历，可以分为三个阶段。

一是从个体户到创办民营企业。1991 年张明富用 6 万元的资金成为遵义市火车站批发市场的从事副食和化妆品批发的个体户，他坚守"诚实守信"的原则，在激烈的竞争中走向成功，从 1992 年到 1997 年，他积累资金 300 多万元。1998 年为实现誓言他回到家乡大坎村创立了贵州梦润化妆品厂，化妆品的生产和销售带动村民就业达百余人。

二是"公司 + 农户"的初探。2003 年，团泽镇大力发展鹌鹑养殖，当时主要采取的是"协会 + 农户"的模式，但由于"协会"经营不善，鹌鹑产业面临崩溃，养殖户亏损严重。为解百姓燃眉之急，当地领导找到张明富，希望他能帮助重振镇里的鹌鹑产业。张明富通过调研学习，为了让养殖户免受损失，义不容辞地承担起致富带头人的重任，2005 年建立了贵州梦润鹌鹑有限公司，为保障养殖户的利益，实行了"公司＋农户"的模式，坚持用保底价收购村民养殖的鹌鹑蛋，用化妆品厂的利润填补鹌鹑产业的亏损。经过几年的艰苦奋斗，公司起草了鹌鹑养殖地方标准，获专利30多项，同时鹌鹑产品迎来商机，外销到云南、广东等地，一直跟着张明富搞鹌鹑养殖的农户们也获得了收益。

三是从返乡创业到下乡创业的实践探索。张明富返乡创业的理念就是要在自己的家乡——偏远的农村可以开工厂，发展特色产业，改变家乡贫穷落后的面貌，带领村民共同致富。他说返乡创业就应该是下乡创业，用二、三产带动一产，带领农民由就业走向创业，使农业和农民受到更多的尊重。目前，张明富创办了梦润鹌鹑公司等 9 家企业，2018 年产值达到7000 多万元，他创办了梦润下乡返乡创业园区平台，吸引了更多的农民工和大学生进园创业，带动扶贫。张明富返乡下乡创业 20 多年来，通过梦润集团，带动了 500 多户贫困户脱贫致富，有 150 多个农民当上了老板。梦润的经验证明，用二、三产业带一产的现代农业模式，在乡村振兴和脱贫攻坚中发挥着积极有效的作用。让汇川区团泽镇大坎村这个曾经能人弃而远之的穷乡僻壤，变成人人点赞的创业创新热土。

实践初探催生了国家农民工返乡创业政策

作为"中国农民工返乡创业第一人"的张明富不仅苦干实干，而且勤于学习思考。在 2007 年 2 月 17 日，中国农历大年三十，除夕之夜，贵州创业之星梦润张明富——以"外出务工，回乡创业对建设社会主义新农村和构建和谐社会的作用"为主题，分别给胡锦涛总书记和温家宝总理写了一封信，温总理于 3 月 14 日代表党中央、国务院做出批示并要求转劳动和社会保障部，会同有关部门研究。由此，贵州遵义农民张明富的这封信就成为鼓励全国农民工回乡创业政策出台的"催化剂"。紧接着，由国务院牵头，会同有关部门在全国 110 个劳务输出工作示范县做调研，得出结论："打工仔积累的创业起步资金不足，没有底子，后续资金严重缺乏，成为投资的弱势群体。"2007 年 5～6 月，国家第一次专门针对农民工回乡创业出台了政策性文件《关于引导农民工回乡创业的意见》即（回乡创业 29条）。至此，农民工回乡创业越来越受到中央和各级地方政府的重视和支持。2008 年 10 月召开的中共十七届三中全会决定："引导农民外出务工，鼓励农民工就近转移就业，扶持返乡创业。"国办 20 日发出《关于切实做好当前农民工工作的通知》要求，大力支持农民工返乡创业和投身新农村建设；2009 年 12 月 7 日，在中央经济工作会上，胡锦涛总书记强调，鼓励农民工就近、就地转移就业，扶持返乡创业。2010 年 3 月，温家宝总理在政府工作报告中再一次指出，鼓励农民工返乡创业。2011 年张明富再次向贵州省委省政府建议，出台支持鼓励农民工回乡创业的政策，得到省委省政府的高度重视，由时任贵州省省长赵克志同志督办，决定从 2012 年起每年拿出 10 亿元财政资金支持农民工回乡创业和就业。其间，遵义市委也出台有《关于农民工回乡创业的意见》。

2008 年 8 月，在国务院政策研讨座谈会上，崔传义、张忠法、陆百甫等国务院政策研究专家表示：没想到，贵州遵义一个小山村，居然成了中国农民工政策发祥地。

2. 贵州遵义市正安县"吉他大王"——郑传玖

正安县是贵州省遵义市下辖县，位于遵义市东北部，是贵州襟联重庆的前沿，是渝南、黔北经济文化的重要交汇区域，素有"黔北门户"之称。"一方水土养不活一方人"，曾是国家级贫困县贵州省遵义市正安县的真实写照。正安县不仅工业底子薄、经济总量小、发展速度慢，还被崇山峻岭阻隔，"贫穷"成为人们挥之不去的记忆。正是由于正安县经济基础薄弱，无法就地就近给从土地中解放出来的农村剩余劳动力提供就业岗位。为了增加农民的收入，1987 年正安县与广东番禺签订劳务输出协议，有组织地开展了一场"三百娘子军南下广东番禺打工"的活动，这一活动的开展是遵义乃至贵州有组织、有规模向沿海地区输出劳务历程的开端，用实践证明劳务输出是农民增收的重要途径，是带动西部地区发展的新出路。经过 20 年的发展，到了 2007 年，正安县委县政府调整了劳务输出的工作思路，提出了"转移就业与技能培训相结合、鼓励农民外出务工与回乡创业相结合"的指导思想，同时派相关部门组成的工作组到正安县剩余劳动力主要流入地进行宣传，用心用情引导和鼓励外出务工的本土人才回乡创业就业，为家乡建设做贡献。据统计，正安县在"十二五"期间，外出务工的农民工返乡创业的趋势较为明显，返乡创业的人数达 2 万人之多。随着贵州省"工业强省"战略的提出，正安县"工业强县"势在必行，为了推动正安县工业快速发展，县委县政府加大招商引资的力度，但是受自然条件、交通条件等的限制，招商引资工作陷入困境。招商引资的干部改变思路，开始大量走访在外务工的正安人开办的企业，在外务工创业的年轻人郑传玖发现了这一契机。

返乡创业意图："我是一个正安人，一直想为家乡做一点贡献。"

郑传玖是正安县安场镇人，1997 年他和村里的大多数年轻人一样，南下广州打工。经过 10 年的打拼，2007 年在广州现实了从打工向创业的转变，成立了广州神曲乐器有限公司。2016 年多彩贵州网记者采访他时，他动情地说："我是一个正安人，一直想为家乡做一点贡献。以前在广州创业的时候，正安的领导就多次来考察我的公司，邀请我回来创业。其间我也经常回到家乡，看到家乡人还很贫困，这让我很揪心。我当时就下定决心，一定要回来为家乡做点事！以前心有余力不足，现在自己的企业成熟了，就想回来带动一下故乡的发展，让出去打工的乡亲们能在老家附近上班，多照顾一下老人和孩子。"

创业经历

一是学本领，从工人向车间主管转变。1997～2003 年，郑传玖南下广州打工，无意中进入吉他行业，在吉他厂一干就是 7 年，从工人做到车间主管，精通吉他制造的 180 多道工序。

二是在流入地开办企业，实现从打工到创业的转变。2007 年 5 月，郑传玖、郑传祥兄弟俩在广州创办了广州神曲乐器有限公司，为世界知名品牌吉他塔吉玛、依班纳等进行代工生产。经过 5 年的发展，他创办的企业正在逐渐成长，订单量突破每月 1 万把，熟练工人超过 200 名。

三是返乡创业，创造了"一个产业带动一座城市"的神话。2013 年，响应当地政府返乡创业的号召，郑传玖将公司从广州搬回了家乡正安县。由于他的带头尝试，也吸引了其他同为正安在外创业的同行。助推了"正安国际吉他产业园"——一个"无中生有"的走向世界的吉他生产基地建设。

返乡创业成效

一是政府形成了正确的招商引资思路，即从劳务输出品牌入手，引导沿海地区从事吉他行业的老板和务工人员回乡创业。

二是形成了政府的产业发展重大决策，发展吉他产业，使正安县成为全国乃至全球最为集中的吉他生产基地。

三是吉他特色产业促进正安经开区又好又快发展。通过调研得知，截至 2019 年 11 月底，正安经开区完成工业总产值 49.31 亿元，全年任务数 50 亿元，已完成 98.62%；完成固定资产投资达 17.85 亿元，全年任务数 18 亿元，已完成 99.16%；进出口总额 2141 万美元，销售收入达 15.55 亿元。入驻园区企业 119 家（吉他生产及其配套企业 64 家、农特产品加工 17 家、其他 38 家），其中规模以上企业 58 家；全区辐射带动就业 20015 人，吉他产业辐射带动就业 14731 人，其中贫困人口就业 2037 人（吉他产业 1374 人），就业带动 9167 人脱贫。

从 2013 年至今，正安县的吉他产业经历了从无到有、从小到大、从弱到强的发展，产品远销德国、美国、日本、澳大利亚等国家和地区，正安——这个西部内陆的小县城开启了国际贸易。当地政府表示，预计到 2020 年，该县吉他年产量将达到 1000 万把，产值可达 100 亿元。一把吉他从材料加工到产品出厂，需要 186 道工序，而且多数是手工制作，这意味着将可以为当地提供大量的就业岗位。从当初的农民工到现在的农民企业家，郑传玖完成了一次神奇的飞跃，使更多的务工者受益于吉他，郑传玖用一把吉他改变了一座城。

总之，随着经济社会发展和乡村振兴战略的设施，我国农业农村迎来了前所未有的发展机遇，吸引了许多新型经营主体（农民工、大中专学生、退役军人、科技人员、城镇人员、企业主和"海归"人员）返乡下乡创业就业。根据农业农村部 2018 年底的统计数据，农民工返乡创业就业占到 70%，达 540 万人。这种现象的产生，为现实乡村振兴提供了产业支撑、人才保障，是实现我国农业农村现代化的有力抓手。

第三节　流动人口返乡创业就业面临的困难与挑战

近年来，国家加大对农村基础设施建设的投入，一系列支持创业就业政策的实施，大幅度改善了农村创业就业环境。但是由于创业是一项非常复杂的系统工程，涉及技术、资金、企业管理和市场营销等方方面面，因此，流动人口返乡创业仍然面临诸多的困难与挑战。

一　部分地方对农民工返乡创业就业的必要性、紧迫性认识不足，统筹推动的力度和广度还存在差距

党的十九大把农民工多渠道就业创业写进党代会报告，2019 年中央经济工作会把稳就业作为经济工作的"六稳"措施之一。在各种大的政策背景下，推动农民工返乡创业就业正好与之高度契合，农民工是不可或缺的重要力量。但是在现实生活中，我们发现存在许多问题，主要有如下几个。

底数不清。一些地方对辖区内返乡农民工创业的企业、个体工商户的台账不清晰，对主营业务是什么，解决了多少就业，创造了多少产值，贡献了多少税收，企业成长性如何等不清楚。

引导不够。一些地方对辖区内有多少人外出务工、多少人有返乡创业就业的意愿、多少人能够返乡创业就业、他们适合从事什么样的创业就业缺乏实质性的研究，存在任其发展、放任自流的现象。

方向不明。一些地方对农民工返乡创业就业的认识不到位，关注大块头企业和极少数成功创业就业的企业和个体工商户的多，对绝大多数企业经营中存在的困难和问题帮助解决的少。

农民工返乡创业就业协调机构发挥作用不够，缺乏更高层面定期研究推进机制。对未来发展缺乏规划，含糊其词，没有把其提升到应有的高度来认识，没有把其作为未来经济发展的新增长点来培育，更没有把上级政策研究透彻并执行到位。

二 返乡农民工创业能力参差不齐，思想观念及目标愿景存在差距

缺乏强烈的创业欲望和坚决的创业勇气。创业意味着风险，许多农民工顾虑较多，宁愿务工也不愿创业，务工多少有些收入，若去创业，一旦项目把握不准，就有可能血本无归。"小富即安、不富图安""宁当鸡头，不做凤尾""只想独自闯，不想联合干"的观念仍然根深蒂固，"怕"的心态、"难"的情绪、"守"的观念，是大多数农民工时下最现实的心态。

综合素质不高导致创业能力明显不足。尽管部分返乡农民工在外出务工时掌握了一定的技能与经验，也有了一定的资金积累和创业意识，但受教育程度和知识的限制，思维方式比较传统，缺乏工商、税务、金融、管理、劳动等相关专业知识，市场营销、经营管理的能力也不强，就更谈不上自主研发、技术创新了，在当前科技引领社会进步、飞速发展的时代，农民工创业比之于其他人创业，显得更加困难。

农民工返乡创业整体层次相对较低。受资金、知识、技术等因素的制约，大多投资不大、技术含量不高、规模较小。首先，以农业产业为主，主要以流转土地搞种植养殖业、农产品初级加工业，创业项目大部分属于劳动密集型项目。其次，承接沿海或发达地区的产业，在家乡创办企业组织生产，以订单加工为主。

三 部分地区培训信息不对称，导致农民工创业能力难以提升

创业者在创业选项目过程中普遍遇到选项目难和难选项目的困惑，存在盲目性和跟风的现象，对市场定位不准确，对产品市场需求缺乏科学的预测评估，加之经营上缺乏科学管理能力，而导致决策失误和创业失败。多数返乡创业的农民工在外都是从事生产、服务类行业，返乡后在项目选择上大多集中在传统的零售业和农牧业上，项目相对单一，没有完整的产业链，利润薄，生存发展空间受限。

在创业培训上缺乏主动性和针对性。就创业者的主动性而言，年轻创业者或第一次创业者缺乏操作技能和实践经验，又未经过创业技能的培训，在现实创业中经常遇到不少问题和困难，创业路上坎坎坷坷，身心俱疲，引发创业难与难创业的心理障碍，在创业路上徘徊不前，畏首畏尾，出现"一朝被蛇咬，十年怕井绳"的情况。一些年纪较大、文化素质较低的农民工，不要说创业，就连参加就业培训都不愿意，满足于简单地出卖劳动力求生活的心态，导致培训工作存在"上头热、下面冷"的现象。就部门的培训而言，近年来，人社部门一直都在开展 SYB 创业培训和网络创业培训，但由于农民工本身文化层次低，对电脑等现代工具的学习与应用感到困难，加之部分地区培训信息不对称，返乡农民工接受培训的比例不高，培训后成功创业的比例较低。

四 资金普遍短缺，融资渠道窄与资金运转难以成为返乡创业最大瓶颈

在调研过程中，所有部门和创业者都反映出资金周转困难的问题。贷款难和难贷款并存。农民工返乡创业的主体仍然是小创业者，即通过在外务工积累了一定的启动资金。部分仅靠自有资金启动创业，没有筹足资金便匆匆上马项目，或先期投入以贷款或政府扶持为主，导致后期发展运转难以为继。受金融体制、企业规模、信用条件等因素制约，返乡创业企业获得银行贷款十分困难。如创业担保贷款需要贷款人提供财政供养人员信用担保或房产抵押，很多返乡创业人员由于找不到合适的担保人或有效抵押物，信誉度不高，使贷款门槛高、手续繁、额度低、期限短、品种少、信贷渠道不够畅通，不能有效满足资金需求，企业只能望"款"兴叹，无法真正享受到政策优惠。同时，即使贷款到位了，在这种情况下，大多数

小微企业靠民间借贷等方式筹措资金，导致在一次性投入固定资产后，无力再进行设备更新和技术改造。

创业担保信贷产品额度小，偿还期限较短，包容度低。如农村妇女小额担保贷款额度一般不超过 15 万元，贷款期限一般在 3 年以内。这与农业生产的投资需求、见效周期 1 年到 3 年有很大出入，导致无法按期偿还贷款。

五　扶持政策还不够系统完善，宣传和执行不到位

目前，各级出台的扶持农民工返乡创业政策，很多分散在有关促进就业、推动"大众创业、万众创新"、"三农"工作以及支持小微企业发展的政策中，更多的是体现在资金扶持上。而农民工返乡创业，除了资金扶持外，还需要土地、人才、技术、住房、子女教育、社会保险、税费减免等一系列配套政策的扶持，现有的政策体系仍然有待进一步整合、充实、完善。同时除了人社、发改、农业、市场监管等部门掌握着主要的创业扶持政策外，其他的包括科技、工会、妇联、残联等部门也有相关的创业扶持政策，但很多创业者表示都不知晓这些政策，也不知道从什么渠道争取。一些部门的个别工作人员在对返乡农民工创业进行服务时，缺乏足够的热情和耐心，"门好进、脸好看、事难办"行为也时有发生。一些返乡农民工基于此或受固有思维的影响，总认为找政府办事难，总以为办事要找关系，久而久之对政府产生了一种望而生畏的思想，宁愿自己埋头干，也不愿找政府，即使知道有优惠政策，也懒得去争取。同时，由于基层和管理部门领导频繁更换，一些招商引资项目的承诺未能很好兑现，不少地方出现"新官不理旧账"现象，造成部分企业与政府部门所签协议无法接续兑现。加之对此类干部缺乏严格的管理和约束机制，以致部分"新官"想管就管，不想管就干脆放弃，这不仅有损政府信誉，也导致企业发展困难。

六　推进创业服务深度不够，创业体制机制作用发挥不充分

推进创业的合力不够。各地政府基本采取组建成立"农民工就业工作领导小组"作为领导机构的方式开展工作。由于领导小组的成员单位由不同职能部门组成，因行政体制分块作用，不同职能部门之间的管理与服务方式各异，导致返乡农民工创业仍面临"各弹各的琴、各唱各的调"的格局，推进农民工返乡创业的工作合力不够，创业平台服务功能发挥还不到位，还不能为农民工返乡创业提供一站式的政务服务和有效的信息服务。

基层创业保障不够有力。农民工返乡创业的重点在集镇和农村，承担对返乡创业人员服务指导的主要是乡镇的农技站和社会保障所等部门，但受社会事务性工作繁重、人员配备少、自身水平有限等诸多因素影响，仅停留在一些业务事项办理上，难以发挥创业就业指导及咨询服务作用。

社会化公共创业服务体系还不够健全。从社会层面来看，与创业有关的服务业发展相对滞后，社会化、专业化创业服务组织偏少，各类产业投资、新型风险投资及创业者所需要的创业辅导、企业形象设计、产品升级、线上销售、风险投资等咨询服务需求难以得到满足。

基础设施不完善。农村交通、物流、用水、用电、通信等因素的影响，造成农民工返乡创业产品销售渠道不畅、交易周期延长等问题，致使农民工返乡创业的成本大幅增大，经营利润空间受限，且投资风险上升，一定程度上影响了农民工返乡创业的积极性。

人才支撑不足，这是个"两难"问题。一方面是企业招工难，另一方面是务工人员养家糊口难，工资待遇低是造成"两难"的关键因素。经调查统计，85%以上的外出就业创业人员都有返乡就业创业的意愿，比如，在付出同等劳动的情况下在省外务工的月收入在4000元左右，在县内务工的月收入在2600元左右，相差较大，有的企业甚至参照当地最低工资收入标准，加上额外劳动报酬，农民工月收入还不到2500元，以致有返乡打工意愿的农民工也不愿在本地打工。

园区孵化门槛高。返乡农民工自主创业是最艰难的，面临无项目、无依托、无资金、无经验的"四无"状态。部分企业规模弱小，难以达到进驻园区的标准，加之用地困难，投资有限，难以进行扩大再生产。创业孵化园在功能定位上虽突出公益性质，但涉及工商登记、税费收缴等问题，入驻企业门槛仍然偏高。

第四节　进一步完善农民工返乡创业就业机制的对策建议

农民工返乡创业就业是大势所趋、时代所需，既是推动经济高质量发展的必然要求，也是落实乡村振兴战略的行动自觉，事关我国经济社会发展和民生社会事业的改善。课题组调研认为，要做到如下几点。一要强化"一个认识"。真正把农民工返乡创业就业提升到重要议事日程和重要工作上来认识，特别是结合中央、省、市的系列重大决策部署来谋划、来推进，比如，脱贫攻坚中如何发挥这个庞大群体在产业脱贫中的作用，在经济发展中如何发挥这个群体在扩大农村消费中的重要支撑作用，在改善民生社会事业中如何引导这个群体积极主动参与的问题等。二要处理好两个关系。处理好创业与就业、劳动力过剩与就业不充分的关系。三要做好三个统筹。即支持政策要统筹好返乡农民工创业与大学生、复退军人创业政策的衔接，统筹好农民工创业与非农民工创业中的个体工商户、私营企业相关政策，统筹好创业过程中的金融、税收、人才、土地等各种生产要素，不顾此失彼，激发各类群体"大众创业、万众创新"的激情与活力。具体建议如下。

一　进一步完善政策扶持机制

一是加大资金供给的支持力度。①政府层面：借鉴安徽阜阳的做法，建议设立返乡农民工创业基金、续贷"过桥"资金和手机 App 发放"电子创业券"据实补贴等方式，不断加大对创业就业工作的政府财政投入力度，在每年的财政年度预算中有计划地安排创业就业扶持资金，并作出逐年增加的计划。进一步扩大返乡农民工创业贷款贴息范围和金额，重点对返乡农民工从事的农业适度规模经营或者农业产业化活动，适当降低贴息审批条件，优先给予贴息，进一步完善创业奖励政策。②市场监管层面：出台实行"零成本"注册，放宽名称登记条件，放宽产业限制等一系列优惠政策。③金融机构层面：鼓励金融机构创新，改进农村金融产品和金融服务，降低贷款门槛，为借款人提供更多容易实现的反担保方式，对信用评价较高的返乡农民工发放免担保、免抵押的信用创业担保贷款。通过简化审批流程，缩短贷款审批及发放时间来提高办事效益，推动金融机构切实解决返乡人员创业贷款难、担保难问题。④社会层面：推动民间资本合法运作，科学引导民间信贷的合法、规范经营，释放出民间资本支持返乡农民工创业的巨大潜力。

二是加大各项政策的整合支持力度。进一步细化和完善各部门出台的相关扶持政策，突出政策的可操作性和落地性，特别是用地支持、住房保障、社会保险、税费、子女教育、租金减免和资金补贴等扶持政策，适当放宽用电用水标准，以吸引、鼓励更多农民工创业。对于农民工返乡创业，不仅可以享受地方有关招商引资的优惠政策，还应比这些招商引资政策更加优惠。加大各项扶持政策的宣传力度，加强信息化平台建设，开设关于返乡农民工创业就业的微信公众平台，进行就业信息、创业项目发布，政策咨询，问题解答等，不断拓宽就业渠道，做实对创业扶持政策的宣传和解读工作，助推返乡农民工更好地创业就业。

三是营商环境有待进一步优化。要为返乡农民工创业提供积极有效的创业指导、创业服务，特别是提供技术、市场、信息、人才等。对农民工创业的一切不合理的收费和罚款项目要坚决取消，"零收费"政策要全面覆盖农民工投资经营经济实体、经营个体、小微企业等。农业产业化项目大多周期较长，政府出台的帮扶政策和措施应有延续性，对一些招商引资项目作出的优惠承诺应努力办到。

四是多点规划建设返乡农民工创业园，面向广大的返乡创业的农民工，在进驻条件上要更加优惠，免费或低价提供创业场地以及相应的配套设施和服务，让返乡农民工创业不再困难。建立创业孵化基地，让初始创业的返乡农民工进入孵化基地帮助创业。加速创业园区、创业孵化基地等创业公共服务设施建设，针对返乡农民工探索建设小微企业创业创新基地、飞地园区，形成线上与线下、孵化与投资相结合的开放式综合服务载体，为返乡农民工开办的小微企业创业兴业提供低成本、便利化、全要素服务。

二 进一步强化宣传引导机制

一是建立健全创业信息引导机制。开展全市外出务工人员信息精准摸底调查工作，借助新闻媒体、交通广播、微博、微信、横幅、海报、滚动字幕及政府网站等多渠道收集信息，对外出务工和返乡农民工的性别、学历、年龄、行业等结构适时研究，定期完成信息更新。成立返乡农民工创业联谊会，建立创业信息发布平台，要多渠道收集市场信息。要把行政审批、核准、备案事项和办事指南及时向返乡创业农民工公布；要把法律、法规、政策和各类市场信息及时提供给返乡创业的农民工，为他们作出正确创业决策提供信息服务。

二是广泛宣传政策信息。利用春节、中秋等特殊节日农民工返乡的机遇，开展外出务工成功人士"接回来、留得住、发展好"恳谈推介座谈会。运用各种宣传媒体，比如电视、报刊、网络、车载广告、手机短信、微信公众号、抖音等宣传辖区企业招聘信息，提高企业用工知晓率；宣传各种促进返乡民工创业就业政策，激发返乡农民工创业求职的热情。

三是积极构建创业新格局。加强城区创业园、镇街创业街和社区创业基地等创业示范点建设，构建多元化创业新格局。

四是积极开展评选活动。牢固树立"输出劳动力，带回生产力；输出打工者，引回创业者"的新理念，进一步挖掘和树立农民工返乡创业就业典型，每年组织开展返乡农民工创业就业现场观摩会、"创业之星""优秀农民工"评选活动等，表彰奖励一批先进创业典型，由创业成功人士、专家、有关部门业务人员以报告会形式在各地开展巡回宣讲，宣传创业文化，提高对创业工作的社会认知度，使返乡创业成为一种新时尚，为乡村振兴和农业农村现代化建设引来新的发展力量。

五是大力弘扬创新文化。持续开展"创业服务年活动"，逐渐在全社会形成"想创业、敢创业、会创业、创大业"的浓厚氛围。

三 建立流动人口职业技能提升机制

深入实施流动人口职业技能提升计划，加强对流动人口的职业技能培训，支持企业特别是规模以上企业或吸纳流动人口较多企业开展岗前培训、新型学徒制培训和岗位技能提升培训，并按规定给予培训补贴。

强统筹。把政府部门主导的培训与其他各种方式的培训统筹起来，将创业教育、创业指导和创业培训有机结合起来，建立健全课堂教学、自主学习、实践、指导帮扶、文化引领融为一体的创业创新教育培训体系。不断增强创业培训的有效性，提升创业成功率。特别是针对返乡农民工文化水平层次较低、观念相对落后的现状，要通过开办新型农民夜校、进行职业技能培训、放励志影片、树立致富典型等多种方式，从思想观念、职业技能、创业能力等方面，提高返乡农民工的素质，增强自我发展能力，大力培养有文化、懂经营、会管理的新型农民。

重需求。对有创业意愿的农民工，主要是基于创新素质开展创业培训，重点提高农民工在识别创业机遇、选择创业项目、规避创业风险等方面的素质和能力，在培训内容上要注重开展农产品深加工、休闲农业、乡村旅游、电商等新业态和新模式的培训，促成农民工在农业产业转型升级过程中寻找创业机会。对一些文化素质相对较高的青年农民工，可与园区的生产企业联系，采取订单式的培训，加强培训的专业性、针对性和实用性，努力使之成为新一代合格的产业工人。对一些年龄偏大、返乡滞留的农民工，可开展一些绿色农产品加工、畜禽和水产养殖、经果林科学管护、花卉种植、小食品加工等农业实用技术的培训，促使其提高生产技能，就算他回到农村，也能增加劳动收入。对绝大部分的农村劳动力，可根据当前社会的用工需求，有针对性地开展更利于就业的培训如维修电工、挖车驾驶员、中式烹调员、西式面点师、保育员、餐厅服务员、家政服务员培训等，增加就业机会。

补短板。扩大培训内容的覆盖面，将税收、融资担保、品牌打造等财税金融管理知识纳入培训环节，帮助返乡农民工创业者提高管理水平，掌握必备的金融和税收知识。对已成功创业的返乡农民工，创业培训以提升能力为主，可组织到相关高校、党校（行政学院）等进行法律、管理、市场营销等知识培训，以及到发达地区的龙头企业、重点企业考察学习，提高其经济管理水平和创业能力。

助提升。积极引导二次创业，大力推进中小企业发展工程，着力推动返乡农民工由个体工商户升级创办私营企业。积极培育发展创业经纪人队伍，积极引导其向产业化发展。

四　建立多元化农民工返乡创业就业服务机制

强化组织保障。建立健全促进农民工创业就业领导小组，建立由财政、发改、人社、科技、农业农村、市场监管、税务等部门组成联席会议制度，给农民工就业创业提供强有力支持。加强部门之间的协调配合，定期研究并切实解决返乡创业农民工在创业过程中遇到的困难。

建设强有力的社会化公共创业服务体系。把为农民工返乡创业就业服务纳入地方经济发展长期规划，加强公共基础设施和公共就业服务体系建设，改善投资创业硬环境，完善创业就业服务的内容和形式。充分发挥市场在资源配置中的决定性作用，地方政府引进或共建为创业提供支持的各类咨询服务公司、风投机构等，以市场化运作方式为农民工创业提供政策咨询、项目推荐、可研报告编制、风险评估、专家辅导、开业指导、创业担保、后续服务等创业公共服务，帮助其制定不同创业阶段的发展规划，提供长期稳定的创业指导与创业支持，提高返乡农民工的创业能力和经营管理水平，避免企业因发展后劲不足、出现发展瓶颈等问题而半路夭折。

增强基层创业服务能力。依托基层乡镇社会保障所、农技站等职能部门，设立农民工返乡创业服务窗口，并适当增加人员配置，全面收集返乡创业相关政策，建立创业项目库，打造服务平台，以"一对一"或"一对多"的方式进行包保帮扶，切实做好创业服务引导和指导工作，为农民工返乡创业提供优质高效的服务。

培育创业创新文化。借鉴安徽阜阳的做法，全面开展"接您回家"活动，并采取超常措施优化创业环境，使创新、创造和创业成为普遍的价值观念和生活方式，在全社会形成上下合力推进全民创业的工作新格局。

第九章
居者有其屋：流动人口住有所居问题和对策

　　1978 年改革开放以来，我国经济社会发生了翻天覆地的变化，城市面貌发生了巨大变化。一是城镇人口逐年增加，常住人口城镇化率从 1982 年的 21.1% 增加到 2019 年的 60.6%；二是流动人口大幅增加，1982 年流动人口为 660 万人，1990 年为 2140 万人，2000 年突破 1 亿人，从 2016 年开始，流动人口规模出现新的变化。全国流动人口规模从此前的持续上升转为缓慢下降，2015 年为 2.47 亿人，到 2019 年减少到 2.36 亿人（见图 9 - 1）。流动人口是城镇常住人口增量的重要组成部分，其主要构成是农民工。根据国务院发展研究中心"中长期发展"课题组预测，中国城镇化率的饱和值为 75%，说明中国还存在较大的城市化发展空间，我国的农村流动人口将继续保持向城镇转移的趋势。

图 9 - 1　1982 ~ 2019 年城镇化率和流动人口规模

　　资料来源：2018 ~ 2019 年来自国家统计局 2018 年、2019 年统计公报，其他数据来自《中国流动人口发展报告（2018）》（国家卫生健康委）。

随着流动人口大规模进入城市，住房问题不断凸显。住房是流动人口在城市发展的重要生活资料和物质保障，是其城市生活质量和社会融入的重要决定因素。2007 年我国提出了"多渠道改善农民工居住条件"。[①] 但是，当时国家住房保障有关制度并未将农民工纳入保障范围，如《廉租住房保障办法》（建设部 2007 年第 162 号令）、《经济适用住房管理办法》（建住房〔2007〕258 号）均明确规定住房保障的对象是"城市低收入住房困难家庭"。2010 年中央七部委发布的《关于加快发展公共租赁住房的指导意见》（建保〔2010〕78 号）提出"公共租赁住房供应对象主要是城市中等偏下收入住房困难家庭。有条件的地区，可以将新就业职工和有稳定职业并在城市居住一定年限的外来务工人员纳入供应范围"。对农民工实行有条件的住房保障。一直到 2011 年，《国务院办公厅关于保障性安居工程建设和管理的指导意见》（国办发〔2011〕45 号）规定"力争使……外来务工人员居住条件得到明显改善"，才首次将农民工纳入住房保障范围；2014 年，我国公共租赁住房和廉租住房并轨运行[②]，2014 年住房与城乡建设部对该文件解释时指出："并轨后公共租赁住房的保障对象，包括……稳定就业的外来务工人员。"2015 年 12 月中央经济工作会议明确提出要以满足新市民住房需求为主要出发点，建立购租并举的住房制度。2016 年 7 月 27 日，国务院印发《国务院关于实施支持农业转移人口市民化若干财政政策的通知》（国发〔2016〕44 号），文件要求"采取多种方式（市场购买、租赁、住房保障）解决农业转移人口居住问题"。2017 年 7 月，住建部等九部委联合印发《关于在人口净流入的大中城市加快发展住房租赁市场的通知》，通知指出，将在人口净流入的大中城市采取多种措施加快推进租赁住房建设，培育和发展住房租赁市场。党的十九大提出"坚持房子是用来住的、不是用来炒的定位，加快建立多主体供给、多渠道保障、租购并举的住房制度，让全体人民住有所居"。2019 年 4 月 15 日，中共中央国务院颁布《关于建立健全城乡融合发展体制机制和政策体系的意见》，城乡融合发展必将有更多的流动人口产生。住房是影响人口流动的重要因素，解决流动人口住房问题，实现流动人口住有所居是社会

---

① 《国务院关于解决城市低收入家庭住房困难的若干意见》（国发〔2007〕24 号）。

② 《住房城乡建设部 财政部 国家发展改革委关于公共租赁住房和廉租住房并轨运行的通知》（建保〔2013〕178 号），2014 年起正式实施。

经济发展的必然要求①。尽管国家制定了解决流动人口住房问题的相关制度，但现实不容乐观，大量研究表明，作为流动人口重要组成部分的农民工，其住房问题较为严重，主要表现为居住面积偏低、住房支出较高、住房保障率低等；另外，根据国家卫生健康委员会的流动人口动态监测数据，流动人口住房保障率从 2011 年的 0.2% 增加到 2017 年的 2.3%，尽管涨幅很大，但流动人口中享受住房保障的人口占比远远低于当地城镇户口的占比②，住房问题是流动人口面临的主要问题，"在居住方面，（流动人口）没有享受与户籍人口一样的保障性住房的权利，最多的人是以租赁的方式解决居住问题，居住在城乡接合部或城市的边缘，与城市居民在空间上形成相对隔离的区域"③。流动人口社会融入的最大障碍之一是"没有充分考虑流动人口低收入现状的城市住房保障制度"④。如何实现流动人口住有所居，这是本书希望回答的问题。

本章后续内容如下，第一部分是文献分析。第二部分是国家卫生健康委的"中国流动人口动态监测调查数据"（CMDS）分析，实证分析流动人口的住房情况。第三部分是实现流动人口住有所居的对策和措施。

第一节　文献分析

流动人口流动原因众多，但主要是务工/工作、经商，根据 2017 年国家卫生健康委的"中国流动人口动态监测调查数据"（CMDS），务工/工作、经商占比分别为 60.6%、23.0%，合计 83.6%，即"劳动"是流动的主要原因，且流动人口中主要是农民工。以下主要分析劳动力流动和住房、农民工住房等方面的文献。在下列文献中，流动和迁移交替使用，含义相同。

人口迁移是发展经济学长期关注的问题（Lucas，2004）。人口迁移可

---

① 在中国共产党全国代表大会上首次提出"让全体人民住有所居"的是 2007 年 10 月召开的党的十七大。
② 根据马秀莲、范翻（2019），城镇家庭保障房覆盖面为 20%。
③ 陈丰：《城市化进程中流动人口服务管理创新研究》，华东理工大学出版社，2015。
④ 《中国流动人口发展报告（2010）》之《流动人口服务管理体制机制创新研究报告》，第 149 页。

以分为两个阶段，一是从迁出地转移出去的过程，二是迁出后的劳动者在迁入地定居下来的过程（蔡昉，2001）。第一个过程就是人口流动的过程，第二个过程就是留城的过程。对第一个过程，已有大量文献，Lee（1966）将流动的影响因素总结为推力、拉力、个人因素和中间因素。

流动人口是否在某个城市居住，取决于该城市对流动人口的推力和拉力的均衡结果，而房价是其中一个重要因素（Roback，1982；Brueckner，1990；Diamond，2016）。Diamond（2016）认为高技能劳动力更偏好较好公共服务的城市，相应地也愿意承担更高的居住成本；其他文献则认为高的居住成本抑制劳动力流动。

来自中国的实证研究表明，城市高房价抑制农村劳动力流入（高波等，2012；邵朝对等，2016）；与此相反，范剑勇等（2015）认为，农民工主要居住在非普通商品房，因此普通商品房价格上涨没有抑制劳动力流入。周颖刚等（2019）也发现城市高房价挤出的是在城市没有购房的高技能劳动力。张莉等（2017）、黎嘉辉（2019）发现房价对劳动力流入呈现"倒 U"形影响。张莉等（2017）发现高技能劳动力的"倒 U"形拐点更小，对房价更敏感，除极少数一线城市外，绝大部分城市的房价更多地表现出对劳动力的吸引力。黎嘉辉（2019）发现公共服务是"倒 U"形的成因。

上述文献探讨了房价和人口流动的关系。对流动人口，特别是农民工的住房状况，我国有大量的研究（吕萍等，2008、2012；郑思齐等，2011；吴炜等，2012；熊景维，2013；丁萧，2014；邓宏乾等，2015；刘成斌等，2015；张鸿铭，2016；赵宁，2016）。住房对农民工城市融入的重要性在学术界已达成共识（郑思齐等，2011；刘成斌等，2015；张鸿铭，2016）；但农民工住房问题普遍存在，如住房拥挤（郑思齐等，2011）、住房保障缺失（吕萍等，2008；吴炜等，2012；赵宁，2016）。张鸿铭（2016）认为农民工住房是一个非常复杂的问题；对解决农民工住房问题，吕萍等（2012）认为应该因地制宜，吴炜等（2012）认为需要市场、政府和非政府组织三方共同参与，赵宁（2016）认为综合运用市场和政府两个途径是解决农民工住房保障问题的关键所在，丁萧（2014）建议建立多主体分担、多形式供给的住房供给模式。

近年来，城市居住成本不断上升，流动人口的住房问题正成为城市进一步发展的瓶颈（李含伟等，2017）。加上公共政策落地往往带有一定的时滞性，导致保障性住房对流动人口的供给缺乏有效性，流动人口的住房问题依然严峻（杨菊华，2018）。李勇辉等（2019）认为流动人口的保障性住房供给模式需要根据城市经济的发展水平来建立阶梯式、多层次的保障性住房居住模式，首先，加快建立租购并举的住房制度；其次，保障性住房的设计应将家庭化迁移特征纳入考量范围；最后，推动土地财政向公共财政转型，推进包括保障性住房在内的公共服务均等化。马秀莲、范翻（2019）认为顶层设计的保障房政策，由于需要地方执行并承担主要成本，从而它们拥有较大的自主权，导致住房保障的地方化差异，即本地人的大众化和外地人的剩余化并存模式，且城镇化率更高的城市通常更不倾向于大规模提供公租房，因为外来务工人员已经不再是其发展所必需。

总之，上述文献表明，城镇的居住成本影响劳动力流动，对于购房者而言，居住成本的表象即房价，而租房者的成本即租金。住房保障可以降低居住成本，由于制度约束，流动人口享受保障性住房的比例远远低于城镇居民。在住房保障方面，地方政府对流动人口和本地人区别对待，于本地人是一项权利，于流动人口则基于生产主义使然。

实际上，根据住房支付能力理论，决定住有所居的有三个变量，收入、居住成本、非住房支出（夏刚，2008）。上述文献，无论是房价对人口流动影响的研究，还是农民工住房保障方面的研究，主要从居住成本视角讨论流动人口的住房问题。根据空间均衡理论，对于人口流动而言，一个城市的人口、房价、工资三个变量是内生的，与三个内生变量对应的外生变量有城市经济水平、住房生产力水平、公共服务等三个变量。本章主要从住房支付能力理论和空间均衡理论分析流动人口的住有所居问题。

第二节　调查问卷分析

本部分内容根据国家卫生健康委的"中国流动人口动态监测调查数据（CMDS）"，从全国层面和贵州省层面分析流动人口住房性质，即流动人口的居住方式。2011～2017 年 CMDS 中，仅 2011 年、2017 年有流动人口住房性质的调查。两次问卷中的住房性质设置的内容并不完全相同，2017 年问卷中住房性质有 11 个问题，2011 年有 8 个问题（见表 9-1）。

表 9 - 1　2011 年、2017 年住房性质内容

序号	2017 年问卷	2011 年问卷
1	租住私房 - 整租	租住私房
2	租住私房 - 合租	
3	自购商品房	自购商品房/自建房
4	自建房	
5	自购小产权住房	
6	政府提供公租房	政府提供廉租房
7	自购保障性住房	
8	单位/雇主房（不包括就业场所）	租住单位/雇主房
		单位/雇主提供免费住房
9	就业场所	就业场所
10	借住房	借住房
11	其他非正规居所	其他非正规居所

本节包括三部分内容，首先是分析 2017 年 CMDS 的全国数据，其次是分析 CMDS 的贵州数据，最后是分析结果。

分析 2017 年 CMDS 的全国数据，主要采用频率分析和交叉分析，得出全国流动人口住房性质的总体情况。主要进行不同地区（省份）、学历、户籍、流动人口来源地、流动范围、就业身份、当地遇到的困难等和住房性质的交叉分析，进行"买不起房子"与流动人口来源地、学历、落户意愿、留城意愿、留城持续时间、留城主要原因等交叉分析。

根据全国数据分析可知，住房性质与地区经济发展、住房价格在统计上不显著，住房市场是区域性市场，不同地区住房性质差异较大。详细分析某地区住房性质具有一定的理论和现实意义，贵州省的住房性质具有一定的代表性，各类居住方式占比基本位于全国中位水平。本文对 CMDS 的贵州数据进行详细分析，包括单因素分析、双因素分析（交叉分析）、回归分析，通过微观数据定量分析住房性质的影响因素。

一　全国数据

1. 2011 年与 2017 年流动人口住房性质比较

2011 年和 2017 年，流动人口均是以租住私房为主，但住房性质变化较大。租住私房占比下降 7.3 个百分点；自购商品房/自建房占比增加近 1

倍；保障性住房占比大幅增加，从 0.2% 增加到 2.3%，但流动人口中享受保障性住房的占比远远低于本地城市户口的居民[①]。2017 年问卷中租住私房分为"租住私房－整租"，占比 45.8%，"租住私房－合租"占比 10.3%，两项合计 56.1%；"自购商品房/自建房"分为"自购商品房"，占比 21.4%，"自建房"占比 3.6%，两项合计 25.0%；保障性住房包括政府提供公租房、自购保障性住房，占比分别为 1.0%、1.3%，合计 2.3%。2011 年的保障性住房为"政府提供廉租房"。

其他类型的住房占比从 23.0% 下降到 16.6%，其他类型的住房包括单位/雇主房、就业场所、借住房、其他非正规居所，2017 年问卷调查中增加"自购小产权住房"。2011 年问卷中，单位/雇主房分为"单位/雇主提供免费住房""租住单位/雇主房"，占比分别为 11.8%、5.3%，两项合计 17.1%（见表 9－2）。

表 9－2　2011 年、2017 年流动人口住房性质比较

单位：%

住房性质	2011 年	2017 年
租住私房	63.4	56.1
自购商品房/自建房	13.4	25.0
保障性住房	0.2	2.3
其他	23.0	16.6
#单位/雇主房	17.1	9.4
自购小产权住房	NA	2.6
就业场所	3.7	2.6
借住房	1.9	1.6
其他非正规居所	0.4	0.5

注：NA 表示没有对该问题进行调查。

2. 2017 年不同地区流动人口住房性质比较

31 个地区住房性质差异较大，且不同性质住房占比与地区经济、住房价格无统计上的显著性[②]。租住私房占比最高的三个地区为浙江、陕西、

① 城镇家庭保障房覆盖面为 20%（马秀莲、范翻，2019）。
② 分别用 31 个地区的租住私房占比、自购商品房/自建房占比、保障性住房占比作为依赖变量，2016 年地区人均生产总值、商品房平均销售价格作为独立变量，回归分析表明，两个独立变量统计上均不显著。

云南，占比分别为 73.7%、72.1%、68.9%，占比最低的三个地区为宁夏、重庆、安徽，占比分别为 30.0%、37.4%、38.7%；15 个地区大于全国平均水平（56.1%），16 个地区小于全国平均水平。

自购商品房/自建房占比最高的三个地区为宁夏、安徽、新疆，占比分别为 51.1%、47.9%、41.3%，占比最低的三个地区为浙江、福建、西藏，占比分别为 5.7%、6.5%、6.8%；15 个地区小于全国平均水平（25.0%）。

保障性住房占比最高的三个地区为重庆、宁夏、新疆，占比分别为 13.3%、8.8%、8.3%，占比最低的三个地区为福建、湖南、河北，占比分别为 0.1%、0.3%、0.3%；仅 7 个地区大于全国平均水平（2.3%）。重庆保障房占比远高于其他地区，有 11 个地区的保障性住房占比不到重庆的十分之一。

自购小产权住房占比最高的三个地区为山西、内蒙古、山东，占比分别为 9.9%、7.7%、7.1%，占比最低的三个地区为浙江、北京、福建，占比分别为 0.2%、0.3%、0.4%；12 个地区高于全国平均水平（2.6%）（见表 9-3）。

贵州省住房性质各项占比基本位于全国中位。贵州省自购商品房/自建房占比（25.0%）等于全国平均水平，位于全国中位；租住私房占比（60.1%）高于全国平均水平（56.1%）4 个百分点；保障性住房占比（1.8%）低于全国平均水平（2.3%）；自购小产权住房（3.9%）大于全国平均水平（2.6%），占比相对靠前。31 个地区住房性质各项占比从高到低排序，贵州自购商品房/自建房、保障性住房、租住私房、自购小产权住房排位分别为第 16、15、11、9。

表 9-3 2017 年不同地区流动人口住房性质占比情况

单位：%

序号	地 区	租住私房	自购商品房/自建房	保障性住房	自购小产权住房
1	北京市	61.0	20.3	2.0	0.3
2	天津市	50.9	26.8	2.3	2.2
3	河北省	54.7	21.3	0.3	1.7
4	山西省	49.4	24.1	2.1	9.9
5	内蒙古自治区	44.7	38.3	2.7	7.7

序号	地 区	租住私房	自购商品房/自建房	保障性住房	自购小产权住房
6	辽宁省	43.6	40.7	1.3	4.7
7	吉林省	51.8	35.2	1.5	5.5
8	黑龙江省	44.3	39.5	4.5	6.0
9	上海市	57.9	30.3	0.6	1.3
10	江苏省	58.8	17.6	1.6	1.3
11	浙江省	73.7	5.7	0.5	0.2
12	安徽省	38.7	47.9	2.0	4.4
13	福建省	68.3	6.5	0.1	0.4
14	江西省	57.7	16.5	1.2	1.5
15	山东省	50.8	34.3	0.8	7.1
16	河南省	61.9	19.7	3.4	1.3
17	湖北省	54.1	30.9	0.7	4.9
18	湖南省	49.6	22.7	0.3	1.4
19	广东省	68.1	10.5	0.5	1.2
20	广西壮族自治区	64.8	23.1	1.2	0.5
21	海南省	59.4	24.8	2.0	1.0
22	重庆市	37.4	39.3	13.3	1.4
23	四川省	49.0	31.8	1.5	2.3
24	贵州省	60.1	25.0	1.8	3.9
25	云南省	68.9	14.8	2.0	0.7
26	西藏自治区	68.0	6.8	2.4	2.7
27	陕西省	72.1	14.4	1.9	1.8
28	甘肃省	61.3	29.2	1.8	1.9
29	青海省	49.8	32.8	1.5	0.5
30	宁夏回族自治区	30.0	51.1	8.8	3.0
31	新疆维吾尔自治区	38.8	41.3	8.3	3.0

注：新疆维吾尔自治区含新疆生产建设兵团。

3. 2017 年不同学历流动人口住房性质比较

学历与住房性质呈现一定的趋势性，由表 9-4 可见，初中及以上学历，随着学历增加，租住私房占比下降，自购商品房/自建房占比增加。随着学历增加，自购小产权住房占比总体呈现下降趋势。保障性住房占比与学历相关性不明显，如果假设学历增加，收入水平增加，则保障房的保障作用不明显。

表9-4 2017年流动人口学历与住房性质

单位:%

学 历	租住私房	自购商品房/自建房	保障性住房	自购小产权住房
未上过小学	53.3	24.6	3.4	3.5
小学	60.6	20.1	2.3	3.0
初中	61.1	20.3	1.9	2.5
高中/中专	54.1	26.6	2.3	2.5
大学专科	45.5	35.9	2.8	2.6
大学本科	38.5	44.1	3.2	1.9
研究生	36.2	48.5	2.1	1.5

4. 2017年不同户籍流动人口住房性质比较

流动人口主要由农业户籍人口构成（见表9-5），占比78.0%。与非农业户籍人口相比，农业户籍人口的租住私房占比更高，自购商品房/自建房、保障性住房、自购小产权住房的占比更低。

表9-5 2017年流动人口户籍与住房性质

单位:%

户 籍	租住私房	自购商品房/自建房	保障性住房	自购小产权住房
农业（78.0%）	59.7	21.3	2.1	2.4
非农业（22.0%）	43.3	38.1	3.0	3.3

从户籍所在地看，2017年流动人口主要来自农村地区，占比为77.1%，行政级别越高，占比越低。县城及以下占比94.9%。从户籍所在地与住房性质看，来自省会城市和直辖市的流动人口，住房性质比较类似；从农村到省会城市，租住私房占比下降，自购商品房/自建房占比上升。来自农村的流动人口，保障性住房占比低于其他类型流动人口，自购小产权住房占比更高。来自直辖市的流动人口，保障性住房占比最高（见表9-6）。

表 9 - 6   2017 年流动人口户籍所在地与住房性质

单位:%

户籍所在地及占比		租住私房	自购商品房/自建房	保障性住房	自购小产权住房
农　　村	77.1	58.9	22.2	2.1	2.6
乡　　镇	10.8	52.3	28.5	2.7	2.4
县　　城	7.0	45.0	36.6	3.2	2.1
地 级 市	3.7	39.3	43.2	2.8	2.4
省会城市	1.1	33.2	49.7	3.3	1.9
直 辖 市	0.4	34.6	48.1	4.3	2.4

5. 2017 年流动人口流动范围和住房性质比较

从流动人口的流动范围看，近一半的流动人口是跨省流动，本省其他市的约占 1/3，本市其他县的占 17.8%。从流动范围和住房性质的比较看，跨省流动的更可能租住私房，自购商品房/自建房占比更低。保障性住房，省内跨市的流动人口获得的比例更大。市内跨县流动人口自购小产权住房的比重最大（见表 9 - 7）。概言之，流动越远，租房占比越高，购房占比越低（自购商品房/自建房占比越低、自购小产权住房占比越低）。

表 9 - 7   2017 年流动人口流动范围与住房性质

单位:%

流动范围及占比		租住私房	自购商品房/自建房	保障性住房	自购小产权住房
跨　　省	49.3	60.9	19.3	1.8	1.5
省内跨市	33.0	53.1	29.0	3.1	3.0
市内跨县	17.8	48.3	33.8	2.1	4.5

6. 2017 年流动人口就业身份和住房性质比较

就业者是流动人口的主流。2017 年流动人口中非就业者占比 17.7%，"有固定雇主的雇员"占比 41.5%，"自营劳动者"占比 27.7%，"无固定雇主的劳动者"占比 6.6%，"雇主"占比 4.7%，其他占比 1.7%，即就业者占比 82.3%（见表 9 - 8）。

从就业身份看，"有固定雇主的雇员"租住私房占比较低，单位/雇主房占比明显高于其他就业身份者。"雇主"自购商品房/自建房占比高于其他就业身份者。

表 9 - 8　2017 年流动人口就业身份与住房性质

单位:%

就业身份及占比		租住私房	自购商品房/自建房	保障性住房	自购小产权房	单位/雇主房
有固定雇主的雇员	41.5	50.7	21.2	2.4	1.9	20.6
无固定雇主的劳动者	6.6	67.2	19.8	2.8	3.4	3.5
雇主	4.7	54.2	36.4	1.4	2.1	0.7
自营劳动者	27.7	67.3	22.0	1.1	2.1	0.4
其他	1.7	52.5	31.5	4.5	2.9	2.4
非就业者	17.7	48.1	37.1	3.6	4.5	2.3

7. 2017 年流动人口本地困难和住房性质比较

2017 年问卷中"目前在本地，您有哪些困难"，55%的流动人口存在困难，在困难中，"收入太低"占比 40.1%，其次是"买不起房子"，占比 33.5%，"生意不好做"占比 26.5%，"难以找到稳定的工作"占比 22.1%，"子女上学问题"占比 17.6%。

从住房性质看，"没困难"的租住私房占比低，自购商品房/自建房占比高，保障性住房占比差别不大。

从有困难的流动人口看，"买不起房子"的流动人口，主要通过租住私房解决居住问题，仅 6.2%的买房。在有困难的流动人口中，没有"买不起房子"困难的流动人口（占全部流动人口的比重为 21.5%），租住私房、自购商品房/自建房、保障性住房、自购小产权住房占比分别为 31.6%、50.8%、3.2%、5.6%，合计 91.2%。显然，对有困难但没有"买不起房子"困难的流动人口，其自有住房（自己购买商品住房、自己建房、购买小产权房）的占比高达 56.4%，远远高于其他流动人口（见表 9 - 9）。是否存在"买不起房子"困难的流动人口，特征是什么呢？

表 9 - 9　2017 年流动人口"目前在本地，您有哪些困难"与住房性质

单位:%

目前在本地，您有哪些困难		租住私房	自购商品房/自建房	保障性住房	自购小产权住房
没困难	45.0	51.4	26.8	2.2	2.4
有困难	55.0	59.8	23.7	2.3	2.7
生意不好做	26.5	64.6	23.1	1.6	2.3
难以找到稳定的工作	22.1	61.5	24.1	2.8	3.3

续表

目前在本地，您有哪些困难		租住私房	自购商品房/自建房	保障性住房	自购小产权住房
买不起房子	33.5	77.9	6.2	1.8	0.8
本地人看不起	5.9	68.2	16.2	2.4	2.0
子女上学问题	17.6	60.4	26.3	2.2	3.1
收入太低	40.1	60.4	22.8	2.6	2.8
生活不习惯	5.2	63.3	17.2	2.2	2.1

（1）"买不起房子"者主要来自农村

从"目前在本地，您有哪些困难"看，没有"买不起房子"困难的流动人口，有77.6%来自农村，10.7%来自乡镇，县城6.6%，三者合计94.9%。有"买不起房子"困难的流动人口，有82.5%来自农村，9.5%来自乡镇，县城4.9%，三者合计96.9%。从流动人口户籍所在地看，来自农村的流动人口，42.5%没有困难，21.6%没有"买不起房子"的困难，35.9%有"买不起房子"的困难，换言之，来自农村的流动人口，约三分之一的买房子有困难，约五分之一没有买房困难。比较不同类型户籍所在地的流动人口，没有困难的流动人口，农村的占比最低，为42.5%，最大为"省会城市"，即来自省会城市的流动人口，61.0%的在流入地没有遇到什么困难。有"买不起房子"困难的，来自农村的流动人口占比最高，为35.9%，即来自农村的流动人口，35.9%的有"买不起房子"困难，直辖市为16.3%（见表9-10）。

表9-10　"买不起房子"（Q311D）与流动人口户籍所在地（Q301）交叉分析

			Q301						合计
			农村	乡镇	县城	地级市	省会城市	直辖市	
Q311D		计数（人）	55715	8978	6734	3585	1100	395	76507
		Q311D 中的%	72.8%	11.7%	8.8%	4.7%	1.4%	0.5%	100.0%
		Q301 中的%	42.5%	49.1%	56.4%	57.7%	61.0%	60.1%	45.0%
	没有	计数（人）	28339	3890	2393	1347	394	155	36518
		Q311D 中的%	77.6%	10.7%	6.6%	3.7%	1.1%	0.4%	100.0%
		Q301 中的%	21.6%	21.3%	20.0%	21.7%	21.9%	23.6%	21.5%
	有	计数（人）	47017	5433	2812	1286	309	107	56964
		Q311D 中的%	82.5%	9.5%	4.9%	2.3%	0.5%	0.2%	100.0%
		Q301 中的%	35.9%	29.7%	23.6%	20.7%	17.1%	16.3%	33.5%

续表

		Q301						合计
		农村	乡镇	县城	地级市	省会城市	直辖市	
合计	计数（人）	131071	18301	11939	6218	1803	657	169989
	Q311D 中的%	77.1%	10.8%	7.0%	3.7%	1.1%	0.4%	100.0%
	Q301 中的%	100.0%	100.0%	100.0%	100.0%	100.0%	100.0%	100.0%

（2）学历越低，"买不起房子"占比越高

没有"买不起房子"困难的流动人口，"初中、高中/中专"学历占比分别为43.1%、20.9%。从学历看，学历越高，有"买不起房子"困难的流动人口占比越低，未上过小学的41.1%的流动人口有"买不起房子"困难；研究生流动人口，19.7%的有"买不起房子"困难。大学及以上学历的流动人口，有"买不起房子"困难的占24.4%，换言之，大学及以上学历流动人口有近1/4买房子存在困难；没有"买不起房子"困难的21.2%；没有困难的54.4%。

流动人口学历主要集中在"初中、高中/中专"，分别占43.7%、21.9%，两者合计65.6%。流动人口中大学及以上学历占比17.4%（见表9-11）。

表9-11 "买不起房子"（Q311D）与流动人口学历（q101e1）交叉分析

			q101e1							合计
			未上过小学	小学	初中	高中/中专	大学专科	大学本科	研究生	
Q311D		计数	1513	8773	32197	17944	9261	6294	525	76507
		Q311D 中的%	2.0%	11.5%	42.1%	23.5%	12.1%	8.2%	0.7%	100.0%
		q101e1 中的%	32.5%	36.1%	43.4%	48.2%	52.1%	57.7%	58.9%	45.0%
	没有	计数	1229	5659	15743	7618	3839	2239	191	36518
		Q311D 中的%	3.4%	15.5%	43.1%	20.9%	10.5%	6.1%	0.5%	100.0%
		q101e1 中的%	26.4%	23.3%	21.2%	20.5%	21.6%	20.5%	21.4%	21.5%
	有	计数	1917	9881	26274	11662	4679	2375	176	56964
		Q311D 中的%	3.4%	17.3%	46.1%	20.5%	8.2%	4.2%	0.3%	100.0%
		q101e1 中的%	41.1%	40.6%	35.4%	31.3%	26.3%	21.8%	19.7%	33.5%

		q101e1							合计
		未上过小学	小学	初中	高中/中专	大学专科	大学本科	研究生	
合计	计数	4659	24313	74214	37224	17779	10908	892	169989
	Q311D 中的%	2.7%	14.3%	43.7%	21.9%	10.5%	6.4%	0.5%	100.0%
	q101e1 中的%	100.0%	100.0%	100.0%	100.0%	100.0%	100.0%	100.0%	100.0%

（3）"买不起房子"与落户意愿相关性不明显

如果满足条件，39.0%的流动人口愿意落户，34.5%的不愿意，26.5%的没想好。没有"买不起房子"问题的流动人口，三个比例分别为37.1%、37.3%、25.6%，有"买不起房子"问题的流动人口，三个比例分别为40.7%、33.1%、26.2%。没有问题的流动人口，三个比例分别为38.7%、34.1%、27.2%（见表9－12）。

表 9－12 "买不起房子"（Q311D）与"如果您符合本地落户条件，您是否愿意把户口迁入（Q313）"交叉分析

			Q313			合计
			不愿意	没想好	愿意	
Q311D		计数	26121	20801	29585	76507
		Q311D 中的%	34.1%	27.2%	38.7%	100.0%
		Q313 中的%	44.6%	46.1%	44.6%	45.0%
	没有	计数	13612	9360	13546	36518
		Q311D 中的%	37.3%	25.6%	37.1%	100.0%
		Q313 中的%	23.2%	20.8%	20.4%	21.5%
	有	计数	18870	14915	23179	56964
		Q311D 中的%	33.1%	26.2%	40.7%	100.0%
		Q313 中的%	32.2%	33.1%	35.0%	33.5%
合计		计数	58603	45076	66310	169989
		Q311D 中的%	34.5%	26.5%	39.0%	100.0%
		Q313 中的%	100.0%	100.0%	100.0%	100.0%

（4）"买不起房子"与是否留居的相关性不明显

82.6%的流动人口愿意留在本地，不愿意的仅仅占2.5%。无论是否

"买不起房子"，愿意留在本地的均超过80%，不愿意的不超过2.5%（见表9－13）。

表9－13 "买不起房子"（Q311D）与"今后一段时间，您是否打算继续留在本地？（Q314）"交叉分析

			Q314			合计
			否	没想好	是	
Q311D		计数	1969	11749	62789	76507
		Q311D 中的%	2.6%	15.4%	82.1%	100.0%
		Q314 中的%	47.1%	46.4%	44.7%	45.0%
	没有	计数	802	4385	31331	36518
		Q311D 中的%	2.2%	12.0%	85.8%	100.0%
		Q314 中的%	19.2%	17.3%	22.3%	21.5%
	有	计数	1409	9181	46374	56964
		Q311D 中的%	2.5%	16.1%	81.4%	100.0%
		Q314 中的%	33.7%	36.3%	33.0%	33.5%
合计		计数	4180	25315	140494	169989
		Q311D 中的%	2.5%	14.9%	82.6%	100.0%
		Q314 中的%	100.0%	100.0%	100.0%	100.0%

（5）没有"买不起房子"问题的流动人口更愿意定居

流动人口中30.2%愿意定居，在愿意定居的流动人口中有"买不起房子"问题的占比24.8%，没有"买不起房子"问题的占比30.3%，没问题的占比44.9%（见表9－14）。

表9－14 "买不起房子"（Q311D）与"如果您打算留在本地，您预计自己将在本地留多久？（Q315）"交叉分析

			Q315						合计
			1~2年	3~5年	6~10年	10年以上	定居	没想好	
Q311D		计数	13720	6168	10023	3260	5355	23048	14933	76507
		Q311D 中的%	17.9%	8.1%	13.1%	4.3%	7.0%	30.1%	19.5%	100.0%
		Q315 中的%	46.5%	54.9%	47.4%	39.9%	38.1%	44.9%	43.2%	45.0%

			Q315							合计
			1~2年	3~5年	6~10年	10年以上	定居	没想好		
Q311D	没有	计数	5187	1497	3142	1567	3185	15532	6408	36518
		Q311D 中的%	14.2%	4.1%	8.6%	4.3%	8.7%	42.5%	17.5%	100.0%
		Q315 中的%	17.6%	13.3%	14.8%	19.2%	22.6%	30.3%	18.5%	21.5%
	有	计数	10591	3573	8000	3346	5522	12697	13235	56964
		Q311D 中的%	18.6%	6.3%	14.0%	5.9%	9.7%	22.3%	23.2%	100.0%
		Q315 中的%	35.9%	31.8%	37.8%	40.9%	39.3%	24.8%	38.3%	33.5%
合计		计数	29498	11238	21165	8173	14062	51277	34576	169989
		Q311D 中的%	17.4%	6.6%	12.5%	4.8%	8.3%	30.2%	20.3%	100.0%
		Q315 中的%	100.0%	100.0%	100.0%	100.0%	100.0%	100.0%	100.0%	100.0%

"子女有更好的受教育机会"是流动人口留在本地的主要考虑。留在本地的主要原因，选择"子女有更好的受教育机会"的流动人口最多，占比18.5%；随后是"个人发展空间大"占比15.9%，"收入水平高"占比13.2%。"政府管理规范""医疗技术好"占比低，分别为0.4%、0.6%。

从是否"买不起房子"看，没有"买不起房子"问题的流动人口，选择"子女有更好的受教育机会"的占23.3%，其次是"个人发展空间大"占比13.2%，"家人习惯本地生活"占比12.9%。有"买不起房子"问题的流动人口，选择"子女有更好的受教育机会"的占21.6%，其次是"个人发展空间大"占比15.6%，"收入水平高"占比11.1%。没有困难的流动人口，最先选择是"个人发展空间大"占比17.4%，其次"收入水平高"占比17.1%，"子女有更好的受教育机会"占比13.8%（见表9-15）。

表9-15　子女受教育与是否买房之间的交叉分析

			Q311D		合计
			没有	有	
316		计数	13720	5187	10591	29498
		Q316 中的%	46.5%	17.6%	35.9%	100.0%
		Q311D 中的%	17.9%	14.2%	18.6%	17.4%

续表

			Q311D		合计
			没有	有	
316	城市交通发达、生活方便	计数	5366	2966	4646	12978
		Q316 中的%	41.3%	22.9%	35.8%	100.0%
		Q311D 中的%	7.0%	8.1%	8.2%	7.6%
	个人发展空间大	计数	13335	4805	8898	27038
		Q316 中的%	49.3%	17.8%	32.9%	100.0%
		Q311D 中的%	17.4%	13.2%	15.6%	15.9%
	积累工作经验	计数	4980	1647	3515	10142
		Q316 中的%	49.1%	16.2%	34.7%	100.0%
		Q311D 中的%	6.5%	4.5%	6.2%	6.0%
	家人习惯本地生活	计数	6410	4707	4538	15655
		Q316 中的%	40.9%	30.1%	29.0%	100.0%
		Q311D 中的%	8.4%	12.9%	8.0%	9.2%
	其他	计数	3276	1813	2598	7687
		Q316 中的%	42.6%	23.6%	33.8%	100.0%
		Q311D 中的%	4.3%	5.0%	4.6%	4.5%
	社会关系网都在本地	计数	2247	1731	1682	5660
		Q316 中的%	39.7%	30.6%	29.7%	100.0%
		Q311D 中的%	2.9%	4.7%	3.0%	3.3%
	收入水平高	计数	13050	3039	6307	22396
		Q316 中的%	58.3%	13.6%	28.2%	100.0%
		Q311D 中的%	17.1%	8.3%	11.1%	13.2%
	医疗技术好	计数	382	246	360	988
		Q316 中的%	38.7%	24.9%	36.4%	100.0%
		Q311D 中的%	0.5%	0.7%	0.6%	0.6%
	与本地人结婚	计数	2962	1707	1241	5910
		Q316 中的%	50.1%	28.9%	21.0%	100.0%
		Q311D 中的%	3.9%	4.7%	2.2%	3.5%

			Q311D		合计
			没有	有	
316	政府管理规范	计数	242	145	281	668
		Q316 中的%	36.2%	21.7%	42.1%	100.0%
		Q311D 中的%	0.3%	0.4%	0.5%	0.4%
	子女有更好的受教育机会	计数	10537	8525	12307	31369
		Q316 中的%	33.6%	27.2%	39.2%	100.0%
		Q311D 中的%	13.8%	23.3%	21.6%	18.5%
合　计		计数	76507	36518	56964	169989
		Q316 中的%	45.0%	21.5%	33.5%	100.0%
		Q311D 中的%	100.0%	100.0%	100.0%	100.0%

二　贵州数据

1. 单指标分析

本节分析贵州省流动人口的性别、年龄、受教育程度、户籍性质、流动范围、就业身份、就业行业、住房性质、月工资收入、月住房支出、定居原因等。

（1）性别、年龄、受教育程度、户籍性质

从性别看，流动人口中男性数量占比超过一半，但2017年女性的占比大于2011年、2015年，达到47.4%，说明更多女性选择外出（见表9-16）。在年龄构成中，2011年的流动人群主要是"60后""70后""80后"，到了2015年和2017年，"90后"流动人口大幅增加。相比较2011年，2015年和2017年"80后"的群体占比也在逐渐增加，成为流动人口的主力群体。与此形成对比的是"70后"和"60后"，2011年"70后"和"60后"的占比分别达到36.5%、21.3%，到2015年和2017年占比已经明显下降，到2017年分别降至25.9%、12.8%。在受教育程度方面，初中占比最大，但占比逐渐下降；高中/中专占比逐渐增加，大专及以上的占比增加明显，2011~2015年，占比增加近2倍，2017年比2011年增加近10个百分点。户籍性质中，农业人口占绝大多数，3个年度均超过80%，但占比逐渐减少，2011年为88.0%，2015年为84.0%，2017年为 81.1%。

表 9 – 16　样本基本信息比较

项　目	2011 年（N＝4000）	2015 年（N＝4000）	2017 年（N＝5000）
	频数（%）	频数（%）	频数（%）
性别			
男	2253（56.3）	2261（56.5）	2629（52.6）
女	1747（43.7）	1739（43.5）	2371（47.4）
年龄			
"90 后"	363（9.1）	830（20.7）	1213（24.2）
"80 后"	1168（29.2）	1242（31.1）	1584（31.7）
"70 后"	1460（36.5）	1098（27.5）	1295（25.9）
"60 后"	850（21.3）	589（14.7）	639（12.8）
"60 前"	159（3.9）	241（6.0）	269（5.4）
受教育程度			
未上学	88（2.2）	99（2.5）	184（3.7）
小学	910（22.8）	624（15.6）	961（19.2）
初中	2214（55.4）	2122（53.1）	2236（44.7）
高中/中专	632（15.8）	739（18.5）	939（18.8）
大专及以上	156（3.8）	416（10.3）	680（13.6）
户籍性质			
农业	3518（88.0）	3359（84.0）	4035（81.1）
非农业	481（12.0）	623（15.6）	945（18.9）

（2）流动范围

流动人口流动范围包括跨省流动、省内跨市和市内跨县三种类型（见表 9 – 17）。由表 9 – 17 可见，跨省流动占比逐年增加，即从省外流入贵州的人口逐年增加，从 2011 年的 31.3% 增加到 2015 年 35.3%，表明"十二五"末期，贵州省流动人口中超过三分之一的是外省人口。2017 年，跨省流动在三种类型中占比最高。上述变化说明，随着贵州经济快速发展，贵州的吸引力逐步增强。

表 9 – 17　2011 年、2015 年、2017 年贵州省流动人口流动范围

单位：人，%

选　项	2011 年		2015 年		2017 年	
	频数	占比	频数	占比	频数	占比
跨省流动	1253	31.3	1412	35.3	1796	35.9
省内跨市	1611	40.3	1581	39.5	1788	35.8
市内跨县	1136	28.4	1007	25.2	1416	28.3
总　计	4000	100.0	4000	100.0	5000	100.0

（3）就业身份

在贵州省流动人口样本中（见表 9 – 18），流动人口每种就业身份浮动不大，在流动人口的就业身份中，雇员和自营劳动者占比最多，两者合计占比达到 90% 左右，打工是流动人口主要的工作方式，而雇主这一身份，占比近几年逐渐下滑，2015 年下滑到 7.1%，2017 年下降到 6.4%。

表 9 – 18　2011 年、2015 年、2017 年贵州省流动人口就业身份

单位：人，%

就业身份	2011 年		2015 年		2017 年	
	频数	占比	频数	占比	频数	占比
雇员	1264	41.4	1345	43.5	1677	43.4
雇主	247	8.1	219	7.1	249	6.4
自营劳动者	1488	48.8	1434	46.3	1757	45.4
其他	52	1.7	97	3.1	185	4.8
合　计	3051	100	3095	100	3868	100

（4）就业行业

流动人口的就业行业主要分布在批发零售、建筑业、社会服务和住宿餐饮等行业（见表 9 – 19）。从流动人口的流动分布来看，从事第一产业和第二产业的群体占比较少，而且从 2011 年到 2017 年呈现下降趋势，第二产业中占比最大的是建筑业，其次是制造业。建筑业的流动人口人数占比从 2011 年的 16.0% 降至 2017 年的 11.7%。从表 9 – 19 可知，批发零售、社会服务、住宿餐饮行业占比较高，成为流动人口就业的主要行业；2015年、2017 年科研和技术服务行业的流动人口逐渐增加，说明贵州省近几年在吸引高水平、高技术的人群实力方面有所增强。可以看出，第三产业越

来越成为吸纳流动人口就业的重要渠道。

表 9 - 19 2011 年、2015 年、2017 年贵州省流动人口从事行业比例

单位：人，%

产业	职业/行业	2011 年		2015 年		2017 年	
		频数	占比	频数	占比	频数	占比
第一产业	农林牧渔	30	1.0	32	1.0	48	1.2
第二产业	采掘	51	1.7	37	1.2	77	2.0
	制造业	207	6.8	121	3.9	150	3.9
	建筑业	489	16.0	416	13.3	453	11.7
第三产业	电煤水生产供应	32	1.0	13	0.4	23	0.6
	批发零售	989	32.4	1086	35.1	1393	36.1
	住宿餐饮	349	11.4	372	12.0	455	11.7
	社会服务	452	14.8	592	19.1	474	12.3
	金融/保险/房地产	40	1.3	58	2.0	188	4.9
	交通运输/仓储通信	158	5.2	124	4.0	103	2.7
	教育/卫生/文体	97	3.2	113	3.7	203	5.2
	科研和技术服务	31	1.0	60	2.0	168	4.3
其 他		126	4.2	71	2.3	133	3.4
合 计		3051	100.0	3095	100.0	3868	100.0

（5）住房性质

2015 年调查问卷无"住房性质"。2011 年、2017 年，贵州省流动人口住房性质以租住私房为主，其次是自购商品房/自建房，两项合计超过86%（见表 9 - 20）。2017 年租住私房的比例较 2011 年有一定幅度的下降，从 76.7% 下降到 60.1%；自购商品房/自建房占比大幅增加，从 2011 年的9.6% 增加到 2017 年的 27.5%。单位提供住房有两种形式，一是收费住房，二是免费住房，两项合计不到 9%。居住在就业场所的占比不到 3%。极少部分获得政府提供的保障房，尽管如此，占比大幅增加，从 2011 年的0.2% 增加到 2017 年的 0.7%。需要注意的是，尽管占比很低，仍有少量流动人口居住在非正规居所。

表 9 - 20　2011 年、2017 年贵州省流动人口住房性质占比

单位:%

住房性质	2011 年	2017 年
租住私房	76.7	60.1
自购商品房/自建房	9.6	27.5
租住单位/雇主房	5.3	4.4
单位/雇主提供免费住房	3.6	3.2
就业场所	2.5	2.3
借住房	1.8	1.4
保障性住房	0.2	0.7
其他非正规居所	0.5	0.4

（6）月工资收入

2011 年流动人口月收入集中在 1000～2000 元、2000～3000 元区间，两项占比分别为 24.4%、29.5%，但是随着经济的快速发展，流动人口的工资收入逐步增长（见表 9 - 21）。

表 9 - 21　2011 年、2015 年、2017 年贵州省流动人口月工资收入

单位：人, %

选　项	2011 年		2015 年		2017 年	
	频数	占比	频数	占比	频数	占比
1000 元以下	167	4.2	12	0.3	77	1.5
1000～2000 元	975	24.4	187	4.7	255	5.1
2000～3000 元	1181	29.5	618	15.5	604	12.1
3000～4000 元	738	18.5	808	20.2	757	15.1
4000～5000 元	435	10.9	759	19.0	879	17.6
5000～7000 元	253	6.3	747	18.7	1042	20.8
7000～10000 元	157	3.9	593	14.8	934	18.7
10000 元以上	94	2.4	276	6.9	452	9.0
总　　计	4000	100.0	4000	100.0	5000	100.0

2015 年流动人口的工资收入集中在 3000～4000 元、4000～5000 元、5000～7000 元，占比分别为 20.2%、19.0%、18.7%，到 2017 年，工资收入又有明显提高，主要集中在 4000～5000 元、5000～7000 元、7000～10000 元，占比为 17.6%、20.8%、18.7%。月工资收入的加权平均值，

2011 年为 3233 元[①]，2015 年为 5120 元，2017 年为 5452 元。2011 年到 2015 年，（名义）月工资收入增加 58.4%，（名义）年均增长 12.2%。

（7）月住房支出

贵州省流动人口月住房支出在 200 元以下的占比最多，200~400 元的占比排第二，虽然 2017 年、2015 年的月住房支出 200 元以下的比例较 2011 年的有所下降，但是对比月收入表，月收入增加的幅度大于月支出的幅度（见表 9-22）。月住房支出的加权平均值，2011 年为 461 元[②]、2015 年为 627 元、2017 年为 649 元；占月工资收入的比重：2011 年为 14.3%，2015 年为 12.2%，2017 年为 11.9%。住房支出占比逐渐下降，表明贵州流动人口的住房支付能力逐渐增加。同时，贵州流动人口的住房支出远远高于贵州城镇常住居民的居住消费支出，2015 年、2017 年贵州城镇常住居民的居住消费支出分别为 2993.81 元、3559.75 元[③]，即月度居住支出为 249.5 元、296.6 元，远远低于同期流动人口的 627 元、649 元。

表 9-22 2011 年、2015 年、2017 年贵州省流动人口月住房支出

单位：人,%

选 项	2011 年		2015 年		2017 年	
	频数	占比	频数	占比	频数	占比
200 元以下	1351	41.1	1099	27.5	1626	32.5
200~400 元	892	27.2	935	23.4	957	19.1
400~600 元	393	12.0	646	16.2	767	15.3
600~800 元	177	5.4	336	8.4	296	5.9
800~1000 元	149	4.5	237	5.9	294	5.9
1000~1500 元	141	4.3	272	6.8	361	7.2
1500~2000 元	67	2.0	219	5.5	275	5.5
2000 元以上	115	3.5	256	6.4	424	8.5
总 计	3285	100.0	4000	100.0	5000	100.0

① 2011 年月工资收入的加权平均值 = 1000×4.2% + 1500×24.4% + 2500×29.5% + 3500×18.5% + 4500×10.9% + 6000×6.3% + 8500×3.9% + 10000×2.4%。同理可计算 2015 年、2017 年月工资收入的加权平均值。最高收入（10000 元以上）占比越大，计算的加权平均值越低于实际加权平均值；故而，2017 年计算的加权平均值低于实际加权平均值的程度要大于 2015 年、2011 年。

② 计算方法同月工资收入加权平均值。

③ 数据来源于 2015 年、2017 年《贵州省国民经济和社会发展统计公报》。

（8）定居原因

2011 年、2015 年两年的调查问卷无"定居原因"。2017 年贵州省流动人口打算留在本地的主要原因，占比最高的是"子女有更好的受教育机会"，为 22.3%；其次是"个人发展空间大"，为 20.0%。"政府管理规范""医疗技术好"对流动人口影响甚微（见表 9 - 23）。

总之，城市硬环境（教育、交通、生活便利）是吸引流动人口在本地定居的关键因素；同时，城市软环境（个人发展空间、积累工作经验）也至关重要；其次，个人特质（生活习惯、婚姻、社会关系）也是重要因素。

表 9 - 23　2017 年打算留在本地的主要原因

单位：人，%

选　　项	2017 年	
	频数	占比
子女有更好的受教育机会	876	22.3
个人发展空间大	785	20.0
家人习惯本地生活	523	13.3
城市交通发达、生活方便	439	11.2
积累工作经验	365	9.3
收入水平高	259	6.6
与本地人结婚	134	3.4
社会关系网都在本地	115	2.9
医疗技术好	28	0.7
政府管理规范	25	0.6
其他	375	9.6
合　　计	3924	100

2. 交叉分析

本节交叉分析住房性质与有关变量（月工资收入、就业身份、年龄、户籍、流动范围、定居意愿）的关系。

（1）住房性质与月工资收入

自购商品房/自建房者，2011 年，82% 的月工资分布在 1000～5000元。2017 年，81.7% 的月工资大于 4000 元，月工资分布在 1000～5000 元的占比仅为 33.9%，5000 元以上占比 66.2%。租住私房者，月工资收入主要分布在 3000 ~ 7000 元。保障性住房，2011 年的月工资集中在 1000 ~ 2000 元；2017 年集中在 2000 ~ 3000 元。非正规居所，2011 年主要是收入较低者；2017 年高收入与低收入者均存在。单位提供住房（租住单位/雇主房、单位/雇主提供免费住房）者，其收入分布较广。借住房者，主要是收入较低人群（见表 9 - 24）。

表 9 - 24 月工资与住房性质交叉列联表

单位:%

住房性质	年份	1000 元以下	1000 ~ 2000 元	2000 ~ 3000 元	3000 ~ 4000 元	4000 ~ 5000 元	5000 ~ 7000 元	7000 ~ 10000 元	10000 以上
租住单位/雇主房	2011	5.2	16.6	29.9	14.7	12.3	8.5	8.5	4.3
	2017	6.0	13.8	23.8	17.1	14.1	12.1	10.4	2.7
租住私房	2011	3.4	24.4	30.3	19.7	10.5	6.2	3.4	2.2
	2017	1.4	4.7	12.7	17.2	19.4	21.2	15.7	7.7
保障性住房	2011	0.0	57.1	14.3	14.3	14.3	0	0.0	0.0
	2017	2.7	27.1	43.2	18.7	5.6	2.7	0.0	0.0
借住房	2011	20.8	29.2	22.2	11.1	2.8	8.3	5.6	0.0
	2017	8.5	14.1	19.7	8.5	15.5	18.3	12.7	2.8
单位/雇主提供免费住房	2011	12.0	46.5	23.2	9.2	2.8	3.5	0.7	2.1
	2017	0.4	9.6	19.6	15.8	12.5	15	17.1	10
自购商品房/自建房	2011	2.6	18.0	29.4	17.2	17.4	7.3	5.7	2.3
	2017	0.5	2.3	5.8	9.8	15.5	23.2	28.6	14.4
就业场所	2011	5.1	24.5	22.4	15.3	14.3	7.1	6.1	5.1
	2017	3.2	5.6	10.4	14.4	16.8	19.2	20	10.4
其他非正规居所	2011	22.2	33.3	27.8	5.6	0.0	0.0	5.6	5.6
	2017	0.0	17.9	17.9	0.0	21.4	21.4	21.4	0.0

（2）住房性质与就业身份

各种就业身份者均以租住私房为主，但从 2011 年到 2017 年，其占比均下降，降幅最大的是雇主，从 74.1% 降到 54.9%，降幅达 25.9%。从就业身份比较，自营劳动者租住私房占比最高，2017 年为 74.7%，同期雇员、雇主分别为 56.3%、54.9%。雇主的自购商品房/自建房占比最高，2017 年为 34.0%，同期雇员、自营劳动者分别为 22.2%、17.2%。雇员的单位提供住房（租住单位/雇主房、单位/雇主提供免费住房）占比最高，2017 年为 16.0%，同期雇主、自营劳动者分别为 0.8%、2.2%。雇主的就业场所占比最高，2017 年为 7.8%，同期自营劳动者、雇员分别为 3.8%、2.4%。保障性住房、借住房主要对象的就业身份是"其他"。住房性质"其他非正规居所"，2011 年占比最高的是自营劳动者，2017 年是雇主（见表 9-25）。

表 9-25　住房性质与就业身份交叉列联表

单位：%

项目	年份	租住单位/雇主房	租住私房	保障性住房	借住房	单位/雇主提供免费住房	自购商品房/自建房	就业场所	其他非正规居所
雇员	2011	6.1	70.3	0.0	2.2	9.8	9.6	1.7	0.3
	2017	12.0	56.3	1.2	1.7	4.0	22.2	2.4	0.1
雇主	2011	0.0	74.1	0.4	0.8	0.0	15.0	9.7	0.0
	2017	0.8	54.9	0.4	0.4	0.0	34.0	7.8	1.6
自营劳动者	2011	7.3	79.7	0.2	1.1	0.5	7.3	3.4	7.3
	2017	1.2	74.7	0.2	0.9	1.0	17.2	3.8	1.0
其他	2011	15.4	65.4	1.9	5.8	3.8	3.8	3.8	0.0
	2017	2.9	47.7	5.7	3.4	2.6	37.6	0.0	0.0

（3）住房性质与年龄

总体来说，各年龄段以租住私房为主，例外的是，2017 年，"60 前"自购商品房/自建房为 47.4%，高于租住私房的 42.6%（见表 9-26）。随着年龄增加，租住私房占比下降，自购商品房/自建房占比增加，比如"90 后"，租住私房占比，2011 年 73.6%，2017 年下降到 67.6%；自购商品房/自建房，2011 年 7.4%，2017 年增加到 17.5%。变化最大的是"60后"，2011~2017 年，租住私房占比下降 18 个百分点，自购商品房/自建房占比增加 16.6 个百分点。同一时点，不同年龄段，年龄越大，买房的可能性越大，如 2011 年"90 后"自购商品房/自建房者占比 7.4%，"60 前"占比 13.2%。借住房主要是年轻人（"90 后"）和老人（"60 前"）。单位提供住房（租住单位/雇主房、单位/雇主提供免费住房）、就业场所、其他非正规居所等三种形式在各个年龄段均存在。

表 9 - 26 年龄与住房性质交叉列联表

单位：%

项目	年份	租住单位/雇主房	租住私房	保障性住房	借住房	单位/雇主提供免费住房	自购商品房/自建房	就业场所	其他非正规居所
"90后"	2011	3.9	73.6	0.0	4.7	8.3	7.4	0.8	1.4
	2017	5.6	67.6	0.9	1.9	4.0	17.5	2.0	0.5
"80后"	2011	5.1	78.6	0.2	2.0	3.7	8.4	2.0	0.2
	2017	4.8	62.5	1.1	1.5	2.8	24.0	3.0	0.3
"70后"	2011	5.8	77.5	0.3	1.3	2.2	9.2	3.4	0.3
	2017	5.1	62.1	0.5	0.8	1.3	26.2	3.1	0.7
"60后"	2011	4.9	77.9	0.1	1.2	3.2	10.2	1.9	4.9
	2017	5.7	59.9	0.8	1.2	1.5	26.8	3.0	1.0
"60前"	2011	6.9	66.7	0.0	1.9	6.3	13.2	4.4	0.6
	2017	3.0	42.6	0.0	4.3	2.0	47.4	0.0	0.9

（4）住房性质与户籍性质

农业和非农业户籍，租住私房占比最高，且农业户籍占比大于非农业户籍；2011～2017年，租住私房占比均下降。非农业户籍自购商品房/自建房占比大于农业户籍，且2011～2017年均增加。单位提供住房（租住单位/雇主房、单位/雇主提供免费住房）、借住房、就业场所，非农业户籍要多于农业户籍。租住私房、其他非正规居所，农业户籍多于非农业户籍。保障性住房，2011年以农业户籍为主，2017年以非农业户籍为主（见表9-27）。

表 9 - 27 户籍性质与住房性质交叉列联表

单位：%

项目	年份	租住单位/雇主房	租住私房	保障性住房	借住房	单位/雇主提供免费住房	自购商品房/自建房	就业场所	其他非正规居所
农业	2011	5.0	78.2	0.2	1.7	3.3	8.7	2.4	0.5
	2017	5.0	67.4	0.6	1.4	2.8	22.2	2.0	1.5
非农业	2011	7.1	65.9	0.0	2.7	5.2	16.2	2.7	0.2
	2017	5.7	54.9	2.1	2.5	0.4	43.9	2.3	0.6

（5）住房性质与流动范围

三类流动范围群体均以租住私房为主，占比从 2011 年到 2017 年均下降，降幅最大的是市内跨县，从 81.0% 降到 55.6%，降幅 31.4%。自购商品房/自建房占比 2011～2017 年年均增加，增加幅度最大的是市内跨县，从 9.7% 增加到 36.8%，增加 279.4%。这说明贵州城镇住房市场是区域性市场，购房对象以本市人口为主；当然，跨省流动购房者也明显增加。

跨省流动、省内跨市居住单位提供住房（租住单位/雇主房、单位/雇主提供免费住房）的比重高于市内跨县。2011～2017 年，更多市内跨县流动人口得到政府提供廉租房。省内跨市群体借住房占比更高。居住在就业场所、其他非正规居所，三类流动范围群体占比差异不大（见表 9-28）。

表 9-28　流动范围与住房性质交叉列联表

单位：%

项目	年份	租住单位/雇主房	租住私房	保障性住房	借住房	单位/雇主提供免费住房	自购商品房/自建房	就业场所	其他非正规居所
跨省流动	2011	7.6	75.7	0.3	0.9	3.5	7.1	4.7	0.2
	2017	5.8	66.3	0.6	0.7	4.0	21.2	2.4	0.6
省内跨市	2011	4.7	74.4	0.2	2.9	4.2	11.5	1.4	0.7
	2017	6.2	67.9	0.9	2.3	1.2	21.9	7.8	0.4
市内跨县	2011	3.6	81.0	0.0	1.3	2.6	9.7	1.4	0.4
	2017	2.8	55.6	1.0	1.6	1.1	36.8	3.8	0.3

（6）住房性质与定居意愿

通过交叉分析，把"如果您符合本地落户条件，您是否愿意把户口迁入本地"的回答作为流动人口是否愿意在本地定居的条件。"不愿意"占比最大。在住房性质中，只有"保障性住房"群体，"愿意"占比较大；其次是"借住房"；"自购商品房/自建房"占比为 28%。本调查中，流动人口超过 80% 的是农业户籍，表 9-29 说明，户口迁入城镇的意愿不强。上述分析从另外一个视角说明，农业户口的价值在凸显。

表 9 – 29　住房性质与定居意愿交叉列联表

单位：%

	愿意	不愿意	说不准
保障性住房	35.1	48.6	16.2
借住房	31.0	35.2	33.8
自购商品房/自建房	28.0	36.5	35.5
单位/雇主提供免费住房	24.3	42.9	32.9
租住私房	23.4	44.1	32.6
就业场所	19.2	44.0	36.8
租住单位/雇主房	17.5	62.1	20.4
其他非正规居所	23.4	44.1	32.6

3. 回归分析

利用 2017 年贵州省流动人口动态监测数据，将住房性质作为依赖变量（共 8 个类别：租住单位/雇主房、租住私房、保障性住房、借住房、单位/雇主提供免费住房、自购商品房/自建房、就业场所、其他非正规居所），性别、流动范围、文化程度、月工资收入、月住房支出、年龄 6 个变量作为独立变量，建立多项分类 Logistic 模型。

（1）独立变量显著性

似然比检验结果表明，性别、流动范围、文化程度、月工资收入、月住房支出、年龄 6 个变量均显著（见表 9 – 30）。

表 9 – 30　住房性质的独立变量显著性似然比检验结果

效　应	模型拟合标准	似然比检验		
	简化后的模型的 –2 倍对数似然值	卡方	df	显著水平
截距	7.103E3	302.123	6	0.000
性别	6.839E3	38.105	6	0.000
流动范围	6.972E3	171.414	6	0.000
文化程度	6.967E3	166.459	6	0.000
月工资收入	6.947E3	146.631	6	0.000
月住房支出	7.241E3	440.704	6	0.000
年龄	6.991E3	190.706	6	0.000

注：卡方统计量是最终模型与简化后模型之间在 –2 倍对数似然值中的差值。通过从最终模型中省略效应而形成简化后的模型。零假设就是该效应的所有参数均为 0。

（2）模型拟合性

伪 R^2 结果表明，6 个变量的解释能力从 0.117 到 0.212，换言之，影响住房性质的有诸多其他因素（见表 9-31）。

表 9-31 模型拟合性检验

拟合方法	伪 R^2
Cox 和 Snell	0.219
Nagelkerke	0.252
McFadden	0.122

（3）回归结果

截距项。回归结果表明，截距项对保障性住房、自购商品房/自建房影响显著，对租住私房影响不显著，说明除了性别、流动范围、文化程度、月工资收入、月住房支出、年龄外，还有其他因素影响流动人口选择保障性住房与购房。

性别。回归结果表明，性别对保障性住房影响不显著，对自购商品房/自建房、租住私房影响显著。说明女性比男性更倾向于买房或者租房，但自购商品房/自建房的系数为 0.887，租房私房的系数为 0.623，在流动范围、文化程度、月工资收入、月住房支出、年龄相同条件下，女性买房意愿比租房意愿更强烈。

流动范围。回归结果表明，流动范围对保障性住房影响不显著，对自购商品房/自建房、租住私房影响显著。在三种流动范围中，流动范围越近，越容易在流入地选择买房或者租房，自购商品房/自建房的系数为 0.749，租住私房的系数为 0.267。流动范围对自购商品房/自建房影响更大。

文化程度。回归结果表明，文化程度对政府提供廉租房与租住私房影响显著，对自购商品房/自建房影响不显著。在保障性住房这一选择中，系数为 0.557，说明文化程度越高，越倾向于选择政府提供廉租房，而不是租住单位/雇主房，在租住私房中，系数为 -0.472，说明文化程度越高越不愿意租房。

月工资收入。回归结果表明，月工资收入对自购商品房/自建房结果显著，对保障性住房、租住私房不显著。自购商品房/自建房的系数为正，说明工资越高越愿意在流入地买房。

月住房支出。回归结果表明，月住房支出对保障性住房、自购商品房/

自建房、租住私房都显著。保障性住房、自购商品房/自建房、租住私房
的系数分别为 0.517、1.026、-0.957，说明月住房支出越多，流动人口
越倾向于买房；月住房支出越多，越不愿意租房。在其他条件不变的情况
下，住房支出增加，买房的可能性最大。

年龄。回归结果表明，年龄对自购商品房/自建房影响显著，对保障
性住房、租住私房不显著。在对自购商品房/自建房影响中，流动人口年
龄越大越倾向于在流入地买房。

综上所述，影响自购商品房/自建房显著的因素有性别、流动范围、
月工资收入、月住房支出、年龄，其回归系数分别为 0.887、0.749、
0.287、1.026、-0.437；影响最大的是月住房支出，其后依次是性别、流
动范围、年龄，月工资收入影响最小。影响租住私房（商品房）显著的因
素有性别、流动范围、文化程度、月住房支出，其回归系数分别是：
0.623、0.267、-0.472、-0.957；影响最大的是月住房支出。同时影响
自购商品房/自建房和租房的显著因素有性别、流动范围、月住房支出三
个因素，月住房支出的影响均最大；三个因素对自购商品房/自建房的影
响均大于对租住商品房的影响。

影响保障性住房显著的因素有性别、流动范围、文化程度、月住房支
出（见表 9 - 32）。这与政府住房保障政策基本一致。一是对引进人才提供
住房保障，二是对住房困难群体提供住房保障。

表 9 - 32　住房影响因素多项分类 Logistic 估计结果

项　　目	保障性住房	自购商品房/自建房	租住私房
截距	-5.957（1.071）***	-3.320（0.439）***	0.08（0.403）
性别	0.806（0.369）	0.887（0.162）***	0.623（0.153）***
流动范围	0.567（0.225）	0.749（0.097）***	0.267（0.092）**
文化程度	0.557（0.197）**	-0.005（0.084）	-0.472（0.80）***
月工资收入	0.035（0.104）	0.287（0.044）***	0.016（0.40）
月住房支出	0.517（0.146）***	1.026（0.09）***	-0.957（0.089）***
年龄	-0.173（0.176）	-0.437（0.073）***	0.044（0.069）

注：表中报告的是非标准化回归系数，括号中的数值是标准误。依赖变量的参考类别为租住
单位/雇主房，表中省略了其他类别的回归结果。显著性水平 * 表示 $P < 0.1$，** 表示 $P < 0.05$，***
表示 $P < 0.01$。

三 分析结果

1. 全国数据

（1）全国流动人口的住房性质以租住私房为主，其次是自购商品房/自建房

从 2011 年到 2017 年，租住私房的流动人口比例从 63.4% 降到 56.1%；自购商品房/自建房的比例从 13.4% 增加到 25.0%；保障房占比从 0.2% 增加到 2.3%。2017 年小产权房占比 2.6%。

（2）不同地区住房性质差异较大，但住房性质与地区经济、房价的相关性不显著

2017 年，租住私房占比最大为浙江的 73.7%，最小为宁夏；自购商品房/自建房占比最大为宁夏 51.5%，最小为浙江 5.7%；保障性住房占比最大为重庆 13.3%，最小为福建 0.1%；小产权房占比最大为山西 9.9%，最小为浙江 0.2%。

（3）住房性质与学历、户籍、来源地、流动范围等存在趋势性关系

学历越高者，购房占比越高、租房占比越低；农业户籍者购房占比低、租房占比高；来源地的行政级别越高，购房占比越高、租房占比越低；流动距离越远，购房占比越低、租房占比越高。

（4）"买不起房子"是流动人口的主要困难

流动人口最大困难是"收入太低"，占比 40.1%，其次是"买不起房子"，占比 33.5%。"买不起房子"的流动人口主要来自农村或为学历低者，与落户意愿、留居意愿相关性不明显，与定居愿意相关。"子女有更好的受教育机会"是流动人口留居的第一原因，选择"子女有更好的受教育机会"的流动人口中，"买不起房子"的占比高于"没有困难"、没有"买不起房子"困难者。

2. 贵州数据

（1）贵州流动人口的住房性质以租住私房为主，其次是自购商品房/自建房，两者合计超过 86%

2011～2017 年，租住私房的流动人口比例从 76.7% 下降到 60.1%；自购商品房/自建房的比例从 9.6% 增加到 27.5%。

（2）贵州流动人口获得保障房的比例低，但增幅大

流动人口获得保障房的比例从 2011 年的 0.2% 增加到 2017 年的

0.7%。获得保障房的流动人群更可能将户口迁移到城镇。

（3）贵州流动人口住房支出占收入的比重呈现下降趋势

2011 年为 14.3%，2015 年为 12.2%，2017 年为 11.9%。

（4）显著影响买房的因素

显著影响买房的因素有性别、流动范围、月工资收入、月住房支出、年龄，其回归系数分别为 0.887、0.749、0.287、1.026、-0.437。显著影响租住私房的因素有性别、流动范围、文化程度、月住房支出，其回归系数分别是 0.623、0.267、-0.472、-0.957。同时显著影响买房和租住私房的因素有性别、流动范围、月住房支出，三个因素对买房的影响均大于对租住私房的影响。

（5）显著影响保障性住房的因素有文化程度、月住房支出

这与政府住房保障政策基本一致。一是对引进人才提供住房保障，二是对住房困难群体提供住房保障。

（6）城市软硬环境的影响

城市硬环境（教育、交通、生活便利）是吸引流动人口在本地定居的关键因素；同时，城市软环境（个人发展空间、积累工作经验）也至关重要。

第三节　国内外住房政策的借鉴

一　美国住房政策的教训

1. 金融危机恶化了美国人的居住条件

2007 年在美国爆发次级抵押贷款危机，2008 年升级为金融危机及经济危机，关于此次危机的原因众说纷纭。2009 年美国国会授权组建金融危机调查委员会，委员们对原因均存在分歧。大多数委员认为是美国金融体系的问题导致金融危机，另外一派认为是美国的住房政策导致金融危机（The Financial Crisis Inquiry Commission，2011），本部分同意住房政策之说。

如美国经济学家萨默斯所说，金融危机就像一场森林大火，美国金融系统漏洞百出，就像一座容易引燃的森林，而住房次级抵押贷款就是扔进这座森林的烟蒂。森林起火是由于森林容易着火，这显然没有找到起火根

源。是谁扔的这个"烟蒂"呢？萨默斯没有回答，伯南克认为是金融机构之间的恶性竞争。夏刚认为是美国住房制度的制定者①，20 世纪 80 年代西方国家自由主义思潮甚嚣尘上，导致 20 世纪 90 年代美国住房政策"自有住房至上"，一方面，严格控制出租类住房开发建设的许可，从而减少租赁住房供给；另一方面，联邦政府大幅缩减住房保障支出，鼓励低收入住房困难家庭通过市场购买住房解决住房问题。为鼓励低收入住房困难家庭购房租房，联邦政府制定了降低金融机构购房贷款审贷标准、放松次级抵押贷款二级市场的制度，为此金融机构推出了"次级抵押贷款"，在美国金融系统这个森林扔下了这个"烟蒂"。

根据 The Financial Crisis Inquiry Commission（2011），到报告完成时（即 2010 年），美国有 400 万家庭因为还不起房贷而失去住房，450 万家庭住房贷款还款困难，11 万亿美元的家庭财富化为乌有，2600 多万美国人失业。美国 20 世纪 90 年代出台自有住房刺激政策，在 20 世纪 90 年代效果明显，自有住房率逐年增加，2004 达到顶峰 69.0%，之后逐年下降，次贷危机爆发的 2007 年为 68.1%，2016 年下跌到 20 世纪 70 年代来最低水平，2018 年恢复到 20 世纪 90 年代中期水平（见图 9 - 2）。2007 年次贷危机到 2016 年，美国 4.7% 的家庭，即约 560 万家庭失去住房，20 世纪 90 年代住房刺激政策的成果消失殆尽。

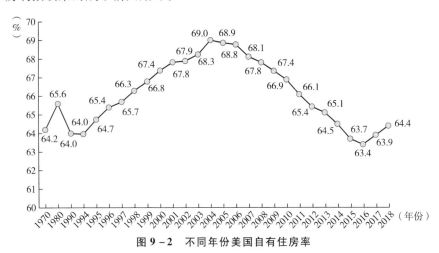

图 9 - 2 不同年份美国自有住房率

资料来源：1970 年、1980 年、1990 年数据来自美国人口普查局，1994～2018 年数据来自 Joint Center For Housing Studies of Harvard University（2019）。

① 夏刚：《住房支付能力研究》，重庆大学博士学位论文，2008。

2. 美国住房保障政策失误导致低收入家庭住房恶化

美国住房保障政策发端于大萧条之后的 20 世纪 30 年代，保障对象不仅是低收入住房困难家庭，也包括高收入家庭，实际上美国对高收入家庭的住房补贴高于对低收入家庭的住房补贴。平均来说，收入低于 1 万美元的最贫困家庭获得了 1100 美元的住房补贴，家庭收入大于 20 万美元的最高收入群体获得接近 9000 美元的住房补贴，大多数低收入家庭（即收入低于中位收入 4.6 万美元的 80% 的家庭）几乎没有享受到住房补贴（见图 9 - 3）。

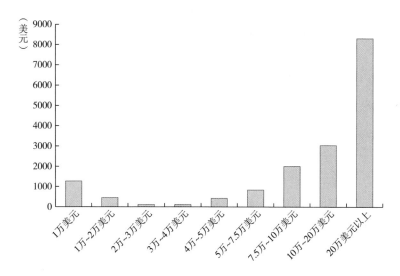

图 9 - 3　美国不同收入家庭获得的联邦政府年度平均住房补贴

资料来源：Carasso, Steuerle and Bell（2005）。

美国号称市场经济最发达的国家，但对住房市场干预远超其他市场经济国家，干预范围涉及金融、税务、土地、行政、法规等。同时，美国政府对低收入家庭住房保障覆盖面远远低于荷兰、瑞丹、英国、法国、德国、丹麦①。美国低收入家庭住房困难主要表现在收入增长赶不上房租增长，从 1970 年到现在均表现出这个趋势；其次是低收入家庭住房供不应求。其原因如下。

---

① 美国低收入住房困难的租房家庭，31% 的家庭享受住房保障（Lens，2019），没有实现英国等发达国家的应保尽保。

　　一是放权导致保障房供给不足。发端于 20 世纪 90 年代，联邦政府将住房保障的任务下放到地方政府[①]，富裕地区不愿意吸纳低技能劳动力，故而不愿意提供住房保障，减少了保障房建设和供给；其他不富裕的地区，由于财力所限，无法提供足够的住房保障。

　　二是土地制度的内生性约束导致保障房供给不足和商品房价格高涨。土地制度对住房保障至关重要，但美国住房保障政策基本上忽视了土地制度[②]。一方面，避邻主义盛行，保障房选址受到严重阻挠[③]；另一方面，美国式民主和土地管制，推高了商品房价格[④]，美国土地管制制度发端于土地所有者，限制保障房建设就是其初衷之一[⑤]；其次土地管理制度区域化导致空间上的住房供需失衡[⑥]，地方优先的土地制度阻碍了保障房的开发建设[⑦]。

　　三是住房保障的多目标性导致地方政府无所适从。美国住房保障有七大目标——扩大和保护优质住房的供给、使住房更易支付和获得、提升居住区的种族和经济多元化、帮助住户增长财富、提升家庭能力、具

① Katz, B., Turner, M. A., Brown, K. D., Mary Cunningham, M., Sawyer, N., *Rethinking Local Affordable Housing Strategies: Lessons From 70 Years of Policy and Practice. A Discussion Paper Prepared by The Brookings Institution Center on Urban and Metropolitan Policy and The Urban Institute*, 2003.

② Katz, B., Turner, M. A., Brown, K. D., Mary Cunningham, M., Sawyer, N., *Rethinking Local Affordable Housing Strategies: Lessons From 70 Years of Policy and Practice, A Discussion Paper Prepared by The Brookings Institution Center on Urban and Metropolitan Policy and The Urban Institute*, 2003.

③ Galster, G. C., Tatian, P., Santiago, A. M., Pettit, K. A., & Smith, R., *Why not in my Backyard? The Neighborhood Impacts of Assisted Housing*, New Brunswick, NJ: Rutgers University/Center for Urban Policy Research/Transaction Press, 2003.

④ Glaeser, E., &Gyourko, J., "The Economic Implications of Housing Supply", *Journal of Economic Perspectives*, 2018, 32 (1): 3 – 30.

⑤ Katz, B., Turner, M. A., Brown, K. D., Mary Cunningham, M., Sawyer, N., *Rethinking Local Affordable Housing Strategies: Lessons From 70 Years of Policy and Practice. A Discussion Paper Prepared by The Brookings Institution Center on Urban and Metropolitan Policy and The Urban Institute*, 2003.

⑥ Lens, "Bolster the Strength of States in Housing Policy", *Housing Policy Debate*, 2019, 29, 1: 232 – 234. Glaeser, E., & Gyourko, J., "The Economic Implications of Housing Supply", *Journal of Economic Perspectives*, 2018, 32 (1): 3 – 30.

⑦ Pendall, R., "Local Land Use Regulation and the Chain of Exclusion", *Journal of the American Planning Association*, 2000, 66 (2): 125 – 142.

备支持服务的住房、促进大都市区规模平衡增长①。多目标导致住房保障的机会主义，比如，美国自有住房者的购房补贴，理论和实证都证明不合理，但是该政策就是不能取消，因为一方面"帮助住户增长财富"是很好的托词，另外自有住房者的政治力量远远大于低收入住房困难家庭；多目标导致有限财力的分散，导致低收入住房困难家庭长期游离于住房保障之外。希望政府投入更多资金实现应保尽保就是水中月镜中花②。

概言之，美国低收入家庭住房困难原因有三：一是放权导致保障房供给不足，二是土地制度的内生性约束导致保障房供给不足和商品房价格高涨，三是住房保障的多目标性导致地方政府无所适从。总之，制度导致低收入家庭住房困难，上述三个原因可分为两大类制度，一是内生制度，即房地产业内部制度，包括保障房放权和多目标；二是外生制度，即房地产业外部制度，包括土地所有权和民主制度。

上面仅针对美国的住房问题展开简单的分析，认为制度是美国人民住房困难的重要原因。实际上住房问题在西方发达资本主义国家普遍存在，Wetzstein 认为住房困难是当下发达资本主义国家面临的危机，表现在人们收入增长赶不上住房支出增长，Wetzstein 认为这是后金融危机时代的三大趋势导致的，即人和资本的（再）城市化、信贷利率降低、社会内部不平等增加；资本主义制度下，是"资本管理国家，而不是国家管理资本"，资本通过全球市场，收益私人化、风险和损失社会化。对此，Wetzstein 无可奈何，只能"承认现实"，呼吁学者们在现有制度下，关注住房问题、化解住房危机。

二 中国流动人口住有所居的经验

现有文献，包括前面的文献综述，主要对中国流动人口住房问题进行了探讨和分析。不可否认的是，流动人口居住条件明显改善，主要表现

---

① Katz, B., Turner, M. A., Brown, K. D., Mary Cunningham, M., Sawyer, N., *Rethinking Local Affordable Housing Strategies: Lessons From 70 Years of Policy and Practice. A Discussion Paper Prepared by The Brookings Institution Center on Urban and Metropolitan Policy and The Urban Institute*, 2003.

② Downs, A. *Rental Housingin the 1980s. Brookings Institution*, 1983.
Galster, G. C., "Neighborhoods and National Housing Policy: Toward Circumscrib – ed, Neighborhood – Sensitive Reforms", *Housing Policy Debate*, 2019, 29, 1: 217 – 231.

在：购买商品房占比大幅增加，住房支出占比下降。原因如下。

1. 经济发展是流动人口购房比重增加的关键

2011～2017年，流动人口自购商品房/自建房的占比大幅增加，全国平均占比从13.4%增加到25.0%（见表9-2），增长率86.6%，其间约3166万流动人口购买了住房，扣除2.6%的自建房，按流动人口只购买一套住房计算，则购买商品房2528万套，占2010～2016年房地产开发企业销售商品住房套数的35.1%。

经济发达、房价高企的两个直辖市——北京、上海，增长率高于全国平均水平，分别为128.1%、136.7%。用31个地区数据进行回归分析发现，2011～2017年自购商品房/自建房占比增长率与2010年各地区GDP负相关，与2010～2016年各地区GDP增量正相关①。两个独立变量仅解释了自购商品房/自建房占比变化的19%，说明影响流动人口购房的还有其他原因。根据前面贵州流动人口数据分析结果可知，对购房影响从大到小排序是月住房支出、性别、流动范围、年龄、月工资收入，除年龄这个变量外，其他变量与购房正相关。住房支出与住房价格正相关，根据空间均衡理论，人口流动、房价和工资收入均与地区经济发展正相关。上述分析说明，从2011年到2017年，由于经济发展，更多流动人口通过购买住房改善居住条件，实现住有所居。这个结论与2000～2010年我国城镇住房困难家庭占比大幅减少的原因殊途同归，即住房市场是解决人们住房困难的重要途径。实际上，经济发展是所有国家改善住房条件最有效的途径。

住房支出占比下降说明流动人口的收入水平增长率大于住房支出增长率，Wetzstein（2019）所谓的住房危机在我国流动人口中尚未出现。

2. 流动人口住房保障制度是住房保障占比增加的基础和前提

2011～2017年，我国流动人口住房保障制度逐步形成。2010年对农民工实行有条件的住房保障。2011年首次将农民工纳入住房保障范围；2016年提出"采取多种方式（市场购买、租赁、住房保障）解决农业转移人口居住问题"。2011～2017年，我国保障性住房占比从0.2%增加到2.3%（见表9-33），其间有约520万流动人口获得住房保障。前面分析表明，

---

① 用2017年各地区自购商品房/自建房占比减2011年占比作为依赖变量（GDF），2010年各地区人均GDP（GDP2010）、2016年各地区人均GDP减2010年各地区人均GDP（DG-DP）作为独立变量，回归结果：GDF = 75.9（t = 2.42）- 0.002514GDP2010（t = -2.14）+ 0.005262（t = 2.58），R^2 = 0.19，DW = 2.35。

地区 GDP 对自购商品房/自建房的占比影响显著，但对保障性住房占比的影响则不显著。

表 9 - 33 2011 年、2017 年不同地区自购商品房/自建房、保障性住房占比

单位：%

序　号	地　区	自购商品房/自建房		保障性住房	
		2011 年	2017 年	2011 年	2017 年
1	北　京	8.9	20.3	0.1	2.0
2	天　津	16.1	26.8	0.1	2.3
3	河　北	11.5	21.3	0.1	0.3
4	山　西	20.2	24.1	0.1	2.1
5	内 蒙 古	23.2	38.3	0.3	2.7
6	辽　宁	29.3	40.7	0.1	1.3
7	吉　林	22.3	35.2	0.4	1.5
8	黑 龙 江	38.0	39.5	0.0	4.5
9	上　海	12.8	30.3	0.2	0.6
10	江　苏	8.2	17.6	0.5	1.6
11	浙　江	1.5	5.7	0.4	0.5
12	安　徽	22.2	47.9	0.1	2.0
13	福　建	2.7	6.5	0.0	0.1
14	江　西	6.7	16.5	0.3	1.2
15	山　东	20.9	34.3	0.1	0.8
16	河　南	7.4	19.7	0.1	3.4
17	湖　北	8.3	30.9	0.1	0.7
18	湖　南	10.3	22.7	0.1	0.3
19	广　东	9.2	10.5	0.2	0.5
20	广　西	9.9	23.1	0.2	1.2
21	海　南	8.5	24.8	0.2	2.0
22	重　庆	18.8	39.3	0.7	13.3
23	四　川	10.5	31.8	0.1	1.5
24	贵　州	9.6	25.0	0.2	1.8
25	云　南	8.3	14.8	0.2	2.0
26	西　藏	8.1	6.8	0.3	2.4
27	陕　西	5.3	14.4	0.2	1.9

续表

序　号	地　区	自购商品房/自建房		保障性住房	
		2011 年	2017 年	2011 年	2017 年
28	甘　肃	14.4	29.2	0.1	1.8
29	青　海	15.3	32.8	0.2	1.5
30	宁　夏	16.3	51.1	0.3	8.8
31	新　疆	23.8	41.3	0.5	8.3
全国平均		13.4	25.0	0.2	2.3

注：新疆数据包括新疆生产建设兵团。

数据来源：国家卫计委 2011 年、2017 年的 CDMS。

概言之，我国流动人口住有所居的经验：一是流动人口分享了经济发展成果；二是住房供给充裕，保证了流动人口购房需求；三是流动人口住房保障制度逐步完善。

3. 部分人口流入地区对流动人口的住房制度进行了有益探索

浙江省宁波市是我国的一个经济发达的副省级城市，也是我国流入人口较多的城市，2019 年地区生产总值达到 11985.12 亿元，常住人口达到 854.2 万人，比上年增加 34 万人[1]，是我国 2019 年流入人口较多的城市。可以说，流动人口为宁波市的经济发展做出巨大的贡献。宁波市"积极改善流动人口的住房条件，规范房屋租赁市场，为流动人口提供相对安全低廉的居住环境；财政拨付专项资金为流动人口修建廉租公寓，用集中居住模式解决流动人口的住房需求"[2]。然而，由于体制等因素的影响，我们对流动人口在住房方面的政策都是"引导性"的，不能根本解决流动人口的住房问题。

第四节　对策建议

根据国务院发展研究中心"中长期发展"课题组预测，中国城镇化的饱和值为 75%，2019 年我国城镇化率为 60.6%。未来尚需 15% 左右

---

① 小婵：《人口争夺战，去年哪些城市是赢家？》，《江苏城市论坛》2020 年 3 月 17 日。

② 加强宁波外来人口管理推进和谐社会建设课题组：《流动与和谐——宁波市外来人口服务与管理》，人民出版社，2007。

的农村人口迁移到城镇，即约 2.1 亿人，按人均 37 平方米的住房面积，共需约 80 亿平方米的住房，为现有城镇住房面积的 1/3 左右。按 2019 年全国商品住宅销售平均价格 9287 元/平方米计，需要购房资金 74 万亿元。农业转移人口，再加上非农业人口的流动，流动人口的住房需求巨大。如何实现流动人口住有所居呢？本部分借鉴住房支付能力理论和空间均衡理论，基于 CMDS 数据的定性和定量分析，提出对策建议。本部分的基本论点是有效的住房制度是住有所居的前提和保障。以下从正反两个方面论述，反面案例是美国住房政策失误导致的住房问题，正面实例是中国土地制度导致城镇居民居住条件改善，最后提出流动人口住有所居的建议。

一 建立国家住房保障基金，并将流动人口纳入住房需方补贴和供方补贴范围

我国城镇住房保障可以借鉴我国精准扶贫"住房有保障"的基本思路，住房保障需要资金由中央财政统一列支。建立住房达标标准，对收入不达标、住房不达标的住户，通过提供安居房（公共租赁房或其他类型的保障房）（供方补贴）或租房补贴（需方补贴）等方式改善其住房条件。对于住房不达标、收入达标的住户，如果是自有住房户，根据具体维修情况决定政府是否提供住房维修补贴，如果是租房户，则要求房东维修整改，同时要求租房者搬到安全的住房居住。

近年来，不断有地方政府出台人才①引进政策，其中重要的内容就是给人才提供住房方面的奖励和补贴。仅仅对人才进行住房补贴，对解决流动人口住房问题是杯水车薪。

建立国家住房保障基金，一是有利于人口的自由流动，我国流动人口的主力军是农民工，75% 的城镇化率目标需要巨量的农业人口转移到城镇，解决其住房困难是城镇化有序推进的重要保障。二是解决地方政府住房保障资金匮乏的有效方式，现有住房保障资金主要由地方政府承担。从 2008 年我国启动大规模住房保障以来，到 2018 年底，我国城镇保障性安居工程合计约 7000 万套住房，其中 65% 的来自城镇棚户区改造。地方政府热衷于棚户区改造，是因为它可以增加地方财政和 GDP。对流动人口

---

① 不同城市对人才的定义不完全相同，大多数要求大专及以上学历。

的住房保障很难吹糠见米，反而需要大量的资金投入，流动人口住房保障占比低实属必然。三是减轻企业负担，增加企业竞争力。住房是人类基本需要，对于大多数劳动力密集型企业，为了招聘到需要的员工，提供吃住是一个吸引雇员的重要条件。根据 CMDS，2017 年流动人口中包吃包住占比 20.1%，企业承担的年租金约 2000 亿元。四是建立国家住房保障基金有利于调控人口的空间分布，CMDS 调查表明，取消户籍限制并不能更好地吸引流动人口，提供住房补贴是一种更有效的吸引流动人口的政策工具。

二　不断发展和规范非企业化的住房租赁市场，为流动人口提供稳定舒适的居住条件

从 2011 年到 2017 年，流动人口租住私房占比从 63.4% 下降到 56.1%，尽管如此，市场化租房仍然是流动人口最主要的居住方式。自 2015 年以来，我国发布了不少促进住房租赁市场发展的文件，但效果并不理想。特别是近几年风生水起的长租公寓，广受诟病。实际上，住房租赁是一个微利行业，对于长租公寓企业，特别是轻资产型，其长租公寓难以生存下去。住房是差异化产品，具有一定的垄断性，当某地段的租赁住房由一个公司持有，租金上涨不可避免①。要避免垄断，可能的办法就是住房租赁企业持有的住房完全分散，但完全分散，企业没有规模效应，效益下降，企业难以生存。笔者认为，有效的办法就是非企业化，即由个人或家庭房东自己经营，而不是把住房交给二房东。

表 9－34 为部分发达国家住房租赁市场房东结构，表中房东类型有三类——个人或家庭、机构、其他，机构房东包括养老基金、保险公司、REITS、房地产经纪等。在 15 个国家中，3 个国家（丹麦、奥地利、瑞典）个人或家庭房东微乎其微，在丹麦，职业房东占比最多，职业房东就是以租房为职业的个人或家庭。11 个国家，个人或家庭房东占比远高于机构房东，比如住房租赁的美国模式（即机构投资者投资租赁住房），实际上机构投资者占比仅仅 13%，远低于个人或家庭房东；机构房东占比最高

---

① 这种情形在美国也存在，规模越大的住房租赁公司，收取的租金越高，学者有两种解释：小规模房东承担住房空置风险的能力较低，故而用较低租金出让住房（Downs, 1983）；租赁市场存在不完全竞争和市场势力（Gilderbloom and Appelbaum, 1988）。

为荷兰①、芬兰，占比均为 37%，英国为 25%。在英国，1980 年是大力发展住房租赁市场时期，政府鼓励机构房东，但结果是个人或家庭房东发展远远快于机构房东（Scanlon，Kochan，2011）。

表 9 - 34　部分发达国家住房租赁市场房东结构

单位:%

序号	国　　家	个人或家庭	机　　　构	其　　　他
1	法　　国	95.1	3.3	1.6
2	爱 尔 兰	多数	很少	
3	澳大利亚	多数	无	部分企业主
4	比 利 时	86	14	
5	西 班 牙	86	6.7	7.2（国有企业）
6	挪　　威	78	22	
7	美　　国	78	13（企业，包括 REITS）	5（合作和非营利机构），4（其他）
8	英　　国	75	25	
9	瑞　　士	63	23	12
10	德　　国	61	17	22（其中：合作企业 9，教会 1）
11	芬　　兰	60	37	3
12	荷　　兰	44	37	19
13	丹　　麦	8	10	职业房东超过 50
14	奥 地 利	很少	多数（公司，地方政府实体）	
15	瑞　　典	很少	主要是企业（包括个体企业）	

资料来源：Scanlon，K，& Kochan，B.（2011），Towards a Sustainable Private Rented Sector in the UK：The Lessons From Abroad，London，LSE. http://www. lse. ac. uk/geographyAndEnvironment/research/london/events/HEIF/HEIF4b_ 10 - 11%20 - newlondonenv /prslaunch/Book. pdf. P23，table3。

三　充分发挥我国土地公有制的制度优势，为住有所居提供市场保障

流动人口住有所居一是通过住房保障，二是通过住房市场。住房市场包括住房租赁市场和住房资产市场，住房资产市场即住房开发和住房买卖

———————

① 在荷兰，机构房东享受政府补贴政策，该政策发端于二战结束之后，20 世纪 90 年代取消（Scanlon，Kochan，2011）。

市场。土地制度不仅对住房保障重要，对住房市场更是至关重要。有文献认为土地公有制的垄断性推高了住房价格（周天勇，2010；文贯中，2014；周其仁，2016），认为私有制是未来改革的方向。笔者前面对美国住房问题分析表明，土地私有不仅没有抑制房价，反而推高了房价。另外，有学者研究表明，土地公有制是中国城市发展的独门秘诀（赵燕菁，2014；贺雪峰，2014；朱云汉，2016）；土地公有制降低工业用地成本，改善城市基础设施从而推动中国经济增长（刘凯，2018）；张五常（2009）认为土地公有制及县际竞争，推动工业发展，这是中国经济奇迹的原因。总之，要利用土地公有制的制度优势，合理配置住宅用地、工业用地、商业用地和城市公共设施用地，一是推动经济发展吸引更多流动人口；二是提供足够的住房供给，确保房价上涨幅度低于流动人口收入上涨；三是完善城市公共服务和基础设施，吸引更多流动人口，特别是农业转移人口进入城市。

对流动人口，特别是农业户籍且拥有耕地和宅基地的流动人口，如何盘活他们的土地和农村房屋资源，将资源变资产、资产变资金，从而减轻流动人口在城镇住有所居的压力，同时缓解国家住房保障压力，是值得深入研究的重大问题。

总之，本节首先从两个方面透视了美国住房政策的失败教训。其次从两个方面总结了中国流动人口住有所居的成功经验。最后从三个方面提出政策建议：建立国家住房保障基金，并将流动人口纳入住房需方补贴和供方补贴范围；不断发展和规范非企业化的住房租赁市场，为流动人口提供稳定舒适的居住条件；充分发挥我国土地公有制的制度优势，为住有所居提供市场保障。

第十章

平等与协作：建立跨省流动人口基本公共服务协调机制

我国虽然在流动人口的权益保障和基本公共服务均等化方面出台了很多政策措施，但由于区域发展的差异，各级地方政府对居民提供的基本公共服务是不同的，呈现基本公共服务的"不平衡"；我国进入社会主义新时代后，人们对基本公共服务的需求呈多样化趋势而政府提供的基本公共服务尚不能满足流动人口的需要，即提供的基本公共服务"不充分"，这种"不平衡"和"不充分"在短期内不可能得到全部解决。"流动人口的公共服务均等化还存在'五大'体制性障碍：二元分制户籍管理制度，城乡有别的社会保障制度，就业歧视与城乡分割的劳动力制度，流动儿童的入学障碍与留守儿童的教育培养问题等教育制度，没有充分考虑流动人口低收入现状的城市住房保障制度。"① 要实现流动人口基本公共服务均等化还有很长的路要走。

改革进入深水区后，各种政策不配套的现象日趋明显，"流动人口服务管理存在各机构部门之间缺乏联系机制，存在条块分割及由此形成的信息和资源的孤岛现象。从而导致流动人口基本公共服务管理成本高、整体效率较低。各地对流动人口的管理和服务制度尽管涵盖面比较广，但由于缺乏内在的相互支撑的运作机制，导致许多制度一直存在空转或者不转的问题。制度执行者在实际工作中经常会遇到这类似问题，他们往往把问题归结到制度本身，采取用制度去补救制度的做法，导致制度的不断产生"②。在改革措施不那么配套的当下，人口流出地与人口流入地之间建立

---

① 国家人口和计划生育委员会流动人口服务管理司编《中国流动人口发展报告（2010）》，中国人口出版社，2010。

② 加强宁波外来人口管理推进和谐社会建设课题组：《流动与和谐——宁波市外来人口服务与管理》，人民出版社，2007。

为流入人口提供基本公共服务的区域协调机制就成为可能，在这方面，湖南、安徽、贵州等省在全国计划生育区域协作"一盘棋"机制的基础上，通过在本省人口流入地建立工作站或联络站等方式，与人口流入地政府部门合作，建立起流动人口的基本公共服务的协作机制，较为有效地解决了，或者说部分解决了本省流出人口的卫生计生以及其他基本公共服务的提供问题。流出人口大省与流入人口大省间建立为流动人口提供基本公共服务的协调机制，是一种为流动人口提供基本公共服务方式的创新，是实现流动人口基本公共服务均等化的切实可行的路径。本课题研究认为：要实现流动人口基本公共服务均等化，应构建流动人口基本公共服务七大协调机制。

一 建立国家层面的流动人口基本公共服务统一管理机制

2.3 亿的流动人口的服务管理是我国社会治理的主要工作，是我国治理体系和治理能力现代化建设必须重点关注的问题。然而流动人口的服务管理一直没有专门的机构负责，存在多头管理的局面。原来的人口和计划生育委员会负责流动人口的卫生计划生育，是流动人口管理的主要部门或者说是牵头部门，建立有全国层面的流动人口信息平台①，公安部门负责流动人口的社会治安、暂住证发放等；人力资源和社会保障部门负责流动人口（农民工）的就业等。

在流动人口的服务管理方面，普遍存在管理部门多，权责利的认识不统一，缺乏必要的全局观念和系统管理意识以及内在协作机制，使流动人口服务管理体制缺乏统筹协调性；部门之间各自为政、各管一面的传统行政管理模式仍未被打破，综合治理难以真正落实，政府有效资源浪费严重，分散管理问题十分突出，管理中的盲点广泛存在，全国范围内的高效专职、统一、权威、多层次的具有合力的流动人口综合管理机构尚未形成。

要加强对流动人口的服务管理工作，就必须改变流动人口无专门部门

---

① 我国人口政策的变化和机构改革的推行，给流动人口的服务管理工作带来了新的难题。现在的卫生健康委员会不再有流动人口服务管理的职能，虽然在机构内设置有家庭人口部门，但已没有人专门负责流动人口工作了，经费预算也不再有为流动人口基本公共服务的专门经费，原有的全国流动人口信息平台也名存实亡，最少在省级层面已经没有再运行，对流动人口的信息采集也取消了。

管理的局面，建立国家层面的流动人口基本公共服务统一管理机制，将流动人口的服务管理工作纳入国家移民局的范畴，增加国家移民局和各省生态移民局的职能，负责流动人口的管理和基本公共服务均等化工作。将涉及流动人口的公安、卫生健康委员会、劳动、教育、住建、工会等部门有关流动人口的业务划转到移民局，基本形成党政领导、综治牵头、公安为主、部门参与、网络健全的服务与管理体系，使流动人口真正享受政府提供的基本公共服务，实现流动人口与流入地居民基本公共服务的均等化，顺利完成社会融入，实现"流动"到"迁移"的转变，成为实质上"城里人"。

二 建立全国层面的流动人口信息多方共享机制

完善流动人口的信息管理制度，建立健全流动人口信息共享机制。充分发挥大数据优势，利用现在全国流动人口信息平台，扩大信息平台的内容（由原有的只涉及卫生计生扩展到这个基本公共服务），建立全国层面的流动人口信息采集系统，探索建立依托基层实时采集、动态录入、及时更新的流动人口信息工作机制。依托社区公共服务综合信息平台，进一步完善现有的基本公共卫生服务相关信息系统和流动人口基本公共服务信息系统，逐步实现流动人口信息跨省份、跨地区、跨部门的互联互通、共建共享，全面掌握流动人口变动和基本公共服务获得的情况，实现全国流动人口信息的共享，推进流动人口信息化应用。

三 建立流动人口职业培训机制

流动人口就业基本公共服务供给层面存在诸多问题。就业培训服务方面存在就业信息来源单一、就业技能明显不足等问题。"大力提升流动人口就业能力，深入实施流动人口职业技能提升计划，构建流动人口职业培训机制，加强对流动人口的职业技能培训。支持企业特别是规模以上企业或吸纳农民工较多企业开展岗前培训、新型学徒制培训和岗位技能提升培训，并按规定给予培训补贴。"[①] 形成政府、企业、社会组织和个人各担其责的流动人口职业培训框架，提高流动人口的就业素质。"努力改善流动人口的就业环境，不断清理，逐步包括取消流动人口的就业歧视和不合理的就业限制，对流动人口实行与本地城市居民基本相同的就业政策，取消

---

① 《2020 年新型城镇化建设和城乡融合发展重点任务》。

本地人口在某些行业的就业优先权。加强劳动力市场的制度建设，通过制定、完善各种政策、法律法规等方式来规范流动用工、招聘等市场行为，为流动人口提供免费的职业介绍服务，建立多样化的劳动者权益保护渠道，为流动人口创造了良好的务工环境；通过与流出地政府的合作来建立流动人口的输出、输入协调工作机制"①，保障人口的有序流动。

四 建立留守群体关爱保护机制

加大对留守群体的关爱保护，建立留守儿童关爱保护机制、留守妇女权益保护和发展能力提升机制、留守老人的医养结合看护机制。要加快建立健全农村留守儿童、妇女、老人关爱服务体系。坚持政府主导，从法律层面进一步细化家庭对监护照料留守儿童、赡养留守老人的主体责任。建立健全留守儿童的监护监督机制，确保他们的安全、健康、受教育等权利得到有效保障。切实加强农村"妇女之家"建设，培育和扶持妇女互助合作组织，帮助留守妇女解决生产、生活等方面的实际困难。加快建立农村社会养老服务体系，发展老年服务产业，建立健全农村老年社会福利和社会救助制度，发展适合农村特点的养老服务体系，努力保障留守老人生活。切实保障农村"三留守"人员合法权益和民生权利。加强农村社会治安管理，发挥农村社区综合服务设施关爱留守人员的作用，保障留守儿童、留守妇女和留守老人的人身和财产安全。广泛开展农村"三留守"人员关怀关爱等活动，切实保障他们的合法权益和民生权利。从源头上减少农村"三留守"人员。大力推进农业转移人口市民化，促进流动人口家庭团聚和融入城市。中西部地区要大力发展县域经济，积极承接东部地区产业转移，吸纳更多的农村富余劳动力在当地转移就业。同时，引导扶持流动人口返乡创业就业，切实减少流动人口家庭分离现象②。

五 建立流动人口卫生资源协调保障机制

流动人口的卫生计生基本公共服务存在异地就医面临报销比例低、门诊费不能报销、转诊难、看病要自己先垫支、报销不方便、许多服务项目报不了等诸多因素，导致部分流动人口不得不自费看病或者就不看病。

---

① 加强宁波外来人口管理推进和谐社会建设课题组：《流动与和谐——宁波市外来人口服务与管理》，人民出版社，2007。

② 徐水源：《社会融合：新时代中国流动人口发展之路》，人民出版社，2019。

"无论是基本公共卫生服务还是参加医疗保险，与流动人口能够在流入地公平地获得基本公共服务的目标尚存在较大的距离。在经济上已经立足的流动人口，并没有被流入地所完全接纳，相关公共服务并没有将流动人口完全纳入其中。因异地就医需要回到流出地报销，甚至不能报销，流入地的基本公共卫生服务提供不完全到位，都影响到流动人口利用流入地的基本公共服务，与户籍人口相比，流动人口享受国家的相关政策机会是不均等的，尚不能与户籍人口一样享受同等的基本公共服务。人力资源配置难以满足为流动人口提供基本公共卫生服务的需要。人力资源主要是根据户籍人口配置的。目前部分流入地卫生机构户籍人口基本公共卫生工作都不能完全到位，更难以保证为流动人口提供服务。流入地流动人口越多，基层公共卫生服务人力资源的配置缺口越大。"①

在提供基本公共卫生服务方面，仍然是地区分治、城乡分治、人群分治。尤其是流动人口，在制度供给上就存在明显差异，不同地区在人力资源配置和资金配置标准上采取不同的人口统计口径，很多地区并未考虑流动人口，尤其是居住半年以下的流动人口；在财政供给和提供能力上也存在较大差异，不仅不同地区人力资源和资金实际配置水平存在较大差异，更没有考虑为流动人口提供基本公共卫生服务成本较高的问题，仅个别地区开始实行差异化成本支付；在激励机制上缺少针对流动人口特点设计的基本公共卫生服务评价指标，实际资金配置与流动人口基本公共卫生服务绩效不挂钩，结果导致流动人口基本公共卫生服务的提供和利用均低于户籍人口，除计划免疫和产前检查服务外，其余基本公共卫生服务或开展率不高，或尚未开展，即存在结果不均等的问题。

加强对流动人口卫生计生基本公共服务的供给，构建流动人口卫生资源协调保障机制，实现基本医疗保险异地就医医疗费用结算。加快将跨省异地居住人员纳入住院医疗费用直接结算服务的节奏，积极推进，以方便流动人口的异地就医结算。稳步推进城镇常住人口的卫生计生基本公共服务全覆盖。将流动人口纳入城市人口的健康管理范围，按照分类管理、分类服务的原则，对流动人口重点人群重点管理，减少流动人口卫生服务利用率低、流动性大带来的健康隐患。加强流动人口的健康教育，提高流动

---

① 国家卫生计生委统计信息中心编著《流动人口卫生服务调查分析报告》，中国协和医科大学出版社，2016。

人口的健康意识，提高其主动利用基本公共卫生计生服务的主动性，加强职业安全及健康培训，保证流动人口的健康，其中包括流动人口医疗卫生跨省就医费用异地即时结算机制、流动人口计生卫生公共服务部门协调机制、卫生健康部门公共服务供需对接精准协调机制等，以提升流动人口医疗保障服务水平。

六 建立流动人口保障性住房的租售同权机制

住房是流动人口融入城市的最大障碍，在房价高涨的情况下，流动人口通过购买住房的方式实现融入城市生活的目标相对艰难。使流动人口能够均等地获得流入地城市提供的住房基本公共服务，保障流动人口住房权利，构建流动人口保障性住房的租售同权机制，是实现流动人口顺利融入城市、共享城市发展带来福利的关键。这就需要在对流动人口的住房供给中推行租售同权，促进多渠道住房供给机制的形成。使购房不再是流动人口获得绝对居住权利的唯一途径，这最终将推动租房成为流动人口长期留居城市的首要选择，必将进一步改善城市住房供给结构，促进多渠道住房供给机制的形成，有效拓展可用住房的来源以增加住房供给量。这样，城市可以接纳更多的流动人口，有效保障城镇化所需的充裕人口资源。要实现流动人口住房租售同权，必须以立法保障"租售同权"，需要通过国家立法的方式确认"租售同权"，明确住房的生活保障特性，并在一定程度上强制推行。要在政策上明确租赁方享有租住房屋应有的使用和收益权利，包括因住房带来的公共福利、社区服务和教育资源等。以改革促进"权利均等"，保障流动人口在城市里享有均等的居住权利，需要加快推进户籍制度改革，消除购房、租房的户籍政策限制，推进公积金和住房补贴制度改革，将就业的流动人口纳入补贴范畴，为流动人口购房提供经济支持。应发展完善社会保障，将公共资源的分配与住房分配分离，取消捆绑在住房上的各种社会福利和特权，特别是学区房就近入学的权利，让流动人口也有均等享有这些福利的机会。

七 构建流动人口市民化动态调整机制

根据不同时期农业转移人口数量规模、不同地区和城乡之间农业人口流动变化、大中小城市流动人口市民化成本差异等，对中央和省级财政转移支付规模、结构进行动态调整。落实东部发达地区和大城市、特大城市的主体责任，引导其加大支出结构调整力度，依靠自有财力为流动人口提供与当地户籍人口同等的基本公共服务，中央财政根据其吸纳农业转移人口进城落户人数等因素适当给予奖励。

流动人口基本公共服务供给存在很多的问题，需要国家统筹兼顾，做出新的制度安排，探索新的运行机制。要根据人口的流出和流入选取各自的重点任务和服务项目内容，采取不同的筹资渠道，流出地集中力量办教育培训，提高流动人口的素质；流入地加大子女教育、住房保障、社会保障的投入力度，国家给予金融财税等方面的支持，实行国家、流入省份共同分担流动人口基本公共服务的成本等试点。差别化的制度安排，扩大流动人口的基本公共服务资金来源，减少流动人口基本公共服务资金的浪费，提高资金的使用效率，推动流动人口基本公共服务均等化的进程。

要探索建立流出地与流入地的互动机制。如社会保障的异地转接、医疗卫生的异地结转结算，社会资本进入基本公共服务领域的鼓励政策，政府与企业、政府与社会组织间的多元互动机制。推进基本公共服务均等化的合力机制，加强顶层设计，形成推进基本公共服务均等化的合力，改革财税体制，基本公共服务由中央统筹，事权与财力相匹配，建立基本公共服务的财力保障机制。

参考文献

［1］ 帕特里克·勒莫瓦纳：《眼泪的性别》，深圳报业集团出版社，2005。

［2］ 朱云汉：《高思在云：中国兴起与全球秩序重组》，中国人民大学出版社，2016。

［3］ 陈丰著《城市化进程中流动人口服务管理创新研究》，华东理工大学出版社，2015。

［4］ 梁海艳著《中国流动人口之矛盾：空间集聚与生活隔离》，经济管理出版社，2018。

［5］ 田成诗、盖美著《中国人口流动规律、动因及对经济增长的影响》，科学出版社，2015。

［6］ 蔡昉著《从人口红利到改革红利》，社会科学文献出版社，2014。

［7］ 王辉著《变革时代中的流动人口》，社会科学文献出版社，2014。

［8］ 陈菊红著《"国家—社会"视域下的流动人口自我管理研究》，浙江大学出版社，2016。

［9］ 徐水源著《社会融合：新时代中国流动人口发展之路》，人民出版社，2019。

［10］ 田明著《农业转移人口的流动与融入——新型城镇化的核心问题》，科学出版社，2015。

［11］ 刘金伟编《流动人口健康与发展》，社会科学文献出版社，2019。

［12］ 明娟、王子成著《劳动迁移与农民工回流动态决策机制研究》，社会科学文献出版社，2017。

［13］ 耿明斋著《人口流动、制度壁垒与新型城镇化——基于实地调查的报告》，社会科学文献出版社，2013。

［14］ 文化编《空间的梦：流动人口的"他乡"与"返乡"——流动人口的一项调查研究》，中国社会科学出版社，2014。

［15］段成荣等著《中国流动人口研究（2011）》，中国人口出版社，2012。

［16］王培安编《中国流动人口动态监测数据集（2014年）》，中国人口出版社，2016。

［17］张鹂著《城市里的陌生人：中国流动人口的空间、权力与社会网络的重构》，袁长庚译，江苏人民出版社，2013。

［18］戚阳阳著《我国流动人口管理中的公安执法问题与对策研究——基于户籍改革制度的思考》，中国人民公安大学出版社，2015。

［19］武俊青等编《中国流动人口性欲生殖健康管理和服务》，上海科学技术出版社，2015。

［20］熊光清著《中国流动人口中的政治排斥问题研究》，中国人民大学出版社，2009。

［21］郭星华等著《漂泊与寻根：流动人口的社会认同研究》，中国人民大学出版社，2011。

［22］王箐著《流动人口就业代际差异及其影响因素研究》，首都经济贸易大学出版社，2015。

［23］盛昕著《流动人口医疗保障的社会学研究》，中国社会科学出版社，2015。

［24］加强宁波外来人口管理推进和谐社会建设课题组著《流动与和谐——宁波市外来人口服务与管理》，人民出版社，2007。

［25］马胜春著《中国城市少数民族流动人口的生活适应性研究》，中国财政经济出版社，2012。

［26］肖子华、王春超编《中国流动人口及家庭发展报告——第二届流动人口健康与发展论坛文集》，暨南大学出版社，2018。

［27］肖子华主编《中国城市流动人口社会融合评估报告》，社会科学文献出版社，2018。

［28］杨菊华著《中国流动人口的经济融入》，社会科学文献出版社，2013。

［29］米勒著《中国十亿城民：人类历史上最大规模人口流动背后的故事》，李雪顺译，鹭江出版社，2014。

［30］叶敬忠、吴惠芳著《阡陌独舞中国农村留守妇女》，社会科学文献出版社，2008。

［31］李万郴编《湖南人口发展研究（2008～2011年）》，湖南人民出版

社，2012。

[32] 贺雪峰：《城市化的中国道路》，人民东方出版传媒有限公司，2014。

[33] 文贯中：《吾民无地：城市化、土地制度与户籍制度的内在逻辑》，人民东方出版传媒有限公司，2014。

[34] 周其仁：《城乡中国》（上），中信出版社，2016。

[35] 张五常：《中国的经济制度》（神州大地增订版），中信出版社，2009。

[36] 国家人口和计划生育委员会流动人口服务管理司编《中国流动人口发展报告（2010）》，中国人口出版社，2010。

[37] 国家人口和计划生育委员会流动人口服务管理司编《中国流动人口发展报告（2011）》，中国人口出版社，2011。

[38] 国家人口和计划生育委员会流动人口服务管理司编《中国流动人口发展报告（2012）》，中国人口出版社，2012。

[39] 国家卫生和计划生育委员会流动人口司编《中国流动人口发展报告（2013）》，中国人口出版社，2013。

[40] 国家卫生和计划生育委员会流动人口司编《中国流动人口发展报告（2014）》，中国人口出版社，2014。

[41] 国家卫生和计划生育委员会流动人口司编《中国流动人口发展报告（2015）》，中国人口出版社，2015。

[42] 国家卫生和计划生育委员会流动人口司编《中国流动人口发展报告（2016）》，中国人口出版社，2016。

[43] 国家人口和计划生育委员会流动人口司编《中国流动人口发展报告（2017）》，中国人口出版社，2017。

[44] 国家人口和计划生育委员会流动人口服务管理司编《对话：人口挑战与社会融合》，中国人口出版社，2012。

[45] 国家卫生健康委员会编《中国流动人口发展报告（2018）》，中国人口出版社，2018。

[46] 国家卫生计生委统计信息中心编《流动人口卫生服务调查分析报告》，中国协和医科大学出版社，2016。

[47] 湖南人口和计划生育委员会编《湖南流动人口生成发展状况研究报告（2012）》，2013。

[48] 湖南人口和计划生育委员会编《湖南流动人口发展研究报告（2013）》，2014。

［49］湖南卫生计生委流动人口处编《湖南流动人口动态监测分析报告（2015）》，2016。

［50］蔡昉：《劳动力迁移的两个过程及其制度障碍》，《社会学研究》2001年第4期。

［51］邓宏乾等：《住房补贴对住房消费、劳动供给的影响测度——基于湖北省五城市廉租住房保障家庭的数据分析》，《经济评论》2015年第5期。

［52］丁萧：《农民工市民化住房供给成本研究》，《调研世界》2014年第11期。

［53］黎嘉辉：《城市房价、公共品与流动人口留城意愿》，《财经研究》2019年第6期。

［54］李勇辉等：《安居才能团聚？——保障性住房对流动人口家庭化迁移的推动效应研究》，《财经研究》2019年第12期。

［55］吕萍、周滔：《农民工住房保障问题认识及对策研究》，《城市发展研究》2008年第3期。

［56］吕萍等军：《差异化农民工住房政策的构建设想》，《经济地理》2012年第10期。

［57］刘凯：《中国特色的土地制度如何影响中国经济增长——基于多部门动态一般均衡框架的分析》，《中国工业经济》2018年第10期。

［58］马秀莲、范翻：《住房福利模式的走向：大众化还是剩余化？基于40城的实证研究》，《公共管理学报》2019年第12期。

［59］吴炜、朱力：《农民工住房福利现状与政策走向》，《长白学刊》2012年第2期。

［60］赵宁：《新生代农民工城市融入进程中住房保障的困境与出路》，《政法论丛》2016年第2期。

［61］赵燕箐：《土地财政：历史、逻辑与决择》，《城市发展研究》2014年第1期。

［62］张鸿铭：《解决农民工住房问题的一些基本设想》，《华东师范大学学报（哲学社会科学版）》2016年第6期。

［63］郑思齐等：《农民工住房政策与经济增长》，《经济研究》2011年第2期。

［64］周天勇：《中国住房问题的深层机理分析》，《中共中央党校学报》

2012 年第 1 期。

[65] 周颖刚等：《高房价挤出了谁？——基于中国流动人口的微观视角》，《经济研究》2019 年第 9 期。

[66] 叶敬忠、贺聪志：《农村劳动力外出务工对留守老人经济供养的影响研究》，《人口研究》2009 年第 4 期。

[67] 贺斌：《农村留守老人心理健康、社会支持与应对方式现状及影响因素》，《现代预防医学》2014 年第 12 期。

[68] 卢海阳、钱文荣：《子女外出务工对农村留守老人生活的影响研究》，《农业经济问题》2014 年第 6 期。

[69] 罗蓉、成萍：《农村留守老人养老现状研究——基于贵州省兴仁县的实证分析》，《人民论坛》2010 年第 7 期。

[70] 安徽省统计局：《2018 年国民经济和社会发展统计公报》，《安徽省统计局门户网》2019 年第 2 期。

[71] 詹敬鹏：《安徽铜陵义安区：建设基层老年人协会有高招》，《社会福利》2017 年第 9 期。

[72] 《一中心、多站点、重巡访四川省金堂县构建农村居家养老服务新模式》，《中国社会工作》2018 年第 5 期。

[73] 罗敏、姜倩等：《农村留守老人健康状况的影响因素研究》，《四川大学学报》（医学版）2011 年第 3 期。

[74] 韩鹏、宗杭：《我国发展养老服务业的供需"瓶颈"与对策研究》，《经济研究参考》2018 年第 9 期。

[75] 王燕芬、向秋红：《农村留守妇女的社会支持问题研究——以河南省商丘市柘城县 L 镇为例》，《湖南医科大学学报》2009 年第 5 期。

[76] 黄敏：《农村"留守妇女"生存现状及对策思考》，《安徽农学通报》2007 年第 13 期。

[77] 项丽萍：《农村留守女：一个值得关注的弱势群体》，《广西社会科学》2006 年第 1 期。

[78] 吴旭：《关于中国农村留守妇女现状问题的综述》，《法制与社会》2008 年第 1 期上。

[79] 杨飓：《撑起新农村建设"半边天"——农村留守妇女生存现状研究》，《农村经济与科技》2009 年第 6 期。

[80] 韩克茵、徐亚荣：《农村留守妇女群体不断扩大伴生问题日益凸显——

甘肃省农村留守妇女现状、问题及对策》，《中国妇运》2010 年第
1 期。

[81] 李楠、杨洋：《广东农村留守妇女生存现状、问题及对策》，《河北大
学学报》2008 年第 4 期。

[82] 石芳：《河南农村留守妇女状况调查研究》，《西北人口》2007 年第
6 期。

[83] 周全德、齐建英：《论"农村留守妇女"在新农村建设中的角色与作
用》，《中华女子学院学报》2006 年第 5 期。

[84] 许传新：《西部农村留守妇女的基本特征——基于四川两县农村的调
查》，《中华女子学院学报》2010 年第 3 期。

[85] 包福存：《社会资本视角下的农村留守妇女社会关系网络研究》，《重
庆科技学院学报》2010 年第 18 期。

[86] 苏靖巍：《农村"留守妇女"生存困境及解决对策初探》，《社科纵
横》2008 年第 6 期。

[87] 许传新：《西部农村留守妇女家庭压力及其影响因素分析》，《人口与
经济》2010 年第 1 期。

[88] 李楠：《农村留守妇女家庭联合决策模型及政策含义》，《人口与经
济》2009 年第 1 期。

[89] 朱海忠：《制度背景下的农村留守妇女问题》，《西北人口》2008 年
第 1 期。

[90] 许传新：《农村留守妇女研究：回顾与前瞻》，《人口与发展》2009
年第 6 期。

[91] 周庆行等：《农村留守妇女调查——来自重庆市的调查》，《中华女子
学院学报》2007 年第 1 期。

[92] 黄安丽：《农村留守妇女生存现状的调查及思考》，《安徽农学通》
2007 年第 3 期。

[93] 周福林：《我国留守妻子状况研究》，《西北人口》2007 年第 1 期。

[94] 刘传江、黄国伟：《农民工返乡创业的理论视角、现实机遇与发展挑
战》，《经济界》2016 年第 6 期。

[95] 陈松林：《新型城镇化下农民工返乡意愿的影响因素研究——以阜阳
市为例》，《安徽农业大学学报》2019 年第 5 期。

[96] 韩凯、王宾：《国际金融危机对农民工就业影响的百村调查》，《经济

纵横》2009年第8期。

[97] 陈春园等：《农村留守妇女心头有"三座山"》，《半月谈》2005年第11期。

[98] 国家统计局：《2019年国民经济和社会发展统计公报》，中华人民共和国国家统计局，2020。

[99] 中共中央国务院：《关于打赢脱贫攻坚战的决定》，新华社，2015。

[100] 贵州省统计局：《2018年贵州省国民经济和社会发展统计公报》，《贵州省统计局门户网》2019年第4期。

[101] 党的十八大报告：《坚定不移沿着中国特色社会主义道路前进 为全面建成小康社会而奋斗》，人民网，http：//cpc. people. com. cn/18/n/2012/1109/c350821 – 19529916. html。

[102] 中国共产党第十八届第三次会议：《中共中央关于全面深化改革若干重大问题的决定》，新华网，https：//www. sohu. com/a/216562168_99914060。

[103] 党的十九大报告：《决胜全面建成小康社会 夺取新时代中国特色社会主义伟大胜利》，人民网，http：//politics. people. com. cn/n1/2017/1028/c1001 – 29613514. html。

[104] 李彦娅、谢庆华：《农民工返乡创业的动力机制研究——基于三次返乡创业高潮的调查》，《重庆社会科学》2019年第7期。

[105] 海梁艳、符翠丽：《中国流动人口返乡原因与外出意愿研究——基于安徽、四川、湖南、湖南、江西、贵州六省数据的分析》，《人口与社会》2015年第2期。

[106] 《河南："五个一"专项服务促进农民工返乡创业》，中华人民共和国人力资源和社会保障部网站，http：//www. mohrss. gov. cn/SYrlzyhshbzb/dongtaixinwen/dfdt/201901/t20190129_ 309911. html。

[107] 杨燕：《乡村振兴背景下基于返乡创业农民工的新型职业农民培训》，《成人教育》2020年第4期。

[108] 贵州省人民政府办公厅：《关于印发"雁归兴贵"促进农民工返乡创业就业行动计划的通知》，黔府办发〔2015〕31号。

[109] 郑传玖：《吉他和他的家乡情》，多彩贵州网，http：//www. gog. cn/zonghe/system/2016/04/29/014888502. shtml。

[110] 魏翠妮：《农村留守妇女问题研究——以苏皖地区为例》，南京师范

大学硕士学位论文，2006。

[111] 夏刚：《住房支付能力研究》，重庆大学博士学位论文，2008。

[112] 熊景维：《我国进城农民工城市住房问题研究》，武汉大学博士学位论文，2013。

[113] 高波、陈健、邹琳华：《区域房价差异、劳动力流动与产业升级》，《经济研究》2012 年第 1 期，第 66~79 页。

[114] 邵朝对、苏丹妮、邓宏图：《房价、土地财政与城市集聚特征：中国式城市发展之路》，《管理世界》2016 年第 2 期，第 19~31、187 页。

[115] 范剑勇、莫家伟、张吉鹏：《居住模式与中国城镇化——基于土地供给视角的经验研究》，《中国社会科学》2015 年第 4 期，第 44~63、205 页。

[116] 张莉、何晶、马润泓：《房价如何影响劳动力流动》，《经济研究》2017 年第 8 期，第 155~170 页。

[117] 刘成斌、周兵：《中国农民工购房选择研究》，《中国人口科学》2015 年第 6 期，第 100~108、128 页。

[118] 李含伟、王贤斌、刘丽：《流动人口居住与住房视角下的社会融合问题研究》，《南方人口》2017 年第 5 期，第 38~47 页。

[119] 杨菊华：《制度要素与流动人口的住房保障》，《人口研究》2018 年第 1 期，第 60~75 页。

[120] Brueckner, J. K., "Analyzing third word urbanization: a model with empirical evidence", *Economic Development and Cultural Change*, 1990, 38: 587–610.

[121] Carasso, A., Steuerle, C. E. & Bell, E. *Making Tax Incentives for Home–ownership More Equitableland Efficient. UrbanInstitute–Brookings Institution Tax Policy Center Paper*, No. 21, 2005.

[122] Diamond, D. "The Determinants and Welfare Implications of US Workers Diverging Location Choices by Skill: 1980–2000", *American Economic Review*, 2016, 65 (08): 435–471.

[123] Downs, A. *Rental Housing in the 1980s*, Brookings Institution, 1983. Galster, G. C., *Neighborhoods and National Housing Policy: Toward Circumscrib–ed, Neighborhood–Sensitive Reforms, Housing Policy Debate*,

2019，29，1：217-231.

[124] Galster, G. C. , Tatian, P. , Santiago, A. M. , Pettit, K. A. , & Smith, R. *Why not in my Backyard? The Neighborhood Impacts of Assisted Housing*, New Brunswick, NJ, Rutgers University/Center for Urban Policy Research/Transaction Press, 2003.

[125] Gilderbloom, J. & *Appelbaum, R.* , *Rethinking Rental Housing*, Temple University Press, 1988.

[126] Glaeser, E. , & Gyourko, J. , "The Economic Implications of Housing Supply", *Journal of Economic Perspectives*, 2018, 32 (1): 3-30.

[127] Glaeser, E. L. , and Gottlieb, J. D. , "The Wealth of Cities: Agglomeration Economies and Spatial Equilibrium in the United States", *Journal of Economic Literature*, 2009, 47 (4): 983-1028.

[128] Katz, B. , Turner, M. A. , Brown, K. D. , Mary Cunningham, M. , Sawyer, N. , *Rethinking Local Affordable Housing Strategies: Lessons from 70 Years of Policy and Practice. A Discussion Paper Prepared by The Brookings Institution Center on Urban and Metropolitan Policy and The Urban Institute*, 2003.

[129] Lens, "Bolster the Strength of States in Housing Policy", *Housing Policy Debate*, 2019, 29, 1: 232-234.

[130] Lucas, R. E. Jr. , "life Earings and Rural - Urban Migration", *Journal of Political Economy*, 2004, 112 (1), 29-59.

[131] Malpezzi, S. "Urban Housing and Financial Markets: An International Comparison", *Urban Studies*, 1990, 27 (6): 971-1022.

[132] Pendall, R. , "Local Land Use Regulation and the Chain of Exclusion," *Journal of the American Planning Association*, 2000, 66 (2): 125-142.

[133] Roback, J. 1982. "Wages, Rents, and the Quality of Life", *Journal of Political Economy*, 1982, 90 (6): 1257-78.

[134] Lee, E. A Theory of Migration. Demography, 1966, 3 (1): 47-57.

[135] United States of America, The Financial Crisis Inquiry Commission. Thefinancial Crisis Inquiry Report. Official Government Edition, 2011, 1.

[136] Wetzstein, S. The global urban housing affordability crisis. Urban Studies, 2017, 54 (4), 3159-3177.

后　记

这是我做得最难的一个国家社科基金课题，从申请、立项，对研究内容进行重大修改，重新构建写作框架，重新调研，重新组织课题组成员，历经六年的艰苦努力，终于完成了课题的写作，并于 2020 年 9 月顺利结项。

这个课题原来名称为"跨省流动人口（流出地）计划生育协调机制研究"，是在 2013 年国家人口和计划生育委员会委托贵州省人口计生委的一个年度课题"人口流出地视角下人口计划生育管理服务研究"的基础上设计的一个国家社科基金项目①，并在 2014 年获得立项。课题主要研究计划生育政策背景下流出地与流入地控制流动人口的非计划生育的区域协调机制，其主要目的是控制人口的非计划出生，这方面国家的计划生育"一盘棋"政策做了很好的探索。

课题立项当年，国家出台了两个对流动人口影响深远的政策。2014年 3 月 16 日新华社发布《国家新型城镇化规划（2014—2020 年）》，推进符合条件农业专业人口落户城镇、推进农业转移人口享有城镇基本公共服务、建立健全农业转移人口市民化推进机制。7 月 24 日，国家出台了《关于进一步推进户籍制度改革的意见》，促进有能力在城镇就业和生活的常住人口有序实现市民化，稳步推进城镇基本公共服务常住人口全覆盖。这两个政策的发布，对于我国流动人口意义重大，它意味着随着我国的城镇化的发展，流动人口问题解决的最好时机到了，意味着我国以控制人口进入城市、对人口流动施行的控制政策发生了根本性的改变，意味着国家对人口流动的政策从"限制"向"促进有序流动"的改

---

① 当时贵州省人口计生委的李跃华处长委托笔者负责完成这个项目，主要从政策层面研究人口流出地（贵州省）的计划生育管理的主要做法和取得的成绩、经验等。

变，意味着国家承认流动已经成为现实社会的"流动"状态。在这一政策背景下，当年我国的流动人口接近 2.6 亿人，达到我国人口流动的峰值。当年 10 月，笔者在拜会时任国家人口和计划生育委员会流动人口司司长王谦时，就对《国家新型城镇化规划（2014—2020 年）》中城市人口规模数据产生了怀疑，认为人口流动最大的目的是经济因素，人口流动方向一定是经济发达区域，国家的政策引导和人口流向的不一致会对政策的施行产生偏差。

2015 年党的十八届五中全会上，我国在单独二孩政策的基础上出台了"全面二孩"的人口政策，这一人口政策的变化，意味着国家的人口政策从严格控制人口增长改变为促进人口增长与经济社会协调发展。政策的变化使原来的以控制人口增长为主的计划生育管理问题研究已经没有什么意义了，要么放弃这个课题研究，要么对课题进行重大变更。可放弃课题就意味着以往的调研和搜集工作完全的人口做了无用功，意味着申请课题的努力和已经结项的调研和完成的研究成果将付诸东流。

经过很久的彷徨和不舍，经与课题组成员商量，大家认为，随着我国城镇化的推进，我国的流动人口尤其是跨省流动人口逐渐增多，由于我国区域发展的不平衡和户籍制度等政策因素的影响，各地为流动人口提供的公共服务也不相同，或者说流动人口没有完全享受到政府应该提供的基本公共服务。而且对流动人口的服务管理没有一个对应的机构，流入地和流出地从政策层面没有建立相应的机制，使得流动人口的基本公共服务的享有出现差异，应该从全国层面对流动人口的基本公共服务提供、建立区域协调机制方面进行研究。加之这几年国家卫生计生委在计划生育和卫生的基本公共服务方面做了大量的工作，出台了有关流动人口基本公共服务均等化的若干文件。因此，课题组决定将原来的以研究控制人口的计划生育区域协调机制，改为从卫生计划生育基本公共服务提供的角度，来研究流动人口基本公共服务的区域协调机制。故于 2017 年 2 月向全国哲学社会科学规划办公室申请重大变更，题目改为"跨省流动人口（流出地）卫生计生基本公共服务协调机制研究"，并得到批准。

我们在进行课题框架的构建中发现，流动人口在进入流入地后，要顺利完成社会融入，真正成为城里人，真正享有与当地人一样的基本公共服务，除了当地卫生健康部门提供的基本医疗卫生服务无法或者说根本没有考虑流动人口外①，流动人口融入流入地遇到的问题远远不止如此。流动人口在流入地的就业问题、子女教育问题、社会保障问题、住房问题都是流动人口顺利融入城市的巨大障碍。国家虽然从制度设计层面提出实现流动人口基本公共服务的均等化，但我国区域发展的不平衡和各项政策的不衔接、不配套，导致流动人口在享受基本公共服务方面还存在很大的问题。加之我国的流动人口从年龄结构上说是以青年为主，近年虽然从统计上看流动人口年龄有增大的趋势，但仍然以年轻人为主，年轻人的身体特征决定了他们对医疗卫生资源的需求（与未成年人、老年人相比）不是那么强烈②，反而在就业、子女教育、社会保障以及住房方面遇到的难题更大。尤其是人口流动的趋势从以个体流动为主转变为以家庭流动为主以后，住房、教育就成为他们能否在流入地长期停留或者融入当地所必须考虑的问题。而流入地的保障性住房只有户籍人口才能享受，幼儿教育、义务教育在流入地也是按照户籍人口来配置的。如果我们仅从课题设计方面入手，仅研究流动人口的卫生计生公共服务问题，就无法对流动人口享有的基本公共服务有全面的了解，况且国家社科基金曾有过一个关于流动人口基本公共服务的课题③，而从区域发展的不平衡的角度去研究流入人口基本公共服务协调机制的还很少。因此，课题框架设计就从研究流动人口的卫生计生基本公共服务入手，探索了流出地大省对本省流出人口在流入地享受的（开始以计生卫生为主，后扩展到流动人口基本公共服务和权益保障等）基本公共服务的区域协作的经验做法，还从流出地的角度去研究大量人口流出后对流出地经济的影响、流出地的留守问题、流动人口的返乡创业就业问题以及流动人口的住房问题，以期对流动人口在流入地享有基本公共服务有全面的研究，能够建立若干全国（或区域）层面的流动人口基本公共服务协调机制，促使流动人口基本公共服务均等化的实现。

然而，在课题调研的过程中，我们的研究也遇到问题：机构改革使我们的研究难度增大，一方面，"天量"人口流动成为我国社会常态，各区

---

① 我国地方政府提供公共服务产品是受到当地财力影响的，绝大部分地方政府是从户籍人口来考虑基本公共服务产品的提供的，因此，在人口流动初期，流动人口是无法享有流入地的基本公共服务的。随着流动人口规模的扩大，流动人口对流入地经济社会发展的贡献逐步显现，国家层面的要求和流入地政府开始考虑为流动人口提供基本公共服务。但实际上政策的执行与流动人口对基本公共服务的需求差距很大。

② 年轻人涉及青春期的医疗卫生需求较多，如怀孕、生育等医疗卫生需求。

③ 国家卫生健康委员会中国人口研究中心刘金伟处长告诉我的。

域人口的补给和劳动力的供给不再仅靠自己区域的人口自然增长，而靠人口的流动，靠经济发展对人口的吸引就可以达到这个目的；另一方面，国家人口政策的变化，使人口管理机构的职能逐渐萎缩，从计划生育委员会到人口计划生育委员会，再到卫生计划生育委员会，最后人口、计划生育等字眼全部消失，变成卫生健康委员会，有关人口发展的职能划归发展改革委员会，计划生育的职能只有家庭人口司。流动人口不再有机构进行管理和服务，花费大量人力资金建立的流动人口信息系统完全被放弃①，这将给以后我国的流动人口服务管理和流动人口研究工作带来巨大的影响。

本课题由贵州省社会科学院人口学重点学科的科研人员共同完成。王兴骥研究员负责第一章，第五章第一节，第六章第二、三节，第十章及后记；高刚研究员（贵州省社会科学院文化研究所所长）负责第二章；周芳苓研究员（贵州省社会科学院马克思主义研究所）负责第三章；罗贤贵副教授（贵州民族大学社会学院）负责第四章；王亚奇副教授（遵义师范学院管理学院）负责第五章第二、三节；李跃华副巡视员（贵州省卫生健康委员会）负责第六章第一节；杜双燕副研究员（贵州省社会科学院社会学研究所）负责第七章；林红副教授（中共遵义市委党校）负责第八章；夏刚副教授（贵州财经大学管理学院）负责第九章。

本课题在调研过程中得到贵州省原卫生计划生育委员会流动人口处、湖南省原卫生计划生育委员会流动人口处、安徽省原卫生计划生育委员会流动人口处、浙江省原卫生计划生育委员会流动人口处、合肥市庐阳区政府、湖南省驻广东省流动人口工作站、江西省驻广东省流动人口卫生计生联络站、安徽省驻浙江乐清流动人口工作站、合肥市驻杭州市流动人口工作站等单位的大力支持，在为调研提供便利的同时，这些单位为课题研究提供了很多流动人口计生卫生基本公共服务的资料和数据，在此表示衷心的感谢！

在课题的研究过程中，得到贵州民族大学原副校长吴晓萍教授，贵州省原卫生计划生育委员会副主任龚仲鸣、人口家庭处处长姜红文，安徽省原卫生计划生育委员会流动人口处处长王俊宝，湖南省原卫生计划生育委员会流动人口计划生育服务管理处处长刘红华，合肥市原卫生计划生育委

---

① 我们在基层调研时发现，省市级的流动人口信息平台已经没有使用了，各地的卫生健康部门的人口家庭除没有人分管流动人口工作，也没有流动人口方面的职能。

员会豆永梅等领导的大力支持，在此一并致谢！

在本书的写作过程中得到中共遵义市委党校副校长谢以佐、原培训处王静处长、科研处马楠副处长，韦佳副教授、海芬丽副教授等的大力帮助。在此表示衷心的谢意！

本书的最终稿由笔者根据国家课题的研究报告独立编撰完成，若有不妥，相关责任由本人全部承担。

王兴骥

2019 年 10 月第一稿完成于遵义干部学院

2021 年 7 月修改于贵州师范大学照壁山下

2021 年 11 月再改于甲秀楼畔

图书在版编目（CIP）数据

流动中国：跨省流动人口基本公共服务 / 王兴骥著
. -- 北京：社会科学文献出版社，2022.3
ISBN 978 - 7 - 5201 - 9513 - 3

Ⅰ.①流… Ⅱ.①王… Ⅲ.①流动人口 - 公共服务 -
研究 - 中国 Ⅳ.①D631.42

中国版本图书馆 CIP 数据核字（2021）第 265039 号

流动中国
——跨省流动人口基本公共服务

著　　者 / 王兴骥

出 版 人 / 王利民
组稿编辑 / 邓泳红
责任编辑 / 宋　静
责任印制 / 王京美

出　　版 / 社会科学文献出版社·皮书出版分社（010）59367127
　　　　　地址：北京市北三环中路甲 29 号院华龙大厦　邮编：100029
　　　　　网址：www.ssap.com.cn
发　　行 / 社会科学文献出版社（010）59367028
印　　装 / 天津千鹤文化传播有限公司

规　　格 / 开　本：787mm × 1092mm　1/16
　　　　　印　张：20.5　字　数：342 千字
版　　次 / 2022 年 3 月第 1 版　2022 年 3 月第 1 次印刷
书　　号 / ISBN 978 - 7 - 5201 - 9513 - 3
定　　价 / 98.00 元

读者服务电话：4008918866